INTERNET E MORTE DO USUÁRIO

Propostas para o tratamento jurídico *post mortem* do conteúdo inserido na rede

2ª edição

Livia Teixeira Leal

INTERNET E MORTE DO USUÁRIO

Propostas para o tratamento jurídico *post mortem* do conteúdo inserido na rede

2ª edição

GZ
EDITORA
Rio de Janeiro
2020

1ª edição - 2019
2ª edição - 2020

Presidente do Conselho Editorial
Nelson Nery Costa

Diagramação
Olga Martins

Imagem da capa
Freepik.com

CIP - Brasil. Catalogação-na-fonte.
Sindicato Nacional dos Editores de Livros, RJ.

L471i
2. ed.

Leal, Livia Teixeira
Internet e morte do usuário: propostas para o tratamento jurídico *post mortem* do conteúdo inserido na rede / Livia Teixeira Leal. - 2. ed. - Rio de Janeiro: GZ, 2020.
196p.; 24 cm.

Inclui bibliografia e índice
ISBN 978-85-9524-080-3

1. Direito de família - Brasil. 2. Herança e sucessão - Brasil. 3. Usuários da internet. 4. Conteúdo gerado pelo usuário. 5. Proteção de dados. I. Título.

20-64653

CDU: 347.65(81)

GZ EDITORA

e-mail: contato@editoragz.com.br
www.editoragz.com.br
Av. Erasmo Braga, 299 - sala 202 - 2º andar
Centro - Rio de Janeiro - RJ - CEP 20010-170
Tels.: (0XX21) 2240-1406 / 2240-1416 - Fax: (0XX21) 2240-1511

Impresso no Brasil
Printed in Brazil

A todas as vítimas da Covid-19.
Pela lembrança viva de cada história interrompida.
Por uma memória além dos números.

A Cristiane Reis,
imortalizada no meu coração.
E também nas redes sociais.

AGRADECIMENTOS

A elaboração dessa obra somente foi possível com o apoio e contribuição de mentes também inquietas com a densidade do tema, que, por meio de conversas e debates, proporcionaram a construção de um estudo ampliado e plural.

Na maior parte dos casos, a empreitada acadêmica costuma ser solitária, tendo o pesquisador basicamente apenas a companhia dos escritos dos juristas que buscaram abordar de forma técnica e crítica o tema. Contudo, diante da escassez de material específico a respeito da questão aqui analisada, o campo de estudo para a elaboração do presente texto foi o mais rico possível: a vivência e a complexidade humana, observadas em cada diálogo sobre o assunto.

Abordar uma questão tão sensível quanto a morte não é uma tarefa fácil. A todo momento é preciso estar atento para que a análise individual e pessoal não contamine o objeto de estudo. Por isso, foi imprescindível o olhar do outro para o desenvolvimento de proposições que considerem a multiplicidade de visões e interesses que permeiam o tratamento jurídico do conteúdo disposto na rede após a morte do usuário.

De modo geral, agradeço a todos os interlocutores que de alguma forma auxiliaram na elaboração deste trabalho.

Agradeço, ainda, à minha avó Joaquina, pelo apoio de sempre e por ser meu maior exemplo de força e resistência. A meus pais Fátima e Jefferson e meu irmão Leonardo, pelo suporte incansável, pela companhia incondicional nos momentos bons e difíceis, e pela compreensão em relação às minhas ausências enquanto estive dedicada à elaboração do texto.

À minha família como um todo, sempre presente.

À professora Tânia da Silva Pereira, minha grande mentora profissional e amiga, que me deu a orientação necessária para trilhar meu caminho no Direito.

À Jaqueline Lopes, que, de companheira de trabalho, se tornou uma grande amiga, e à Julia, esse lindo anjinho que veio alegrar a minha vida.

A meus amigos do Colégio Militar do Rio de Janeiro – CMRJ, em especial a Aline Portelinha, Filipi Froufe, Camilla Borges, Bruna Menezes e Danielle Magalhães, destinatários de muitas das minhas reflexões e fontes de muitas outras. E também aos amigos que a vida me proporcionou, em especial, a Tamara Silva e a Larissa Barcelos.

A meus companheiros da Escola da Magistratura do Estado do Rio de Janeiro – EMERJ, pelos anos de convívio diário e pela amizade que ainda permanece.

Aos professores do Programa de Pós-Graduação em Direito – PPGD da UERJ, pelo significativo aprendizado e crescimento que tive durante esses dois anos, e, em especial, à professora Heloisa Helena Barboza, por ter inspirado uma visão mais humana do direito. A meu orientador do mestrado, professor Carlos Affonso de Souza, pela confiança e por todo auxílio para concretizar esse projeto, e ao professor Sérgio Branco, por ter inspirado uma análise interdisciplinar do tema.

Aos parceiros da Revista Brasileira de Direito Civil – RBDCivil e, em especial, às professoras Ana Carolina Brochado Teixeira e Aline Valverde Terra, pela amizade e incentivo ao longo desse tempo.

A meus queridos amigos e amigas da UERJ, de graduação, do mestrado e agora de doutorado, pelos incansáveis debates acadêmicos e pelas efetivas contribuições ao trabalho, e em especial a Felipe Schvartzman e a Rafael Mansur, que me instigaram em muitos momentos a respeito de pontos controversos.

Aos colegas da Procuradoria Geral do Estado – PGE-RJ, pelo companheirismo no processo de elaboração deste estudo e pelo compartilhamento das minhas epifanias diárias.

Aos colegas do Tribunal de Justiça do Estado do Rio de Janeiro – TJRJ, por me proporcionarem trocas efetivas para o aprimoramento desse estudo e por me ensinarem tanto todos os dias.

Aos meus alunos da EMERJ, da UERJ, da FND/UFRJ e da PUC-Rio, pelo carinho e reconhecimento – obrigada por fazerem tudo isso valer a pena!

A todos os entusiastas dessa pesquisa desafiadora, muito obrigada!

"Conheci as torres e os cemitérios
Conheci os homens e os seus velórios
E eu olhava da janela lateral do quarto de dormir..."

Paisagem da janela – Lô Borges

RESUMO

O presente estudo tem como escopo apresentar propostas para o tratamento jurídico do conteúdo disposto na Internet após a morte do usuário a partir da desconstituição do paradigma da "herança digital". Parte-se da premissa de que o tratamento estritamente patrimonial não é suficiente para solucionar todos os questionamentos que surgem nessa seara, na medida em que o problema envolve a tutela *post mortem* dos direitos da personalidade e dos dados pessoais do usuário, que deve ser considerada, sobretudo em decorrência da relevância que vem adquirindo a proteção da privacidade na atualidade. Nesse sentido, a ideia de transferência e de acesso irrestrito dos familiares às contas do *de cujus*, ancorada na lógica de transmissão patrimonial *post mortem*, encontra óbices na proteção dos direitos da personalidade, que permanecem após a morte como interesse relevante a ser protegido. Desse modo, diante da lacuna legislativa no ordenamento jurídico brasileiro, deve-se buscar uma orientação hermenêutica que compatibilize os avanços tecnológicos com a proteção da pessoa, sob o manto da cláusula geral de proteção da dignidade humana contida no art. 1º, inciso III da Constituição da República e os princípios constitucionais, a partir da diferenciação das situações jurídicas patrimoniais e existenciais.

APRESENTAÇÃO

Ninguém gosta de falar sobre a morte. Os mais supersticiosos acham que a menção do tema atrai o efeito, que vida se encurta quanto mais se pensa no final dela. Curiosamente, ao se evitar o assunto, menos preparados estamos para todas as consequências derivadas da sua inevitável realização.

O Direito Civil gosta de tradições. Dentre todos os campos do Direito, é nele que as transformações se amoldam na contagem de décadas, por vezes de séculos. O fenômeno da morte não passou, por óbvio, indiferente ao Direito Civil. Enquanto a visão coletiva do falecimento era lentamente transformada por mudanças nos costumes, na estruturação das cidades, na distribuição de renda, nas crenças e nas religiões, o Direito Civil também, através do Direito das Sucessões, tratou de oferecer as respostas para a pergunta que sempre se faz: o que acontece depois da morte? Excetuadas as respostas metafísicas, para todas as demais existiria o Código Civil.

O conjunto de respostas armado pelo Direito das Sucessões necessita de uma visão mais abrangente do Direito Civil, que agregue conhecimentos sobre os direitos da personalidade, a teoria dos bens e as dinâmicas contratuais. Ainda assim, grande parte das vezes, a ótica a partir da qual se analisa os efeitos jurídicos da morte é estritamente patrimonial.

Essa forma de abordar o problema, adquirida através dos tempos, concede não raramente ao Direito das Sucessões uma porta de entrada que condiciona todo o raciocínio jurídico. O próprio conceito vulgar de herança, como aquilo que resta aos sobreviventes, já traz em si a noção de um patrimônio no sentido econômico do termo, de acúmulo de recursos que poderão ser aproveitados pelos que sobreviveram ao falecido.

Hoje em dia é comum se falar em inovações disruptivas. Para além de qualquer trivialização do termo, é preciso entender que inovações desse porte vem para romper com o passado. São disruptivas porque alguma prática anterior foi deixada de lado, sem grandes cerimônias, dada a conveniência apresentada pela nova situação.

Não usualmente as modernas tecnologias da informação e das comunicações vem romper a forma pela qual se está acostumado a lidar com questões jurídicas. No Direito Civil, com suas transformações lentas e graduais, o choque apresentado por inovações dessa forma não passa desapercebido. Ao contrário, pode-se até mesmo dizer que a tecnologia resgatou uma certa vitalidade em alguns campos do Direito Civil, rivalizando a interpretação estabelecida e evidenciando a obsolescência de dispositivos legais.

O Direito das Sucessões atravessa hoje esse processo de revisão, sendo desafiado a oferecer respostas para um cenário no qual as transformações trazidas pelas modernas tecnologias geram mais incertezas do que o estudioso do tema pode estar acostumado a encontrar na doutrina e na jurisprudência.

De modo mais específico, a expansão da Internet e a ascensão das redes sociais transformou o modo pelo qual se comunica e como se acessa o conhecimento e o entretenimento. São textos, fotos e vídeos que, publicados nas mais diversas plataformas, vão construindo dia após dia a própria noção de identidade. Você seria então, em maior ou em menor medida, o que você posta, curte e compartilha.

A vida online se tornou uma realidade tão presente para um número tão expressivo de pessoas que a própria menção à distinção entre estar *online* e *offline* parece fazer cada vez menos sentido. Se assim parece ser em uma rápida avaliação, será que o mesmo vale para o Direito? *Online* e *offline* estariam convergindo para um tratamento unificado que rejeita os excepcionalismos digitais?

Se é verdade que ainda estamos longe de uma resposta definitiva para essa questão, vale prestar atenção no modo pelo qual as pessoas interagem nas redes sociais. Os textos, fotos, vídeos que compõem o mosaico de elementos compartilhados por um indivíduo parece cada vez mais ser uma parte relevante da experiência de vida e de formação da identidade (ou pelo menos de uma identidade).

Estudos apontam como o distanciamento, o relativo anonimato e as formas de expressão permitidas na rede estão facilitando que as pessoas possam assumir verdadeiras novas *personas* quando estão online. A rede social mais famosa do mundo até pouco tempo atrás apenas permitia que seus usuários "curtissem" as publicações. E se a postagem fosse sobre algo triste, como a notícia de um falecimento. Para que serve um botão de curtir nessas hipóteses? Isso mostra como as plataformas, e a sua arquitetura, definem comportamentos, moldam condutas, estimulam certas formas de reação ao mesmo tempo em que restringem outras. O Direito não está sozinho na disputa pelo condicionamento de dado comportamento.

Para saber quem realmente é a pessoa atrás da tela, talvez o compilado de todas as informações postadas em uma certa plataforma não seja suficiente. O ser humano que está atrás da tela é mais do que o conjunto de suas postagens.

Todavia, quando uma pessoa morre, além das lembranças, são as postagens que ficam. É aquela experiência congelada em forma de recordação que pode ser acessada em cada foto, em cada texto ou revivida em cada vídeo. A morte apenas interrompe o fluxo de formação da identidade e de comunicação que se estabelecia através das redes sociais. O que fazer então com esse rico acervo que diz tanto sobre a pessoa?

O Direito das Sucessões rapidamente foi palco da escolha de um nome para esse fenômeno. Sem grandes surpresas, o vencedor foi o temo "herança digital". Se por um lado o nome parece comunicar de forma rápida o que se procura entender, ele falha em compreender situações jurídicas extra-patrimoniais que estão igualmente em foco quando do debate sobre as fotos, vídeos e textos deixados por alguém na Internet.

Quando a autora me procurou para ser o seu orientador no Mestrado em Direito Civil da Universidade do Estado do Rio de Janeiro (UERJ), sabíamos que o tema a ser tratado seria ligado às transformações tecnológicas que impulsionam o Direito Civil. Da mesma forma, dada a paixão da autora pelos temas de Direito de Família e Direito das Sucessões, era o encaminhamento parecido natural. Mas faltava um ponto que facilmente explicasse o ponto do trabalho. Faltava um alvo e ele apareceu justamente no combate à disseminação da chamada "herança digital".

Este livro se insere na trajetória de tantas outras publicações vindas da mesma escola de pensamento sobre o Direito Civil que procura, como missão primordial, dedicar maior atenção às formas pelas quais a tutela da pessoa humana pode ser aperfeiçoada. Nesse sentido, enfrentar o conceito de herança digital é fazer jus ao desafio que por décadas une os trabalhos derivados do programa de pós-graduação em Direito da UERJ, em especial aqueles voltados para a linha de Direito Civil.

Casos começam a aparecer no Brasil em que pais, cônjuges ou outros familiares sobreviventes buscam no Poder Judiciário ter acesso à conta nas redes sociais dos entes queridos falecidos. Seria uma forma – imagina-se – de preservar a memória dos falecidos. Mas ao se permitir que terceiros tenham acesso à conta nas redes sociais, não apenas o seu conteúdo público poderá ser administrado, mas também se abrirá acesso a fotos, vídeos, e principalmente mensagens de natureza privada.

Senhas podem ser transferidas quando da morte, se assim desejar a pessoa e assim se manifestar em vida. Caso contrário, resta apenas aos familiares e entes queridos sobreviventes acionar os recursos que diversas plataformas possuem. Algumas transformam a página da pessoa em um memorial, em que amigos podem deixar mensagens. Em outros casos, as plataformas permitem designar um responsável, que poderá tomar as medidas necessárias em caso de óbito. Quantos que leem esta apresentação já designaram um responsável para gerir a sua conta em serviços online após o seu falecimento?

Enquanto ainda desenvolvemos uma etiqueta para o luto nas redes sociais, as empresas que exploram essas aplicações criam as suas normas. Cabe ao Direito garantir que essas possibilidades viabilizadas pela tecnologia não afrontem a tutela da pessoa humana. Ao contrário, mais robusta será a proteção da pessoa quanto mais em sintonia estiverem os recursos tecnológicos e o modo de aplicação da lei.

Enquanto grande parte da mídia especializada dedica atenção ao que se chama de herança digital, o presente livro explora as fronteiras do tema para levá-lo a outras direções. É aqui que os direitos autorais e o chamado direito ao esquecimento passam a integrar o conjunto de preocupações que deveria instruir o mais completo raciocínio jurídico sobre o tema da morte na Internet.

Livia Leal é uma professora apaixonada pelos temas de ponta do Direito Civil e uma pesquisadora que sabe evidenciar os pontos de convergência e as questões mais controvertidas. O diálogo entre conceitos do Direito das Sucessões e as inovações trazidas pela Internet e pelas redes sociais revela a habilidade da autora em explicar de modo simples temas de enorme complexidade. A visão que Livia apresenta é nova e busca primordialmente encontrar uma voz única e relevante sobre temática que desperta cada vez mais interesse.

Este livro, ao inquirir sobre a pertinência de se insistir no conceito de herança digital, inaugura uma nova tônica sobre um tema que em si mesmo já é novo. Trata-se quase de um segundo começo, de uma nova chance. Nada mais apropriado para um livro que se propõe a questionar os efeitos da morte.

CARLOS AFFONSO SOUZA
Professor da Faculdade de Direito da Universidade do Estado do Rio de Janeiro (UERJ) e da Pontifícia Universidade Católica (PUC-Rio). Diretor do Instituto de Tecnologia e Sociedade do Rio de Janeiro.

PREFÁCIO À 2ª EDIÇÃO

Nos dois anos seguintes à publicação da 1ª edição desta obra, tive a oportunidade de desenvolver trabalhos e participar de debates que auxiliaram no aprimoramento do estudo que aqui se apresenta. O tema da "herança digital" vem, sem dúvida, adquirindo maior relevo, sobretudo diante de casos de acréscimo significativo de seguidores em páginas de redes sociais de pessoas célebres após do falecimento destas, evidenciando a necessidade de se estabelecer bases sólidas para o tratamento jurídico das contas existentes na Internet sem desconsiderar as peculiaridades de cada uma delas.

Novas propostas legislativas foram apresentadas no Congresso Nacional, com vistas a estabelecer uma regulação expressa do tema. Contudo, o que se pode perceber é que a complexidade das questões que o envolvem acaba por dificultar a elaboração de projetos que sejam capazes de garantir segurança jurídica nessa seara sem recaírem em resultados práticos desastrosos, como o acesso indevido a conteúdos sigilosos e informações privadas de terceiros ou ao devassamento da intimidade da pessoa falecida.

Na doutrina, pode-se identificar o desenvolvimento de dois entendimentos distintos: aquele que defende a transmissão de todos os conteúdos como regra, exceto na existência de manifestação de vontade do próprio usuário em vida em sentido diverso, e aquele que sustenta a intransmissibilidade de alguns conteúdos nos casos em que a transmissão sucessória acarretar violação a direitos da personalidade ou a outros interesses juridicamente tutelados que sejam preponderantes no caso concreto.

Na jurisprudência pátria, seguimos, ainda, com pouquíssimos precedentes, importando destacar que, em 2019, o Juízo da Vara Única de Pompeu, de Minas Gerais, negou aos pais o acesso aos dados contidos no celular da filha falecida, considerando o sigilo das comunicações, a proteção de direitos da personalidade de terceiros e a intimidade da filha, em linha similar àquela aqui defendida.

Mais recentemente, a pandemia causada pelo coronavírus ressaltou a utilização da Internet como relevante meio para se discutir aspectos relativos à morte e, também, como espaço para a ritualização *post mortem*, considerando-se a impossibilidade, em muitos casos, de se presenciar fisicamente os velórios e enterros. A criação de um memorial online para preservar a memória daqueles que perderam a vida nesse período denota, ainda, como a rede constitui poderoso instrumento não apenas para a construção da memória individual, mas, principalmente, da memória coletiva.

Todos esses acontecimentos desencadearam a elaboração dessa 2ª edição, na qual busquei incluir parte do conhecimento que adquiri ao longo desse tempo, graças a ricos diálogos com alunos e professores que também se debruçam sobre o tema e canalizam tempo e energia para pensar em soluções para os questionamentos que dele decorrem.

O tratamento jurídico *post mortem* do conteúdo inserido na rede pelo usuário segue como um grande ponto de interrogação para mim. A cada debate, questões a respeito das quais eu nunca havia cogitado surgem como a prova mais fiel de que jamais conseguirei alcançar toda a amplitude e riqueza desse tema. Ainda bem.

LIVIA TEIXEIRA LEAL

PREFÁCIO À 1ª EDIÇÃO

Os avanços tecnológicos promoveram diversas mudanças no mundo em que vivemos. Hoje a maior parte das atividades diárias perpassa pela utilização de ferramentas que utilizam a Internet, com um crescimento vertiginoso dos conteúdos inseridos pelo usuário nas diversas aplicações da rede. A troca de e-mails e mensagens, as postagens em redes sociais e a inclusão de arquivos na "nuvem" já se tornaram práticas cotidianas, que permeiam o dia-a-dia dos indivíduos, cada vez mais "conectados".

Contudo, diante de toda essa enorme quantidade de informações inseridas ao longo da vida pelo usuário, deve-se indagar qual será o destino desse conteúdo após a morte do seu titular. Qual deve ser a destinação das fotos, dos vídeos, das contas, das mensagens e informações armazenadas na Internet depois da morte do usuário? Esse é o questionamento que vai conduzir toda a análise realizada por Livia Leal nesse trabalho.

Livia Leal é graduada em Direito pela Universidade do Estado do Rio de Janeiro – UERJ, onde foi minha aluna na disciplina "Ética da Convivência: Criança, Adolescente e Idoso". Posteriormente, ingressou na Escola da Magistratura do Rio de Janeiro, onde hoje leciona. Em 2016, ingressou no Mestrado da UERJ, desenvolvendo importantes estudos sobre a regulação jurídica da Internet, e atualmente é doutoranda na mesma universidade. Ao longo desses anos, com olhar humano e inovador, Livia se dedicou à pesquisa, buscando promover a reflexão sobre temas ainda pouco abordados no meio jurídico.

Para investigar as possíveis alternativas e a compatibilidade das propostas até então apresentadas com o direito brasileiro, a autora analisa como a Internet transforma a percepção e a ritualização humana em torno da morte, considerando a permanência da projeção digital do indivíduo na rede mesmo após a sua morte física. Essa compreensão inicial passa a ser, na verdade, um referencial importante para as análises seguintes, tendo em vista que o direito não pode ignorar a realidade histórico-social dos fatos que busca regular.

A presente obra trata-se de um relevante marco no debate relativo à denominada herança digital, que já vem gerando discussões quanto à titularidade e ao acesso de contas de pessoas falecidas pelos familiares, que já chegam aos poucos ao Poder Judiciário. Sob esse aspecto, importa ressaltar que a legislação brasileira, mesmo após o advento da Lei nº 12.965/14, o denominado "Marco Civil da Internet", e da Lei nº 13.709/18, a Lei Geral de Proteção de Dados brasileira, não traz qualquer previsão específica sobre o assunto, havendo um vácuo legislativo em relação ao tema e a consequente necessidade de se avaliar os caminhos que podem ser adotados para dirimir tais situações.

A partir da consideração da dignidade da pessoa humana como eixo norteador do sistema jurídico brasileiro atual, a autora vai identificar os riscos de se considerar os conteúdos inseridos pelo usuário apenas pelo aspecto patrimonial, ressaltando a relevância de se preservar os aspectos extrapatrimonais de tais dados, que não deixam de receber tutela jurídica após a morte do titular.

Esse é o grande diferencial dos escritos sobre o tema até então divulgados e é essa percepção que torna o trabalho de Livia Leal um importante referencial sobre o tema, que se mostra atualíssimo e cada vez mais significativo e urgente. Reconhecendo a necessidade de compatibilizar os termos de uso dos provedores, a manifestação de vontade do usuário e o ordenamento jurídico interno, Livia Leal apresenta propostas efetivas para o tratamento jurídico do conteúdo inserido na Internet após a morte do usuário, em uma análise crítica e reflexiva.

TÂNIA DA SILVA PEREIRA
Advogada especializada em Direito de Família, Infância e Juventude. Mestre em Direito Privado pela UFRJ, com equivalência em Mestrado em Ciências Civilísticas pela Universidade de Coimbra (Portugal). Professora de Direito aposentada da PUC/Rio e da UERJ.

SUMÁRIO

INTRODUÇÃO

O advento e a popularização da Internet, com o crescimento da utilização das mídias digitais pelos indivíduos, vêm impactando de forma significativa a própria existência e as relações humanas como um todo. As plataformas digitais oferecem uma amplitude imensurável de possibilidades para o relacionamento humano, para o compartilhamento de informações e também para o desenvolvimento de atividades econômicas, promovendo transformações sociais relevantes.

A Internet constitui, hoje, um instrumento que permite a troca instantânea de dados, mensagens e informações, desafiando as barreiras territoriais e temporais, e revolucionando a interação humana. Cria-se no ambiente da rede uma representação das relações sociais, na medida em que se tem uma plataforma que permite que os usuários não apenas obtenham informações das mais variadas origens, mas também possam se expressar, dialogar com os demais, estabelecer uma troca efetiva com outros sujeitos. Com o desenvolvimento de uma sociedade que, cada vez mais, se constitui através de meios tecnológicos, a inclusão digital passa a ter um papel relevante, sendo responsável por uma importante parte da interação do indivíduo com o grupo social.

Do mesmo modo, não é difícil perceber que a Internet viabiliza a formação de diferentes projeções da identidade, afastando-se da noção de identidade que se tinha como paradigma até então. Além disso, há a ressignificação das noções tradicionais de espaço e tempo, na medida em que a representação individual na Internet permanece independentemente da localização espacial e da passagem temporal.

É nesse contexto que a forma de enxergar a morte sofre profundos impactos. A criação de uma espécie de identidade digital, que, em alguns aspectos, se destaca da identidade pessoal, real, traz a possibilidade de uma permanência *post mortem*, através dos dados e conteúdos constantes na rede, redimensionando a memória e o esquecimento humano. Indaga-se nesse contexto qual será o destino de todo o conteúdo adquirido e inserido na rede pelo usuário ao longo de sua vida, ou seja, fotos, vídeos, documentos, livros, músicas, perfis de redes sociais, senhas, etc.

A experiência do luto também passa por um processo de ressignificação, sendo cada vez mais comum a criação de cemitérios digitais, com páginas de memoriais de pessoas falecidas, que agregam informações diversas, como nome completo da pessoa, data de nascimento e morte, biografia e razão do falecimento, permitindo, inclusive, que os visitantes enviem mensagens, flores e velas pelo meio digital. A rede passa a ser, nesse contexto, importante meio para a ritualização *post mortem*, reconfigurando o processo de luto.

Também são ampliadas as alternativas de manifestação de vontade do indivíduo em vida em relação a seus dados após sua morte, sendo, ainda, possível a contratação de empresas para que as contas digitais da pessoa falecida tenham uma destinação e administração específica, seja para sua exclusão, seja para sua manutenção.

Além disso, alguns aplicativos vêm prometendo uma permanência *post mortem* por meio da utilização de inteligência artificial. Planeja-se que uma pessoa possa interagir com uma espécie de sistema operacional programado de acordo com as mensagens enviadas por aquele que faleceu, e com base em informações coletadas deste, o que efetivamente traz novos desafios atinentes à proteção de dados.

O destino, a administração e a exclusão do conteúdo disposto na rede após a morte do usuário surge, assim, como uma questão que se apresenta de forma ainda tímida, mas crescente na atualidade, considerando que cada vez mais os seres humanos incluem informações a seu respeito nas plataformas digitais.

Todas essas transformações geram impactos não apenas para as relações humanas, mas também no âmbito do Direito, que, enquanto objeto de regulação e pacificação social, não passa incólume a tantas mudanças.

Nota-se, neste diapasão, a ausência de previsão legal no ordenamento jurídico brasileiro que verse sobre o tratamento das informações constantes na rede após a morte do usuário, não obstante cresça a cada dia a quantidade de conteúdos disseminados pelos meios digitais.

Deve-se observar, por outro lado, que tal lacuna tem levado ao desenvolvimento de algumas iniciativas privadas de disposição das páginas e dos dados após o falecimento. Contudo, e considerando o caráter global da rede, não se pode ignorar que nem sempre as previsões constantes nos termos de uso dos provedores estarão em consonância com o ordenamento jurídico interno, podendo, ainda, conflitar com eventuais manifestações de vontade deixadas pelo usuário em vida. A compatibilização dos interesses envolvidos, nesses casos, acaba por demandar soluções do sistema jurídico, revelando-se o direito como importante instrumento de ponderação, que possui a promoção da pessoa humana como seu eixo norteador.

Os conteúdos digitais vêm agregando, cada vez mais, valor econômico e também afetivo, representando formas de manifestação da personalidade do indivíduo. A permanência de conteúdos na Internet, como arquivos pessoais na nuvem, páginas em sites e blogs, perfis de redes sociais, gera repercussões jurídicas patrimoniais e existenciais após a morte do indivíduo, que não podem mais ser ignoradas pelo sistema jurídico.

É justamente buscando encontrar caminhos para se dirimir essas situações que o presente estudo possui como objetivo geral apresentar as principais repercussões da morte e do luto na rede, apontando os problemas que surgem para o Direito nesses casos e as soluções que vêm sendo apresentadas, e destacando a necessidade de se diferenciar as situações jurídicas patrimoniais das existenciais, na medida em que os instrumentos previstos atualmente pelo direito sucessório não se mostram em muitos casos suficientes para o tratamento da temática.

Desse modo, no capítulo 1, será retratada a evolução histórica do tratamento da morte e do luto, a fim de destacar como as ritualizações em torno da morte assumiram feições diversas e relevância de acordo com o contexto histórico e social, e de observar de que forma elas foram transformadas com a Internet, abordando-se as principais manifestações relativas à morte do usuário na rede e os desafios que surgem nessa seara.

Nesse primeiro momento, busca-se uma compreensão interdisciplinar do surgimento e das questões envoltas na problemática que se pretende analisar, na medida em que o direito se encontra em constante diálogo com a realidade dos fatos e as transformações sociais, não podendo ser considerado de forma destacada desses fatores. Além disso, não se pode ignorar que a morte e os pontos que a envolvem constituem importantes fatores na conformação da própria vida humana, razão pela qual essa análise inicial possui relevância.

A seguir, o capítulo 2 buscará apresentar as principais propostas de abordagem jurídica do tema, ressaltando o equívoco de se restringir o tratamento do conteúdo *post mortem* disposto na rede ao paradigma da chamada "herança digital". Busca-se, em síntese, apontar a necessidade de se diferenciar as situações jurídicas existenciais, que vão atrair a tutela dos direitos da personalidade, que não são transmissíveis *post mortem*, das situações jurídicas patrimoniais, ressaltando a relevância de se considerar a manifestação de vontade do usuário em vida a respeito do destino de tais conteúdos após a sua morte.

Por fim, no capítulo 3, serão analisadas as principais questões jurídicas que derivam da morte e suas repercussões na Internet, buscando-se apresentar proposições de acordo com o arcabouço jurídico brasileiro e o embasamento teórico formulado no capítulo 2, por meio da compatibilização entre a manifestação de vontade do usuário, os termos de uso dos provedores e o direito.

Diante da superação do paradigma estritamente patrimonial, tem-se como propósito analisar tais situações considerando os interesses existenciais envolvidos, a fim de que se possa descompatibilizar eventuais conflitos a partir da orientação interpretativa conferida pelo ordenamento brasileiro.

O estudo parte da premissa de que o tratamento baseado em uma lógica estritamente patrimonial a respeito do conteúdo disposto na rede após a morte do usuário não se mostra suficiente à complexidade de situações jurídicas constituídas na Internet, que envolvem, sobretudo, questões atinentes à tutela *post mortem* dos direitos da personalidade.

Não se busca, aqui, afastar a importância do tratamento patrimonial conferido à exploração econômica dos conteúdos constantes na rede, mas sim demonstrar que a análise estritamente patrimonial, consubstanciada na concepção de que o tema se resume à denominada "herança digital", não confere os elementos necessários para dirimir todas as situações que surgem como decorrência da permanência *post mortem* do conteúdo na rede.

É a partir de tais premissas que a presente análise se constrói.

1

A MORTE E AS EXPERIÊNCIAS DE LUTO NA INTERNET

"A história da morte é ainda uma história da vida; vale dizer, é uma história da vida daqueles que sobrevivem ao morto, é uma história daquilo que é feito diante da morte e de quem morre".[1]

Ao longo dos séculos, o homem buscou compreender a si mesmo e também assimilar o mundo. Para isso, teve, e ainda tem, que enfrentar um dos maiores enigmas da existência: a *morte*, objeto de questionamentos nos mais diversos campos.

O modo de se perceber a finitude da vida acompanhou em muitos aspectos as transformações socioeconômicas, modificando-se através dos tempos. Reconhecer essa mutabilidade constitui a premissa inicial para que seja apreendido e analisado o tratamento conferido à morte na contemporaneidade e o porquê de a Internet constituir um ambiente propício para modificações substanciais quanto a esse aspecto.

Neste capítulo, será apresentado como a morte e o luto receberam significados diversos ao longo de cada momento histórico, e, especialmente, na sociedade brasileira, e como as experiências relativas ao fim da vida se reconfiguram no contexto da Internet. As profundas mudanças geradas pelo uso da rede nos mais diversos setores trazem práticas relativas ao luto e a própria concepção de morte peculiares à nova plataforma, que ressignifica a noção de espaço e tempo que se tinha até então.

Os novos desafios surgem, sobretudo, nas questões para as quais as soluções comumente apresentadas às relações constituídas no mundo físico não se mostram adequadas, em virtude das particularidades da rede, que traz consigo, ainda, uma reformulação de espaço público e privado, de individual e coletivo, que não pode ser desconsiderada.

Nesse primeiro momento, é imprescindível compreender por que as práticas de luto e os atos atinentes à morte do indivíduo se delineiam de forma diferenciada na Internet, e em que medida há uma continuida-

---

1 HIRONAKA, Giselda Maria Fernandes Novaes. *Morrer e suceder*. 2ª ed. São Paulo: Revista dos Tribunais, 2014. p. 98.

de de práticas anteriores e, por outro lado, uma ruptura, que demanda novos caminhos e proposições.

Observa-se que não se pensa, aqui, essa diferenciação entre o mundo físico e a Internet como substituição,[2] mas sim como um processo que integra novas práticas e realidades, reconfigurando as referências já existentes, sem excluí-las.[3]

Compreender o ambiente digital sem considerar as suas especificidades é o problema inicial que o presente estudo pretende desconstituir, tendo-se como base as manifestações atinentes à morte e ao luto na Internet e as suas vicissitudes.

1.1. Ressignificando a morte e o luto

A morte constitui um dos maiores mistérios da existência humana, sendo objeto de investigações nas mais diversas searas ao longo dos tempos. O medo da morte e o desejo pela imortalidade permeiam a concepção humana a respeito da terminalidade da vida,[4] sendo a morte um importante fator para a percepção temporal do homem.[5]

Trata-se a morte e o luto como uma espécie de *rito de passagem*, em torno do qual podem ser observadas uma série de práticas mutáveis de acordo com o contexto histórico e social. Aponta Segalen que a morte "é sempre a manifestação de uma desordem que, em todas as culturas, é acompanhada por gestos que autorizam a retomada do curso normal da vida".[6]

---

2 "Em geral é um erro pensar as relações entre antigos e novos dispositivos de comunicação em termos de substituição". LÉVY, Pierre. *Cibercultura*. São Paulo: Editora 34, 2010. p. 131.

3 "Nem os dispositivos de comunicação, nem os modos de conhecimentos, nem os gêneros característicos da cibercultura irão pura e simplesmente substituir os modos e gêneros anteriores. Irão antes, por um lado, influenciá-los e, por outro lado, forçá-los a encontrar seu 'nicho' específico dentro da nova ecologia cognitiva". LÉVY, Pierre. *Cibercultura*, cit., p. 225.

4 "A julgar por tudo o que tem sido ensinado sobre a morte, não se pode negar que, ao menos na Europa, a opinião dos homens, e muitas vezes até do próprio indivíduo, com frequência oscila entre a concepção da morte como aniquilamento absoluto e a suposição de que seríamos, por assim dizer, totalmente imortais". SCHOPENHAUER, Arthur. *Sobre a morte:* pensamentos e conclusões sobre as últimas coisas. São Paulo: WMF Martins Fontes, 2013. p. 5.

5 "O tempo na sociedade e na vida é medido pela morte". CASTELLS, Manuel. *Sociedade em rede*. 17ª ed. São Paulo: Paz e Terra, 2016. p. 533.

6 SEGALEN, Martine. *Ritos e rituais contemporâneos*. Tradução Maria de Lourdes Menezes. Rio de Janeiro: FGV, 2002. p. 59.

O luto é comumente definido como o "sentimento de dor pela morte de alguém", como "os sinais exteriores desse sentimento",[7] estando vinculado a manifestações sociais diversas, que envolvem ritos de separação e reintegração pelos sobreviventes.[8] Como observa Julia Tomasi, "o ato de ritualizar o falecido é um meio criado para dar sentido à morte do ente querido, e também a nossa própria morte, sendo o ritual funerário próprio do ser humano, (...) de modo que sua ausência total é uma falta de humanidade".[9]

A respeito da importância de situar determinado rito no espaço e no tempo para sua compreensão, deve-se ressaltar que uma determinada ritualização pode transmudar-se de acordo com o contexto no qual se encontra inserida, adquirindo significados e representações diversas conforme a sociedade se modifica.

No Mundo Antigo, podem ser destacados os rituais *post-mortem* do Egito Antigo, no qual morte adquiria importante aspecto do imaginário coletivo, conformando a própria conduta dos cidadãos egípcios. O Livro dos Mortos,[10] que constituía um compilado de fórmulas capazes de facilitar a passagem para o além, representava relevante forma de ritualização relacionada à vida após a morte, assim como a prática da mumificação e o ritual de pesagem do coração, que revelava como o indivíduo havia se portado ao longo da vida.[11] A concepção de imortalidade da alma e a ideia de que o homem sofreria as consequências dos atos praticados em vida após a morte pautavam a vivência ao longo da

---

7 FERREIRA, Aurélio Buarque de Holanda. *Miniaurélio:* o minidicionário da língua portuguesa. 6ª ed. Curitiba, Posigraf, 2004. p. 525.

8 "Na realidade, é um estado de margem para os sobreviventes, no qual entram mediante ritos de separação e do qual saem por ritos de integração na sociedade geral". VAN GENNEP, Arnold. *Os ritos de passagem.* 3ª ed. Petrópolis: Vozes, 2011. p. 129.

9 TOMASI, Julia Massucheti. *Eternamente off-line:* as práticas do luto na rede social do Orkut no Brasil. Curitiba: Prismas, 2016. p. 124.

10 "O Livro dos Mortos trata-se de um conjunto de fórmulas mágicas que tinham como principal objetivo livrar o falecido das ameaças que este poderia enfrentar após a morte. Os textos são variados, contendo orações, hinos, prescrições. Quando feito em papiros, eram colocados junto com o falecido no sarcófago, garantindo o acesso do morto às fórmulas, extremamente necessárias no Mundo Inferior". SOUSA, Luana Neres de; SANTOS, Bruna de Oliveira. Morte e religiosidade no Egito Antigo: uma análise do Livro dos Mortos. *Revista Mundo Antigo,* Ano V, vol. 5, nº 11, dez. 2016.

11 VAN BLERK, Nicolaas Johannes. *The concept of law and justice in Ancient Egypt, with specific reference to the tale of the eloquent peasant.* Disponível em: <http://uir.unisa.ac.za/bitstream/handle/10500/2447/dissertation.pdf>. Acesso em: 29 dez. 2017.

vida, ou seja, a morte consistia em importante balizador de condutas humanas.

Em *A República*, de Platão, Sócrates relata a história de *Er*, um homem que havia morrido em uma batalha e que ressuscitou, transmitindo às pessoas a sua experiência no além. *Er* conta que, quando sua alma deixou seu corpo, chegou a um lugar divino, no qual havia juízes, que sentenciavam o destino dos mortos: os justos deveriam dirigir-se à direita, na estrada que subia até o céu, e os maus deveriam caminhar à esquerda na estrada descendente. Os considerados injustos recebiam uma punição dez vezes maior que a do crime cometido, enquanto os justos e piedosos recebiam na mesma proporção a sua recompensa. O *Mito de Er* também revela, assim, como a concepção de uma boa morte era a tradução de uma vida justa e virtuosa.[12]

No Império Romano, o testamento adquiriu relevo como reflexo da autoridade da família e da "dignidade social dos pais de família", na medida em que configurava uma espécie de confissão, na qual o homem social se revelaria e pela qual seria julgado. O falecido podia, inclusive, incluir insultos e reconhecimentos *post-mortem* por meio deste documento, que era lido em uma cerimônia pública.[13]

Ao longo da Idade Média, a morte foi considerada uma "ordem da natureza", havendo uma aproximação entre os ritos vinculados à morte e os dogmas e ritualizações da Igreja. O luto foi adquirindo o caráter de uma imposição social, pautada pelo Cristianismo.[14] Havia a crença de que os mortos poderiam retornar para perturbar os vivos, de modo que era necessária a separação entre o mundo dos vivos e o dos mortos.[15] Em Santo Agostinho pode-se observar a separação entre a "cidade de Deus" e a "cidade dos homens", diferenciadas pelos que seguiam as ideias de bem e de justiça, que comporiam a primeira e teriam vida eterna, e aqueles que estariam presos à carne, que permaneceriam na segunda.[16]

No que se refere ao período absolutista, merece destaque os apontamentos de Michel Foucalt, que observou que um dos privilégios carac-

12 PLATÃO. *A República*. 9ª ed. Lisboa: Fundação Calouste Gulbenkian, 2001. p. 484-486.

13 ARIÈS, Philippe; DUBY, Georges. *História da vida privada*. V. 1: Do Império Romano ao ano mil. São Paulo: Companhia das Letras, 2009. p. 41.

14 ARIÈS, Philippe. *História da morte no Ocidente:* da Idade Média aos nossos dias. Tradução Priscila Viana de Siqueira. Rio de Janeiro: Nova Fronteira, 2017. p. 47-55.

15 ARIÈS, Philippe; DUBY, Georges. *História da vida privada*. V. 2: Da Europa Feudal à Renascença. São Paulo: Companhia das Letras, 2009. p. 92-93.

16 MACEDO JÚNIOR, Ronaldo Porto (coord.). *Curso de Filosofia Política*: do nascimento da filosofia a Kant. São Paulo: Atlas, 2008. p. 194.

terísticos do poder soberano fora o direito de vida e morte sobre os indivíduos.[17] Pode-se verificar que há, assim, uma relação entre vida e morte e poder político e social, o que se intensifica com o desenvolvimento tecnológico, que abre novas possibilidades do saber, capazes de pautar o viver e o morrer. Como destaca Heloisa Helena Barboza, "em lugar da morte, o poder passa a gerir a vida, de forma positiva, para que cresça e se multiplique, sob controles precisos e regulações de conjunto. O poder encontra no saber o instrumento para esse gerenciamento: o "saber" sobre a natureza implica a assunção de "poder" sobre a natureza dos homens".[18]

Em relação à manifestação de luto, durante o século XIX este se desenrola com intensidade e exteriorização mais exacerbadas; "chora-se, desmaia-se, desfalece-se e jejua-se". Também nesse período adquire relevância a concepção de que a sociedade é composta ao mesmo tempo de mortos e vivos, de modo que os cemitérios passam a ser necessários à cidade, sendo o culto aos mortos uma expressão de patriotismo.[19]

Contudo, uma ruptura significativa é observada no decorrer do século XX: a morte vai deixando gradativamente de ter esse caráter de familiaridade e passa a ser considerada uma situação vergonhosa, objeto de interdição. Passa-se a esconder do moribundo a gravidade de seu estado e há o deslocamento do lugar da morte.[20]

Na visão de Manuel Castells, o confinamento temporal e espacial da morte pode ser observado com o grande percentual de óbitos ocorridos no hospital, com os corpos já separados dos seus ambientes sociais e emocionais, e traduz a tendência de se apagar a morte ou torná-la inexpressiva.[21]

---

17 FOUCAULT, Michel. *História da sexualidade I*: a vontade de saber. 13ª ed. Rio de Janeiro: Graal, 1999. p. 126.

18 BARBOZA, Heloisa Helena. A pessoa na era da biopolítica: autonomia, corpo e subjetividade. *Cadernos IHU ideias*, ano 11, nº 194, 2013, p. 5. A relação da tecnologia com o poder encontra-se relacionada à necessidade de uma proteção repaginada da privacidade, que representa, em última análise, a busca dos indivíduos pela retomada do poder sobre os seus próprios dados pessoais, como se verá ao longo do capítulo 2.

19 ARIÈS, Philippe; DUBY, Georges. *História da vida privada*. V. 1: Do Império Romano ao ano mil, cit., p. 71-77.

20 ARIÈS, Philippe; DUBY, Georges. *História da vida privada*. V. 1: Do Império Romano ao ano mil, cit., p. 82-83.

21 "É uma característica distintiva de nossa nova cultura, a tentativa de banir a morte de nossa vida. Embora a matriz dessa tentativa advenha da crença racionalista no progresso todo-poderoso, são as descobertas extraordinárias da tecnologia médica e da pesquisa biológica nas duas últimas décadas que fornecem base

A morte e o luto adquirem, assim, uma feição individual, sendo repudiadas as manifestações públicas de dor e tristeza, incompatíveis com o ideal de progresso social. Além disso, diante do esvaziamento da morte, o hábito de visitar o túmulo do falecido resta enfraquecido, tornando-se cada vez mais comum a cremação como forma de sepultamento.

Essa visão está atrelada a uma necessidade moral e social de felicidade, que marca do contexto social da contemporaneidade. Repudiase qualquer demonstração de tristeza e o luto deixa de ser um tempo necessário imposto socialmente e passa a ser um "estado mórbido, que deve ser tratado, abreviado, apagado".[22]

A interiorização das manifestações de sofrimento desvinculou, de certa forma, o luto da ritualização física vinculada aos cemitérios, fortalecendo a ideia de que a dor vivenciada após a morte de um ente querido deveria ser uma experiência individual, privada, e não mais uma imposição social de manifestação pública.

Passa-se a ter uma condenação velada do sofrer em público e das manifestações de dor em decorrência do falecimento. Observa-se, desse modo, que a tendência é de uma reprovação tácita ao luto expressado publicamente, "como se a dor causada pelo sofrimento pessoal de uma perda contaminasse os outros com a presença da morte". [23]

Há uma redução significativa dos rituais fúnebres,[24] e os processos que restaram desses ritos deixam de ser realizados pelos familiares e passam a ser organizados por pessoas e empresas especializadas. Intensifica-se, nesse contexto, o medo da morte, que se torna um grande tabu, objeto de rejeição e temor.[25]

material para a mais antiga aspiração da humanidade: viver como se a morte não existisse, apesar de ser a nossa única certeza". CASTELLS, Manuel. *Sociedade em rede*, cit., p. 533.

22 ARIÈS, Philippe; DUBY, Georges. *História da vida privada*. V. 1: Do Império Romano ao ano mil, cit., p. 85 e 92.

23 KOURY, Mauro Guilherme Pinheiro. Ser discreto: Um estudo sobre o processo de luto no Brasil urbano no final do século XX. *Revista Brasileira de Sociologia da Emoção - RBSE*, v. 9, nº 25, João Pessoa, GREM, abril de 2010. p. 13.

24 "A descrença em fórmulas rituais integrativas do morto e do enlutado às malhas sociais fornece, assim, indicativos da ruptura das práticas relacionais na sociedade brasileira urbana de hoje, principalmente entre classe média intelectualizada, mas, de certa maneira, tende a orientar o agir de toda a sociedade". KOURY, Mauro Guilherme Pinheiro. *Ser discreto*, cit., p. 78.

25 Afonso de Albuquerque, reportando-se a Philippe Ariès, ressalta que se pode verificar uma "crise da morte" na contemporaneidade. "A morte se tornou objeto de um tabu, um tema sobre o qual não se que os "sobreviventes" possam retornar tão

É de se notar, contudo, que "nas últimas décadas, no contexto brasileiro, apesar dessas mortes íntimas, dos familiares e amigos, serem vistas como tabus, ocultando-as quase sempre das conversas e do cotidiano, a *morte dos outros* é densamente midiatizada, seja através do cinema, dos jornais, da televisão ou das histórias em quadrinhos".[26]

Em uma realidade marcada pela "midiatização das relações socioculturais", na visão de Renata Rezende Ribeiro, "a morte não escapa à formatação midiática de sua performance: é necessário eternizar esse corpo, mesmo morto, e ativar relações comunicativas a seu redor a fim de conservar de alguma maneira o falecido".[27]

Com efeito, o evento morte também sofre os reflexos do que Guy Debord denominou de "sociedade do espetáculo", na qual se busca manter, mesmo diante da morte, as aparências da vida, baseada na necessidade de juventude e consumo que rege as relações humanas na atualidade.[28]

---

brevemente quanto possível a sua vida "normal". A morte, assim, se opõe à vida de modo absoluto, e se cobre por um manto de fracasso e vergonha". ALBUQUERQUE, Afonso de. Viver e morrer no Orkut: os paradoxos da rematerialização do ciberespaço, *Intexto*, Porto Alegre: UFRGS, v. 2, nº 17, p. 1-17, jul./dez. 2007. p. 6.

---

26 TOMASI, Julia Massucheti. *Eternamente off-line*, cit., p. 130.

27 RIBEIRO, Renata Rezende. *A morte midiatizada:* como as redes sociais atualizam a experiência do fim da vida. Eduff, 2016. p. 21.

28 "Ao olhar da produção moderna, a parte irredutivelmente biológica que continua presente no trabalho, tanto na dependência do cíclico natural da vigília e do sono quanto na evidência do tempo irreversível individual do gasto de uma vida, torna-se simplesmente acessória; como tais, esses elementos são descurados nas proclamações oficiais do movimento da produção, bem como nos troféus consumíveis que são a tradução acessível dessa incessante vitória. Imobilizada no centro falsificado do movimento do seu mundo, a consciência espectadora já não conhece em sua própria vida uma passagem para sua realização e para sua morte. Quem desistiu de despender sua vida já não deve reconhecer sua morte. A publicidade dos seguros de vida apenas insinua que o indivíduo é culpado de morrer sem ter garantido a regulação do sistema depois dessa perda econômica; e a do *american way of death* insiste sobre a sua capacidade de manter nesse encontro a maior parte das aparências da vida. Nos bombardeios publicitários, é nitidamente proibido envelhecer. É como se houvesse uma tentativa de manter um 'capital juventude' que, por ter sido usado de modo medíocre, não pode pretender adquirir a realidade durável e cumulativa do capital financeiro. Essa ausência social da morte é idêntica à ausência social da vida." DEBORD, Guy. *A sociedade do espetáculo.* 2ª ed. Rio de Janeiro: Contraponto, 2017. p. 132-133.

Nesse sentido, também não se pode negar que a chamada "sociedade da informação"[29] vem proporcionando transformações significativas na forma de relacionamento entre os indivíduos e, consequentemente, sobre a forma de enxergar a morte, sobretudo com o advento da Internet.

Originada de um sistema desenvolvido com fins militares, na década de 1960,[30] a Internet foi, posteriormente, difundida para as mais variadas formas de utilização humana e vem revolucionando de forma significativa a sociedade. Trata-se de um novo meio de comunicação que agrega diversas formas de interação e também origens diversas de criação e produção de conteúdo,[31] proporcionando um ambiente de possibilidades antes impensáveis.

O usuário não se restringe ao papel de expectador: a ele é aberta a possibilidade de ser autor de conteúdos dispostos na plataforma, assumindo uma postura não mais predominantemente passiva, como os tradicionais meios de comunicação, mas também ativa, de construção

29 Ana Maria Nicolaci-da-Costa destaca que: "As Tecnologias da Informação estão por trás de vários desenvolvimentos tecnológicos recentes: computadores, telefonia digital fixa, telefonia celular, etc. Seu maior impacto foi, no entanto, gerado pela conexão de computadores em rede. A Revolução das Tecnologias da Informação é também conhecida por outros nomes como, por exemplo, Revolução Digital, Revolução da Microeletrônica, e Revolução Informacional". NICOLACI-DA-COSTA, Ana Maria. Revoluções Tecnológicas e Transformações Subjetivas. *Psicologia:* Teoria e Pesquisa, Vol. 18 nº 2, pp. 193-202, Mai-Ago 2002.

30 CASTELLS, Manuel. *Sociedade em rede*, cit., p. 65. Como observa André Lemos: "A ideia de unir computadores em rede é desenvolvida por Bob Taylor, diretor em 1966 do DARPA, Departamento de Projetos de Pesquisas Avançadas da Agência de Defesa Americana. Um dos passos fundamentais foi dado em 1969, quando o processador de mensagens é construído em um minicomputador na Universidade da Califórnia em Los Angeles (UCLA). Esse foi o primeiro ponto da então rede Arpanet. Em 1980, Darpanet se dividiu em duas novas redes: Arpanet (científica) e Milnet (militar). No entanto, as conexões feitas entre as duas redes permitiram continuar a troca de comunicações eletrônicas. Essa interconexão foi chamada de Darpa Internet no princípio, ou somente Internet, limitada aos cientistas e militares". LEMOS, André. *Cibercultura*: tecnologia e vida social na cultura contemporânea. 7ª ed. Porto Alegre: Sulina, 2015. p. 116.

31 Considera-se como "conteúdo" todo o tipo de arquivos, dados, informações, senhas, etc. que o usuário insere na rede ao longo da sua vida. Para Bruno Zampier, "conteúdo é um vocábulo que englobaria todo e qualquer segmento de informação propriamente dito, ou seja, conteúdo será sempre uma informação digital. Nesse contexto, poderá englobar um texto, imagem, som, dado, sendo posteriormente difundido por meio de dispositivos computacionais pela rede mundial". LACERDA, Bruno Torquato Zampier. *Bens digitais*. Indaiatuba: Foco Jurídico, 2017. p. 27.

de "sua própria Internet", o que adquiriu destaque sobretudo com o advento da *Web 2.0*.[32]

Além disso, há um crescimento expressivo da utilização das redes sociais como forma de comunicação e relacionamento. Uma pesquisa do Comitê Gestor da Internet no Brasil constatou que cerca de "72% dos internautas participam de discussões em redes de relacionamento, além de disponibilizarem temas e ferramentas que possibilitam a outros usu-

---

32 A chamada Web 2.0 corresponde a um segundo momento no desenvolvimento da Internet, cuja marca principal seria o maior grau de participação dos usuários na produção e compartilhamento de conteúdos na rede, por meio de redes sociais ou sites de *upload* e *download* de arquivos. De acordo com Tim O'Reilly, "Web 2.0 is the network as platform, spanning all connected devices; Web 2.0 applications are those that make the most of the intrinsic advantages of that platform: delivering software as a continually-updated service that gets better the more people use it, consuming and remixing data from multiple sources, including individual users, while providing their own data and services in a form that allows remixing by others, creating network effects through an "architecture of participation," and going beyond the page metaphor of Web 1.0 to deliver rich user experiences". Em tradução livre: A Web 2.0 é a rede como plataforma, que envolve todos os dispositivos conectados. As aplicações da Web 2.0 são aquelas que aproveitam ao máximo as vantagens intrínsecas dessa plataforma: oferecer software como um serviço continuamente atualizado que melhora o número de pessoas que o utilizam, consumindo e remixando dados de várias fontes, incluindo usuários individuais, ao mesmo tempo que fornecem os seus próprios dados e serviços em uma forma que permite a remixação por outros, criando efeitos de rede através de uma "arquitetura de participação" e indo além da metáfora da página da Web 1.0 para oferecer relevantes experiências aos usuários. O'REILLY, Tim. *Web 2.0:* Compact Definition?. October 1, 2005. Disponível em: <http://radar.oreilly.com/2005/10/web-20-compact-definition.html> Acesso em 12 dez. 2017.
Stefano Rodotá destaca a importância da Web 2.0 para a construção da personalidade: "Internet 2.0, quello delle reti sociali, è divenuto uno strumento essenziale per i processi di socializzazione di massa e per la libera costruzione della personalità. In questa prospettiva, assume un nuovo significato la libertà di espressione, come elemento essenziale dell'essere della persona e della sua collocazione nella società. La costruzione dell'identità tende così a presentarsi sempre di più come um mezzo per la comunicazione con gli altri, per la presentazione del sé sulla scena del mondo. Questo modifica il rapporto tra sfera pubblica e sfera privata, e la stessa nozione di privacy". Em tradução livre: A Internet 2.0, que incorporou as redes sociais, tornou-se uma ferramenta essencial para os processos de socialização em massa e para a livre construção da personalidade. Nesta perspectiva, a liberdade de expressão, como elemento essencial do ser da pessoa e do seu lugar na sociedade, assume um novo significado. A construção da identidade tende a se apresentar cada vez mais como um meio de comunicação com os outros, para a apresentação do eu na cena mundial. Isso altera a relação entre esfera pública e esfera privada, e a própria noção de privacidade. RODOTÀ, Stefano. *Il diritto di avere diritti*. RomaBari: Laterza, 2012. p. 320.

ários participarem desse processo de entretenimento, debate e construção de conhecimento".[33]

Nesse contexto, verifica-se o aumento da produção e reprodução de conteúdos pelos próprios usuários, de forma ativa e colaborativa, permanecendo tais arquivos em uma mesma plataforma independentemente do momento em que foram produzidos ou do local a partir do qual foram inseridos.

Desse modo, a Internet promove a reconfiguração do conceito de tempo, que passa a ser uma espécie de *tempo intemporal*, traduzido pela "mistura de tempos para criar um universo eterno",[34] que ocorre quando as características de um dado contexto "causam confusão sistêmica na ordem sequencial dos fenômenos sucedidos naquele contexto".[35] Com efeito, informações relativas a momentos diversos convivem em um mesmo ambiente, acessado pelo usuário em um tempo também diverso, o que caracteriza essa ideia de *intemporalidade*, que se dilui nessa coexistência.

Nota-se que, assim como o tempo, a apreensão espacial é transformada, já que pessoas situadas em qualquer lugar do mundo podem se comunicar em tempo real, sem se deslocarem fisicamente.[36] A forma de se relacionar também se modifica nesse sentido, na medida em que não se faz mais necessária a presença física para que haja a comunicação entre os indivíduos (tanto no que diz respeito ao som – o que já se tinha

---

33 "As redes sociais constituem um espaço, no qual a interação entre as pessoas permite a construção coletiva, a mútua colaboração, a transformação e o compartilhamento de ideias em torno de interesses mútuos dos atores sociais que as compõem. A Internet potencializa o poder dessas redes, devido à velocidade e à capilaridade com as quais a divulgação e a absorção de ideias acontecem". BARBOSA, Alexandre; CAPPI, Juliano; TAVARES, Robson. Redes sociais: revolução cultural na Internet. In: *Pesquisa sobre o uso das Tecnologias da Informação e da Comunicação no Brasil 2005-2009*. São Paulo: Comitê Gestor da Internet no Brasil, 2010. p. 53-54.

34 CASTELLS, Manuel. *Sociedade em rede*, cit., p. 516.

35 "A eliminação da sequência cria tempo não diferenciado, o que equivale à eternidade". CASTELLS, Manuel. *Sociedade em rede*, cit., p. 543.

36 "O ciberespaço potencializa o surgimento de comunidades virtuais e de agregações eletrônicas em geral que estão delineadas em torno de interesses comuns, de traços de identificação, pois ele é capaz de aproximar, de conectar indivíduos que talvez nunca tivessem oportunidade de se encontrar pessoalmente. Ambiente que ignora definitivamente a noção de tempo e espaço como barreiras". CORRÊA, Cynthia Harumy Watanabe. Comunidades virtuais gerando identidades na sociedade em rede. *Ciberlegenda*, nº 13, Rio de Janeiro: UFF, 2004. Disponível em: <http://www.ciberlegenda.uff.br/index.php/revista/article/view/226>. Acesso em: 09 ago. 2017.

com o telefone – quanto no que se refere à imagem e vídeo, que podem ser transmitidos até mesmo ao vivo).

Essa modificação na percepção de espaço-tempo promove uma reordenação da interação humana, na medida em que conteúdos referentes a lugares e a momentos diversos passam a integrar um mesmo ambiente, o que se reflete de modo especialmente impactante no que se refere à morte. Informações diversas sobre pessoas vivas e já falecidas encontram-se frequentemente presentes na mesma plataforma, o que permite o resgate de informações pretéritas e a própria reconfiguração dessas informações no novo contexto.[37]

As experiências relativas ao fim da vida, assim como os diversos aspectos da realidade social, são fortemente impactadas pelas transformações proporcionadas pela Internet, na medida em que a plataforma digital vai agregar toda essa multiplicidade, refletindo, também, a espetacularização[38] e a liquidez[39] da vida.

Ao longo da história, é possível observar, conforme o panorama apresentado, que há uma relação paradoxal entre os vivos e os mortos em relação aos modos funerários – ora a distância, ora a proximidade –, o que se estende de modo ainda mais complexo para a plataforma da rede.[40] Ao lado do luto silencioso e individual tem-se a exteriorização dos sentimentos de perda e saudade nas redes sociais, de modo que o meio

---

37 "A proteção de dados é, em síntese, a proteção da pessoa humana em sua versão atualizada às demandas da contemporaneidade, mormente quanto ao resguardo do livre desenvolvimento de sua personalidade mediante a garantia da sua autodeterminação informacional e incluindo necessariamente a proteção post mortem. Uma das principais consequências dessa nova dimensão cultural é a produção de um patrimônio digital. Surge, dessa maneira, uma demanda por novos contornos dos direitos da personalidade e dos direitos sucessórios que abriguem a noção de personalidade virtual e a de herança digital que, na medida do possível, possam oferecer alternativas às possibilidades de violações advindas do uso da tecnologia, notadamente acerca da ruptura do espaço e do tempo cronológico nas redes sociais da internet". SARLET, Gabrielle Bezerra Sales. Notas sobre a identidade digital e o problema da herança digital: uma análise jurídica acerca dos limites da proteção póstuma dos direitos da personalidade na internet no ordenamento jurídico brasileiro. *Revista de Direito Civil Contemporâneo*, vol. 17/2018, p. 33 – 59, out. – dez., 2018.

38 DEBORD, Guy. *A sociedade do espetáculo*, cit.

39 "A indiferença em relação à duração transforma a imortalidade de uma ideia numa experiência e faz dela um objeto de consumo imediato (...) A instantaneidade (anulação da resistência do espaço e liquefação da materialidade dos objetos) faz com que cada momento pareça ter capacidade infinita". BAUMAN, Zygmunt. *Modernidade líquida*. Tradução Plínio Dentzien. Rio de Janeiro: Zahar, 2001. p. 158.

40 RIBEIRO, Renata Rezende. *A morte midiatizada*, cit., p. 185.

digital também passa aos poucos a constituir o espaço de realização de rituais *post mortem*.

Como observa André Lemos, "parece evidente que as tecnologias da cibercultura podem agregar, talvez como forma de lutar contra o isolamento moderno", constituindo a Internet um *espaço de agregações sociais múltiplas*,[41] o que também se pode verificar quanto ao processo de luto, que se manifesta em comunidades na rede, em contraponto ao luto individualmente vivenciado.

Além disso, não se pode negar que a morte, assim como os mais variados tipos de informação, vem sendo retratada de forma mais recorrente e expressiva nas redes sociais, não sendo incomum que imagens, vídeos e dados referentes a pessoas falecidas sejam compartilhados na rede. Aliás é justamente após a morte do usuário que informações a seu respeito são compartilhadas com maior intensidade.

O tratamento jurídico do conteúdo inserido na Internet após a morte do usuário deve considerar essa compreensão inicial, na medida em que, como afirma Pietro Perlingieri, o estudo do direito "não pode prescindir da análise da sociedade na sua historicidade local e universal, de maneira a permitir a individualização do papel e do significado da juridicidade na unidade e na complexidade do fenômeno social".[42]

As propostas de compatibilização dos questionamentos jurídicos que surgem nessa seara, e que serão abordados ao longo do presente estudo, não podem desconsiderar os possíveis reflexos sobre a utilização da Internet pelos usuários como um todo. É nesse sentido que se apresenta, a seguir, um panorama das principais manifestações dessa significativa transformação sobre a morte e o luto proporcionada pelo advento e popularização da rede como meio relevante de comunicação.

1.2. Experiências do fim da vida na rede

Como observado, assim como todo o relacionamento humano vem sendo transformado com o desenvolvimento das novas tecnologias, a morte e o processo de luto não passam incólumes a tantas mudanças, o que vai refletir na forma utilização da rede e, consequentemente, no surgimento de situações antes impensáveis.

Algumas experiências práticas revelam como essas modificações se operam na vivência humana, tornando a Internet um ambiente também de ritualização e de debate a respeito da morte.

---

41 LEMOS, André. *Cibercultura*, cit., p. 145.

42 PERLINGIERI, Pietro. *Perfis do direito civil*: introdução ao Direito Civil Constitucional. 3ª ed. Tradução de Maria Cristina De Cicco. Rio de Janeiro: Renovar, 2002. p. 1.

Calcula-se que, em 2012, apenas oito anos após o lançamento do Facebook, 30 milhões de usuários com uma conta no site já teriam morrido. "A revista científica *Jurimetrics*, editada pela Universidade do Arizona, estima que mais de 8 mil usuários morram por dia."[43]

A morte física do usuário, contudo, frequentemente gera uma situação peculiar: a permanência de todo o conteúdo inserido, compartilhado e adquirido por ele em vida, que acaba subsistindo em um limbo, sem que se tenha uma destinação específica, e frequentemente sem que haja qualquer manifestação de vontade expressa do usuário a respeito dessas informações.

Alguns autores entendem que a Internet viabiliza a formação de diferentes identidades, afastando-se da noção de identidade que se tinha como paradigma até então.[44] A identidade se prospectaria no mundo digital, por meio de representações diversas, como uma fotografia, um *nickname* (apelido), que caracterizam o indivíduo perante os demais. Uma observação interessante é que essas representações não necessariamente correspondem à realidade fática, variando, inclusive, de acordo com o tipo de plataforma virtual que o sujeito utilize.[45]

---

43 AMBROSINO, Brandon. *Como as redes sociais estão mudando nossa maneira de lidar com a morte*. Disponível em: <http://www.bbc.com/portuguese/noticias/2016/03/160316_vert_fut_facebook_mortos_ml>. Acesso em: 20 abr. 2016.

44 "Pero, realmente, ¿en qué lugar podemos situar lo virtual? Con la aparición de Internet se da un cambio fundamental, la comunicación fluye de todos a todos. Hasta ahora, se ha visto esta realidad como un cambio cuantitativo, más que cualitativo, en las relaciones interpersonales, que habla de la disponibilidad ininterrumpida del otro y de formas de acercamiento afectivo, que hasta ahora requerían inexorablemente la co-presencia física de los actores. Evidentemente, esta variación de parámetros ha provocado un desenfoque de la visión que se tenía hasta el momento, dando lugar al surgimiento de conflictos de complejo enfoque jurídico. Así, Internet se nos presenta como un espacio abierto que permite interactuar en diversos contextos tomando distintas identidades, estas identidades – denominadas virtuales – se alejan de la noción de identidad basada en los presupuestos culturales de la persona que hasta ahora eran el paradigma de nuestra visión del ser humano." INIESTA, Javier Belda; SERNA, Francisco José Aranda. El paradigma de la identidad: hacia una regulación del mundo digital. *Revista Forense*, vol. 422, 2016. p. 184.

---

45 INIESTA, Javier Belda; SERNA, Francisco José Aranda. El paradigma de la identidad: hacia una regulación del mundo digital, cit., p. 197. Na visão de Stefano Rodotà, "a assunção de identidades múltiplas não é possível somente na dimensão diacrônica, no desenrolar dos vários momentos de uma jornada, assumindo diversos papeis, correspondentes a diversas funções. Agora as várias identidades podem ser assumidas também sincronicamente, manifestando-se todas no mesmo instante graças à presença ubíqua em vários lugares da rede. (...) A variabilidade

Luciano Floridi, ao abordar como a Internet tem ressignificado a realidade humana, a caracteriza como uma quarta revolução,[46] devido à efetiva transformação que ela vem operando na forma como os indivíduos se relacionam com os demais e também no modo como eles enxergam a si mesmos. De acordo com essa concepção, com a Internet, os seres humanos passaram a se reconhecer como "organismos informativos" uns em relação aos outros, assumindo diferentes projeções da sua identidade de acordo com a plataforma utilizada.[47]

Nesse contexto, manter o perfil de uma rede social, por exemplo, representaria uma forma do que Philippe Artières denominou de "arquivar a própria vida", como forma de o indivíduo ter a sua identidade reconhecida socialmente,[48] o que se projetaria após a sua morte.

Essa projeção da identidade para os dados[49] inseridos na rede permite que se pense na existência de um *corpo eletrônico*, que, na concepção de Stefano Rodotà, pode ser caracterizado como uma espécie de reflexo da existência do indivíduo na rede, na qual estão presentes informações e dados diversos a seu respeito, e que deve ser objeto de tutela jurídica.[50]

---

toma o lugar da estabilidade: o eu se torna múltiplo, fluido, passa a ser construído em interação contínua com as máquinas". RODOTÀ, Stefano. *A vida na sociedade da vigilância:* a privacidade hoje. Org. Maria Celina Bodin de Moraes. Tradução Danilo Doneda e Luciana Cabral Doneda. Rio de Janeiro: Renovar, 2008. p. 120.

---

46 Luciano Floridi aponta que as outras três revoluções ocorreram a partir de Copérnico com o heliocentrismo e a superação da ideia de que a Terra e o homem seriam o centro do Universo, de Darwin com a seleção natural e a mudança de perspectiva de que o homem seria o centro do reino animal, e de Freud, com a psicanálise e a transformação da percepção do homem sobre si mesmo. FLORIDI, Luciano. *The Fourth Revolution*: how the infosphere is reshaping human reality. Oxford: Oxford University Press, 2014. p. 116-119.

47 FLORIDI, Luciano. *The Fourth Revolution*, cit., p. 131-132.

48 ARTIÈRES, Philippe. *Arquivar a Própria Vida*. Centro de pesquisa e documentação de história contemporânea do Brasil da Fundação Getúlio Vargas. Rio de Janeiro, 1998. p. 14.

49 Danilo Doneda, ao abordar a diferença entre dado e informação, aponta que, enquanto o dado possui uma conotação mais primitiva e fragmentada, estando associado a uma espécie de "pré-informação", a informação é um conceito mais elaborado, indo além da representação contida no dado, "chegando ao limiar da cognição, e mesmo nos efeitos que esta pode apresentar para o seu receptor". DONEDA, Danilo. *Da privacidade à proteção de dados pessoais*. Rio de Janeiro: Renovar, 2006. p. 152.

50 "Na *Information Age* o corpo foi desde logo considerado como um conjunto de dados, um sistema informativo. O tema do corpo, suas transformações e seu destino, torna-se assim a grande metáfora, aspecto essencial da sociedade de informação

No mesmo sentido, já afirmava Marshall McLuhan que "qualquer invenção ou tecnologia é uma extensão ou auto-amputação de nosso corpo, e essa extensão exige novas relações e equilíbrios entre os demais órgãos e extensões do corpo".[51] Há, assim, uma pulverização dos dados que dizem respeito do indivíduo, que integram a sua identidade e compõem a projeção social de sua existência, na Internet, havendo a necessidade de se prever mecanismos e instrumentos que possam garantir a integridade e proteção desses dados.

O *corpo eletrônico* se projetaria também após a morte física do indivíduo, de modo que as formas tradicionais de representação do corpo morto, como a fotografia, interagem com as novas (como no caso das mídias digitais), e "mesmo a morte passa a ser reapresentada a partir da simulação de um tempo 'vivo' ou 'presente'", ressignificando-se a ideia de ausência, agora menos definitiva.[52]

---

e de sua aproximação à realidade virtual". RODOTÀ, Stefano. Transformações do corpo. *Revista Trimestral de Direito Civil - RTDC*, vol. 19, jul/set. 2004. p. 91.
"Se olharmos para os processos em curso do ponto de vista das tecnologias da informação e da comunicação, não descobriremos apenas o nascimento de uma dimensão virtual ao lado daquela real, ou formas de mistura que sugerem a expressão 'mixed reality'. Muda a própria percepção da pessoa e de seu corpo. Centenas de milhões de homens e de mulheres têm seu 'duplo' eletrônico, que num número crescente de casos condiciona sua existência muito mais do que o corpo físico. Pessoa e corpo eletrônico já pertencem naturalmente à dimensão global. As informações que nos dizem respeito, e que representam nossa identidade para todos aqueles que as usam eletronicamente, estão espalhadas num número crescente de bancos de dados nos mais diversos lugares do mundo; nossos rastros eletrônicos são constantemente acompanhados e guardados; os dados sobre a saúde, os dados genéticos decompõem nosso corpo. O novo direito global deve tratar de um 'indivíduo planetário', de um 'corpo distribuído no espaço'". RODOTÀ, Stefano. *Globalização e o Direito*. Palestra proferida em 2003, no Rio de Janeiro. Tradução Myriam de Filippis. Disponível em: <http://www.rio.rj.gov.br/dlstatic/10112/151613/DLFE-4314.pdf/GlobalizacaoeoDireito.pdf.>. Acesso em: 08 ago. 2017.

---

51 MCLUHAN, Marshall. *Os meios de comunicação como extensões do homem*. São Paulo: Cultrix, 2007. p. 63.

52 RIBEIRO, Renata Rezende. *A morte midiatizada*, cit., p. 22.
Como observa Sérgio Branco, "Durante muito tempo, a quase sempre penosa tarefa de distinguir o que se conserva do que se descarta se resumiu aos pertences físicos do falecido. Contudo, o recente problema que precisa ser enfrentado é que, ao se morrer atualmente, não deixamos mais apenas nossas reminiscências físicas. A digitalização do mundo multiplicou nossa existência em fotografias próprias e alheias, mensagens, depoimentos, e-mails, vídeos, comentários e postagens espalhados em perfis de redes sociais, contas de acesso à internet, pen drives, HD, celulares, câmeras digitais". BRANCO, Sérgio. *Memória e esquecimento na Internet*. Porto Alegre: Arquipélago Editorial, 2017. p. 103.

Na visão de Giorgio Resta, a questão da chamada "morte digital" estaria na fronteira entre o direito de sucessão devido à morte e os direitos da personalidade, sendo motivado por um fato de evidência imediata: a dissociação entre a existência biológica de um indivíduo e sua "pessoa eletrônica", na medida em que esta não se dissolve com a morte, mas permanece na rede, dispersa em uma infinidade de bancos de dados ou armazenados em diferentes lugares por um período de tempo indefinido.[53]

Além disso, como já apontado, houve uma intensificação do medo da morte no século passado, de modo que os vivos, mesmo os idosos, acabam se identificando menos com o adoecer e a proximidade com a morte, idealizando em muitos casos a imortalidade e a ideia de que a morte seria uma questão distante.[54] Nesse sentido, o espaço da Internet representaria uma possibilidade de prolongamento da existência humana, e de suas referências de conteúdo, como a memória.[55]

O "corpo eletrônico" seria, assim, uma forma de perpetuar a existência do indivíduo perante a sociedade, na medida em que sua página ou seu perfil, ou seja, a "versão" digital de sua identidade, permaneceria mesmo após a sua morte física, sendo acessível pelos demais. Como o titular de tais dados não estará mais presente para pleitear a proteção desses dados que permaneceram, faz-se necessária uma tutela jurídica diferenciada para que tais conteúdos não sejam utilizados de forma indevida.

O desejo de permanência, de perpetuação de si mesmo pode ser observado nas práticas relativas à criação de avatares e também na manutenção de perfis de redes sociais como memoriais, que agregam informações e conteúdos diversos sobre o indivíduo. Com efeito, "a criação intelectual não deixa de ser, assim, uma forma de postergar, contornar ou enganar a morte".[56] Sérgio Branco aponta que a arquitetura das redes sociais se vale tanto do eixo cronológico quanto do temático para dar

53 RESTA, Giorgio. La "morte" digitale. *Il diritto dell'informazione e dell'informatica*, Anno XXIX, Fasc. 6. Milano: Giuffrè Editore, 2014. p. 894.

54 TOMASI, Julia Massucheti. *Eternamente off-line*, cit., p. 142.

55 RIBEIRO, Renata Rezende. *A morte midiatizada*, cit., p. 88. "O desenvolvimento da memória no século XX constitui uma revolução: a partir do computador a memória se estende, passando a comportar imagens, sons e textos em um mesmo suporte, e sua medida é do tamanho de sua fluidez, em que as representações da morte e do morrer tornam-se cada vez mais mobilizadas pela mídia e interconectadas pela nova aparelhagem digital". RIBEIRO, Renata Rezende. *A morte midiatizada*, cit., p. 167.

56 BRANCO, Sérgio. *Memória e esquecimento na Internet*, cit., p. 22.

sentido ao material autobiográfico disponível, tornando mais acessível a memória publicada.[57]

Nesse contexto é que vêm sendo desenvolvidos aplicativos que prometem a permanência *post mortem* por meio da utilização de inteligência artificial. Planeja-se que uma pessoa possa interagir com uma espécie de sistema operacional programado de acordo com as mensagens enviadas por aquele que faleceu, e com base em informações coletadas deste,[58] o que efetivamente traz novos desafios atinentes à proteção de dados.

Aponta-se como exemplo o site *Eterni.me*, lançado em 2014, que apresenta, logo em sua página inicial, os seguintes questionamentos: "Quem quer viver para sempre?", "E se você pudesse preservar a memória de seus pais, e manter vivas suas histórias, para seus filhos, netos e para as gerações futuras?", "E se você pudesse preservar seu legado para o futuro?", "E se você pudesse viver para sempre como um *avatar* digital?". A ideia do site é ser uma espécie de repositório para preservar os pensamentos, histórias e memórias mais importantes da pessoa, "eternizando-a".[59]

A série britânica *Black Mirror*, criada por Charlie Brooker, em um de seus episódios, denominado "Be Right Back" (em português, "Volto já"), narra a história de uma mulher que, tentando lidar com o luto pela morte do namorado, contrata uma empresa que fornece serviços que viabilizam uma espécie de "comunicação" com a pessoa falecida. Apesar de se tratar de ficção científica, essa não é uma realidade utópica ou distante, na medida em que o desenvolvimento da denominada inteligência artificial e a da "Internet das coisas" (*Internet of things*) vem viabilizando esse tipo de cenário.[60]

---

57 BRANCO, Sérgio. *Memória e esquecimento na Internet*, cit., p. 36.

58 UOL. *"Aplicativos de morte" mandam mensagens do além*. Disponível em: <https://tecnologia.uol.com.br/noticias/redacao/2016/04/11/aplicativos-de-morte--mandam-mensagens-do-alem.htm>. Acesso em: 30 jul. 2017.

59 *Eterni.me*. Disponível em: <http://eterni.me/>. Acesso em: 20 abr. 2017.

60 "IoT is a concept and a paradigm that considers pervasive presence in the environment of a variety of things/objects that through wireless and wired connections and unique addressing schemes are able to interact with each other and cooperate with other things/objects to create new applications/services and reach common goals. The IoT is the network of physic al objects that contain embedded technology to communicate and sense or interact with their internal states or the external environment". Em tradução livre: A Internet das coisas é um conceito e um paradigma que considera a presença generalizada no ambiente de uma variedade de coisas/objetos que, por meio de conexões e esquemas de endereçamento únicos, são capazes de interagir uns com os outros e cooperar com outras coisas/objetos para criar novas aplicações/serviços e atingir metas comuns. A Internet das coisas

Se, inicialmente, essas iniciativas podem representar uma alternativa para contornar os efeitos da morte, com elas surgem enormes desafios referentes à proteção dos dados da pessoa falecida. Foi noticiado recentemente um incidente envolvendo vazamento de dados de usuários do site *MyHeritage*, por meio do qual os usuários podem criar árvores genealógicas e pesquisar histórico familiar,[61] ressaltando a necessidade de proteção dessas informações.

Observa-se, ainda, que o debate relativo ao tratamento dos conteúdos dispostos na rede após a morte do usuário envolve não apenas a destinação desses dados, mas também as relações jurídicas que se estabelecem como decorrência da morte para os enlutados. Assim, pode-se observar o crescimento de comunidades[62] na rede com a finalidade de debater e compartilhar sentimentos atinentes ao processo de luto.

Como observa Renata Rezende Ribeiro, "por meio das comunidades virtuais, a Internet parece propor novos espaços para se pensar a morte, desenvolvendo uma espécie de 'Além tecnológico'", com a celebração do corpo morto por meio de imagens fotográficas e textuais.[63]

A própria manutenção do perfil pessoal de uma rede social após a morte do usuário como memorial também traduz essa permanência, gerando reflexos significativos na forma de se vivenciar o luto. Ao analisar as práticas de luto existentes na rede social *Orkut*, Julia Tomasi aponta algumas manifestações recorrentes, como "manter *on-line* perfis pessoais de falecidos, enviar mensagens de condolências ao morto e enlutado, expressar dor e saudade nos recados e fóruns de discussão e criar comunidades para protestar contra mortes trágicas".[64]

As comunidades virtuais, marcadas pela possibilidade de comunicação transversal e livre, ao proporcionarem o contato entre pessoas

é a rede de objetos físicos que contêm tecnologia incorporada para se comunicar e detectar ou interagir com seus estados internos ou o ambiente externo. AIOTI – Alliance for Internet of Things Innovation. *Internet of Things Applications*. WG01 – IERC – Release 1.0. 2015. Disponível em: <http://www.aioti.org/wp-content/uploads/2016/10/AIOTIWG01Report2015.pdf>. Acesso em: 20 mar. 2017.

61 MIGALHAS. MP/DF pede informações sobre vazamento de dados de site sobre genética. Disponível em: <https://www.migalhas.com.br/Quentes/17,MI285513,-21048-MPDF+pede+informacoes+sobre+vazamento+de+dados+de+site+sobre+-genetica>. Acesso em: 10 set. 2018.

62 "As comunidades virtuais eletrônicas são agregações em torno de interesses comuns, independentes de fronteiras ou demarcações territoriais fixas". LEMOS, André. *Cibercultura*, cit., p. 89.

63 RIBEIRO, Renata Rezende. *A morte midiatizada*, cit., p. 89.

64 TOMASI, Julia Massucheti. *Eternamente off-line*, cit., p. 21.

com interesses comuns diversos,[65] também podem se configurar como ambientes relevantes de compartilhamento das experiências de luto.[66]

Com efeito, "o luto individualizado, solitário e silenciado característico em grande medida, da contemporaneidade, encontra espaço e se manifesta publicamente no mundo virtual, por meio de comunidades e perfis pessoais de falecidos".[67] Apesar da percepção de que o luto vem se tornando cada vez mais individual e momentâneo, não se pode descurar das funções sociais e os benefícios individuais do ritual e do sentimento de luto.[68]

Sob este aspecto, importante elemento que também deve ser considerado nessa análise diz respeito aos possíveis reflexos da regulação da herança digital sobre a memória social, mormente diante do potencial de armazenamento e resgate de informações proporcionado pelo desenvolvimento tecnológico. Importa, nesse sentido, mencionar o Projeto "Inumeráveis"[69], cuja proposta é o desenvolvimento de um memorial das vítimas da Covid-19 no Brasil, que conta com o nome daqueles que faleceram, a idade e uma brevíssima menção a alguma característica marcante daquela pessoa. O elemento motivador dessa iniciativa foi a preservação da memória dessas vítimas, para que elas não fossem resumidas a números nesse período tão delicado.

Em uma pesquisa sobre a relação entre as novas tecnologias de comunicação e os processos de enfrentamento das situações de falecimento, foi observada, ainda, a relevância que as redes digitais vêm adquirindo nos processos de superação da perda de um ente querido, constatando-se que os usuários explicitavam como estavam lidando com o período pós-

---

65 "A cibercultura é a expressão da aspiração de construção de um laço social, que não seria fundado nem sobre links territoriais, nem sobre relações institucionais, nem sobre as relações de poder, mas sobre a reunião em torno de centro de interesses comuns (...). O apetite para as comunidades virtuais encontra um ideal de relação humana desterritorializada, transversal, livre". LÉVY, Pierre. *Cibercultura*, cit., p. 132-133.

66 "Nas comunidades virtuais digitais de mortos, o tempo pressupõe o dinamismo da velocidade, por meio da constante atualização da narrativa, mas também uma desaceleração, na medida em que insere o usuário no tempo total sob dois aspectos: projeto de vida eterna, ancorado na manutenção da memória do morto, e possibilidade de conexão sem espaço fixo, ou seja, acesso ao suporte portátil (mobilidade)". RIBEIRO, Renata Rezende. *A morte midiatizada*, cit., p. 95.

67 TOMASI, Julia Massucheti. *Eternamente off-line*, cit., p. 36.

68 CASTELLS, Manuel. *Sociedade em rede*, cit., p. 535.

69 Disponível em: <https://inumeraveis.com.br/>. Acesso em: 16 maio 2020.

-perda, compartilhando sentimentos e momentos vividos com a pessoa falecida, até mesmo enviando recados direcionados àquele que morreu.[70]

Portanto, essa constatação se manifesta de modo mais visível nas redes sociais, compreendidas por Raquel Recuero como as páginas que permitem "(i) que os atores sociais criem perfis individualizados, que vão funcionar como representações de si; (ii) que suas redes sociais sejam publicizadas pelas ferramentas (...); e (iii) que esses atores possam ainda utilizar esses sites como plataformas de conversação e interação uns com os outros".[71] Podem ser apontadas, ainda, como características das redes sociais, além da interação e interconexão, o fornecimento de dados pessoais e a possibilidade de o usuário inserir seu próprio conteúdo na rede.[72]

As redes sociais viabilizam, assim, de forma única, o arquivamento de lembranças pessoais e seu compartilhamento com terceiros.[73] O destino e a administração desse conteúdo vão configurar um desafio, considerando-se a necessidade de alguém que acesse esse espaço para mantê-lo existente, ainda que comumente sejam realizadas modifica-

---

70 PERUZZO, Alice Schwanke *et al.* A expressão e a elaboração do luto por adolescentes e adultos jovens através da internet, *Estudos e Pesquisas Em Psicologia*, UERJ, RJ, v. 7, nº 3, p. 449-461, dez. 2007. Disponível em: <http://www.revispsi.uerj.br/v7n3/artigos/pdf/v7n3a08.pdf>. Acesso em: 09 ago. 2017.
"Com essa vertente tecnológica, a morte tem ganhado espaço nas redes como forma de manter acesas situações vividas pela humanidade. E as lembranças daquele que morreu recentemente continuam sendo uma forma de permanência no mundo, ou melhor, continua "vivo". Esta permanência só arrefece aos poucos, por meio de uma série de dilaceramentos de que são vítimas os sobreviventes, pois o vazio da morte é sentido primeiro como um vazio interacional". ALBUQUERQUE, Milena do Socorro Oliveira. Morte, Consumo e Novas Tecnologias: As mídias digitais como novas formas de ritualização. *Cadernos de comunicação*, v.19, n.2, jul-dez 2015. p. 16.

71 RECUERO, Raquel. Curtir, compartilhar, comentar: trabalho de face, conversação e redes sociais no Facebook. *Verso e Reverso*, vol. XXVIII, nº 68, mai./ago. 2014. p. 115.

72 "Ainda que apresentem especificidades próprias, as redes sociais têm em comum as seguintes características: i) a existência de um ambiente propício à interação entre os usuários na plataforma; ii) o pedido de dados pessoais para a criação de perfis, que são vinculados a contas determinadas; iii) a articulação de uma lista de outros usuários com os quais se compartilha conexões; e iv) o oferecimento de ferramentas que permitem e estimulam que o usuário adicione seu próprio conteúdo na rede, como fotografias, comentários, músicas, vídeos ou links para outros sites, de modo que ocorra a expansão da estrutura da própria rede social". TEFFÉ, Chiara Spadaccini de; MORAES, Maria Celina Bodin de. Redes sociais virtuais: privacidade e responsabilidade civil: Análise a partir do Marco Civil da Internet, *Pensar*, Fortaleza, v. 22, nº 1, p. 108-146, jan./abr. 2017. p. 117.

73 BRANCO, Sérgio. *Memória e esquecimento na Internet*, cit., p. 45.

ções após a morte do usuário,[74] como a inserção de imagens de luto no perfil, por exemplo.

Contudo, é preciso observar que, enquanto para alguns o conteúdo deixado pelo falecido pode ajudar a enfrentar o sofrimento decorrente da perda, para outros, essas lembranças podem ocasionar uma tristeza ainda maior,[75] de modo que, em alguns casos, os familiares pleiteiam a exclusão desses dados.[76] A questão pode se tornar ainda mais problemática quando não há consenso entre os familiares a respeito desses conteúdos, na medida em que cada um vivencia o processo de luto de forma diversa.

Dessa forma, os perfis das redes sociais adquirem uma projeção social que é especialmente relevante para a reflexão jurídica acerca da manutenção, acesso ou exclusão dessas páginas, o que será abordado de forma mais pormenorizada no presente estudo em momento posterior.

Discussões desafiadoras surgem, ainda, quando conteúdos referentes a pessoas já falecidas são acessados e retomados como se fossem atuais, ou quando esse tipo de informação é compartilhada, gerando uma exposição daquele que morreu.

No início de 2017, um policial militar do Rio de Janeiro, que se suicidou com um tiro na cabeça, transmitiu sua própria morte ao vivo no *Facebook*.[77] No mesmo período, uma americana, que compartilhava momentos diversos de sua vida ao vivo pela mesma rede social, passou mal enquanto fazia uma transmissão, vindo a falecer enquanto milhares de espectadores acompanhavam a sua morte.[78]

Adquire também destaque a utilização da Internet como meio de divulgação e propagação de desafios que levam à morte, principalmente entre adolescentes e jovens, de modo que, muitas vezes, a morte do usuário é retratada em vídeos compartilhados na rede.

---

74 RIBEIRO, Renata Rezende. *A morte midiatizada*, cit., p. 89.

75 TOMASI, Julia Massucheti. *Eternamente off-line*, cit., p. 35.

76 "Remover uma conta em razão da morte se aproxima da ideia de eliminar os vestígios terrenos da pessoa falecida. Para muitos, a conservação do perfil é uma escolha mórbida, que sujeita amigos e familiares a esbarrar com textos, fotos e vídeos que evocam o ente desaparecido. Para outros, contudo, é a possibilidade de estar ainda em contato com quem se foi. Há relatos de usuários que afirmam encontrar mais conforto nas lápides digitais do que nas de pedras". BRANCO, Sérgio. *Memória e esquecimento na Internet*, cit., p. 106.

77 O GLOBO. *PM transmite a própria morte, ao vivo, pelas redes sociais*. Disponível em: <https://oglobo.globo.com/rio/pm-transmite-propria-morte-ao-vivo-pelas-redes-sociais-20840617>. Acesso em: 13 nov. 2017.

78 O GLOBO. *Mulher morre ao vivo no Facebook; milhares assistem e não fazem nada*. Disponível em: <https://oglobo.globo.com/sociedade/mulher-morre-ao-vivo-no-facebook-milhares-assistem-nao-fazem-nada-20730815>. Acesso em: 13 nov. 2017.

Esses acontecimentos vêm gerando debates na sociedade civil e também no Direito, na medida em que a retratação da morte fica disponível aos usuários, que frequentemente compartilham esse tipo de conteúdo.[79] Surgem alguns questionamentos nessa seara, tais como: como deve ser feita a remoção desse conteúdo? Os provedores de aplicações[80] devem ser responsabilizados caso não retirem do ar a imagem ou o vídeo no qual a pessoa morta é veiculada? Quem detém a legitimidade para pleitear a remoção ou eventual reparação?

A retomada de informações pretéritas a respeito de uma pessoa já falecida também se insere na problemática do denominado "direito ao esquecimento", reflexo da reformulação da noção de tempo promovida pela Internet. A nova veiculação de conteúdos referentes ao *de cujus* pode ser especialmente doloroso para os enlutados, sobretudo em casos de mortes trágicas, como suicídios ou homicídios.

Nota-se, ainda, que, apesar de se dizer que redes sociais como o *Facebook* se tornarão os maiores "cemitérios digitais" do mundo em virtude do crescimento do número de usuários mortos,[81] não se pode ignorar que, diferentemente das propostas originais de cemitérios digitais, convivem nessas plataformas perfis de pessoas vivas e de pessoas que faleceram.

É nesse aspecto que os cemitérios online, constituídos por páginas com fotos e informações diversas da pessoa que faleceu, se diferenciam, constituindo outra prática que vem crescendo a nível mundial desde a década de 90. Nesses sites, nos quais constam informações diversas sobre o morto, como nome completo, local onde residia, data de nascimento e de falecimento, razão da morte, biografia, dentre outros, os visitantes podem deixar mensagens de saudade e de dor, além de poderem adquirir velas e flores online, que "murcham" e "apagam" alguns dias depois, para a página de um ente querido que faleceu.

---

79 UOL. *Polícia inocenta internauta que transmitiu morte de vítima ao vivo no Facebook*. Disponível em: <https://noticias.uol.com.br/internacional/ultimas-noticias/2017/03/03/policia-inocenta-internauta-que-transmitiu-morte-de-vitima-ao-vivo-no-facebook.htm>. Acesso em: 13 nov. 2017.

80 Ao mencionar a expressão "provedores", o presente estudo refere-se aos provedores de aplicações, ou seja, aqueles que disponibilizam aplicações diversas na Internet, definidas pelo art. 5º, VII, da Lei nº 12.965/2014 – Marco Civil da Internet, como "o conjunto de funcionalidades que podem ser acessadas por meio de um terminal conectado à internet".

81 UOL. *Facebook deverá ter mais mortos do que vivos em 2098*. Disponível em: <https://tecnologia.uol.com.br/noticias/redacao/2016/03/09/facebook-devera-ter-mais-mortos-do-que-vivos-em-2098.htm>. Acesso em: 08 ago. 2017.

Julia Tomasi observa que tem se tornado cada vez mais comum o ritual da cremação e posterior jogada das cinzas em lugares diversos, como no mar ou em um bosque, deixando de haver um espaço físico para a realização de rituais *post-mortem*, como ocorria com as visitas ao cemitério. Assim, a visitação dos cemitérios online vem se tornando uma forma de manifestação dessa necessidade de se manter tais rituais, transpostos para o mundo online.[82]

Como exemplo de cemitério virtual, pode ser apontado o *MyCemetery*, nos Estados Unidos, que existe desde 1994.[83] Em Portugal, há o *OCemitério.com*, no qual o usuário pode criar uma "campa" (túmulo) para uma pessoa falecida e até mesmo para animais domésticos que morreram.[84] Destaca-se, ainda, o site *Find a Grave*, uma espécie de provedor de busca de túmulos digitais, pelo qual se pode localizar perfis de pessoas falecidas em cemitérios virtuais.[85]

Também o chamado "mercado fúnebre digital" vem adquirindo cada vez mais destaque, com a possibilidade de realização de velórios online,[86] permitindo-se que pessoas dos mais diversos locais possam participar desse momento, o que, inclusive, acabou por ser ressaltado com a pandemia causada pelo coronavírus.[87]

São, ainda, ampliadas as alternativas de manifestação de vontade do indivíduo em vida em relação a seus dados após sua morte, por meio de testamentos digitais,[88] para que as contas digitais da pessoa falecida

82 TOMASI, Julia Massucheti. *Eternamente off-line*, cit., p. 139-140.

83 O site apresenta a seguinte proposta: "MyCemetery.com is dedicated to those who wish to create a virtual remembrance. This can be special words for someone who has passed away or something personal you want to leave behind once you're gone. Whatever you write here will live on long after you have left this world". *MyCemetery*. Disponível em: <http://www.mycemetery.com/my/index.html>. Acesso em: 08 ago. 2017.

84 *OCemitério.com*. Disponível em: <https://www.ocemiterio.com/>. Acesso em: 08 ago. 2017.

85 Nos termos de uso do site, consta o que se segue: "Find A Grave helps users find, record and present final disposition information from around the world through a virtual cemetery experience". *Find a Grave*. Disponível em: <https://www.findagrave.com/>. Acesso em: 08 ago. 2017.

86 BBC. *Velório online e avatar pós-vida:* as startups que querem revolucionar a indústria da morte. Disponível em: <http://www.bbc.com/portuguese/geral-41037494>. Acesso em: 19 nov. 2017.

87 Folha de São Paulo. *Coronavírus faz famílias recorrerem a velórios online e transforma processo de luto*. Disponível em: <https://www1.folha.uol.com.br/cotidiano/2020/04/coronavirus-faz-familias-recorrerem-a-velorios-online-e-transforma-processo-de-luto.shtml>. Acesso em: 16 maio 2020.

88 O site *Testamento Virtual* permite que o usuário guarde informações confidenciais, como senhas de banco, senhas de contas digitais, cópia digital de seu testamento e outros, em sua plataforma. Disponível em: <http://www.testamentovirtual.com/>. Acesso em: 02 mar. 2017.

tenham uma destinação e administração específica, seja para sua exclusão, seja para sua manutenção.

O site *Morte Digital*, por exemplo, "tem por objetivo facilitar a vida dos familiares e responsáveis legais prestando um serviço de intermediação junto a diversas empresas e publicando online o falecimento".[89] A página *Mi Legado Digital* apresenta proposta similar, possibilitando que o usuário deixe determinações em vida a respeito do destino do seu conteúdo constante da rede após a sua morte, manifestando seu desejo pela manutenção ou exclusão da conta, podendo, inclusive, programar postagens *post mortem* em suas páginas, dentre outros serviços.[90] O site *Secure safe* também permite que o usuário deixe suas senhas para os seus familiares após a sua morte.[91]

Questiona-se, quanto a esse aspecto, a validade de tais disposições deixadas em vida e a sua oponibilidade em relação a terceiros, na medida em que muitas vezes podem conflitar com os termos de uso dos provedores e até mesmo violar direitos de terceiros, como na hipótese de utilização indevida do perfil pelo familiar ou pelo próprio conhecimento de determinadas informações privadas contidas em conversas do *de cujus* com terceiros.

Além disso, como já destacado, o desenvolvimento da Internet e a ampliação de seu uso para as mais diversas atividades da vida geram também reflexos significativos nas práticas relativas ao luto, impactando a forma como os indivíduos enxergam e lidam com a morte.

Por um lado, a comunicação propiciada pela rede viabiliza o compartilhamento de sentimentos de dor e saudade pela perda de um ente querido, muitas vezes por meio de comunidades constituídas em redes sociais ou em cemitérios virtuais, o que acaba por se caracterizar como uma espécie de ritual *post mortem* na atualidade, suavizando a tendência de interdição do luto. A rede atua, sob esse aspecto, como mecanismo de preservação da memória da pessoa falecida, com a permanência do conteúdo inserido e compartilhado por esta em vida, e como ambiente de manifestação do processo de luto por amigos e familiares.

Contudo, o prolongamento e a retomada desse tipo de conteúdo pode também gerar o efeito inverso, ou seja, a constante rememoração provocada pelo resgate e compartilhamento de fotos, vídeos, escritos,

89 *Morte digital*. Disponível em: <http://www.mortedigital.com.br/>. Acesso em: 02 mar. 2017.

90 *Mi legado digital*. Disponível em: <http://www.milegadodigital.com>. Acesso em: 02 mar. 2017.

91 *Secure safe*. Disponível em: <http://www.securesafe.com>. Acesso em: 02 mar. 2017.

etc. daquele que faleceu pode representar um intenso sofrimento para outros usuários, que passam, então, a pleitear a remoção desse conteúdo.

Ademais, a conservação desses dados na rede gera um desafio ainda maior: a sua proteção, na medida em que o usuário vinculado a eles não estará mais presente para pleitear essa tutela.

Nota-se, por fim, que o estudo aqui desenvolvido não pretende esgotar todos os problemas e questionamentos atinentes à morte e ao luto e seus reflexos no ambiente digital, mas sim traçar um panorama atual das principais questões e proposições que vem sendo apresentadas a respeito da temática, considerando que o desenvolvimento tecnológico ocorre em um processo cada vez mais acelerado e transformador.

No capítulo seguinte, serão analisadas as propostas legislativas atualmente existentes no Brasil para o tratamento jurídico específico da destinação do conteúdo disposto na rede pelo usuário após a sua morte, buscando-se identificar os mecanismos mais adequados para a regulação da temática, a partir da diferenciação entre situações jurídicas patrimoniais e existenciais.

2

PARA ALÉM DA HERANÇA DIGITAL: A NECESSÁRIA DISTINÇÃO ENTRE SITUAÇÕES JURÍDICAS PATRIMONIAIS E EXISTENCIAIS

O tratamento do conteúdo disposto na rede após a morte do usuário constitui uma das questões mais desafiadoras atinentes à regulação jurídica da Internet na atualidade. Apesar de se tratar de um tema ainda pouco abordado pela doutrina e pela jurisprudência, e de praticamente não haver norma específica no ordenamento jurídico brasileiro a respeito do destino desses conteúdos, fato é que os problemas práticos começam a surgir, demandando soluções adequadas do intérprete.

O debate remonta ao caso retratado em matéria publicada no *The Washington Post*, em 2005, do pai de um soldado norte-americano morto no Iraque que pretendia obter acesso à conta de e-mail do filho. Para o pai, a conta deveria ser transmitida a ele, na medida em que seria propriedade do filho, transferindo-se após a morte deste. Contudo, o provedor se recusou a fornecer informações para o acesso à conta, considerando a proteção do direito à privacidade e as previsões constantes em seus termos de uso.[1]

Em 2013, uma mãe requereu administrativamente ao *Facebook* que desativasse o perfil da filha falecida, e apontou que a página "virou um muro de lamentações, onde os quase 300 contatos que a jovem tinha na rede social continuam a postar mensagens, músicas e até fotos para a jovem".[2] Diante da resposta dada pelo *Facebook*, que informava que seria necessário que a solicitante recorresse às sedes administrativas localizadas nos Estados Unidos e na Irlanda, foi ajuizada uma ação para a

1 THE WASHINGTON POST. *After Death, a Struggle for Their Digital Memories*. Disponível em: <http://www.washingtonpost.com/wp-dyn/articles/A58836-2005Feb2.html>. Acesso em: 07 jul. 2017.

2 G1. *Mãe pede na Justiça que Facebook exclua perfil de filha morta em MS*. Disponível em: <http://g1.globo.com/mato-grosso-do-sul/noticia/2013/04/mae-pede-na-justica-que-facebook-exclua-perfil-de-filha-falecida-em-ms.html>. Acesso em: 31 jul. 2017.

exclusão do perfil. No caso, a juíza da 1ª Vara do Juizado Especial Central do Estado de Mato Grosso do Sul deferiu o pedido em sede liminar, determinando a exclusão da página.[3]

Em 2015, foi noticiado o caso de uma cidadã britânica que perdeu a filha de 19 anos devido a um tumor cerebral. Quando a jovem perdeu a fala e os movimentos, a mãe passou a ajudá-la a acessar as redes sociais para se comunicar com os amigos. Após o falecimento da menina, a mãe continuou acessando sua conta. No entanto, o *Facebook* transformou o perfil em um memorial e a mãe perdeu o acesso à conta, o que lhe causou grande frustração.

Na ocasião, o provedor enviou a seguinte resposta para a mãe:

> Olá Louise, sentimos muito por sua perda. Pela nossa política para usuários falecidos, nós tornamos essa conta um memorial. Isso configura a privacidade da página, para que somente amigos confirmados possam ver o perfil da pessoa ou localizá-la na busca. O mural permanecerá lá, para que amigos e familiares possam deixar posts em memória. Infelizmente, por questões de privacidade, não podemos fazer mudanças no perfil, nem fornecer informações de login da conta. Pedimos desculpas por qualquer inconveniente que isso possa causar. Por favor, avise-nos se houver mais alguma dúvida. Obrigada pelo contato.[4]

Mais recentemente, na Alemanha, os pais de uma menina de 15 anos, que morreu em uma estação subterrânea do metrô em 2012, ajuizaram ação em face do *Facebook*, requerendo o acesso à conta da filha, a fim de compreenderem se a morte teria decorrido de acidente ou de suicídio, por meio da leitura das suas conversas privadas, o que foi, ao fi-

3 Considerou a magistrada no caso: "O perigo na demora está consubstanciado no direito da personalidade, tanto da pessoa morta quanto da mãe (art. 12, parágrafo único, do CC), sanando o sofrimento decorrente da transformação do perfil em "muro de lamentações", o que ataca diretamente o direito à dignidade da pessoa humana da genitora, que além do enorme sofrimento decorrente da perda prematura de sua única filha, ainda tem que conviver com pessoas que cultivam a morte e o sofrimento. Se não bastasse, os comentários poderão até se transformarem em ofensas à personalidade da pessoa já falecida, pois estão disponíveis livremente aos usuários do Facebook. Assim, a autora possui legitimidade para pleitear o bem da vida consistente na exclusão do perfil de sua falecida filha do Facebook, razão pela qual o pedido liminar deve ser acolhido". TJMS, 1ª Vara do Juizado Especial Central, Processo nº 0001007-27.2013.8.12.0110, Juíza Vania de Paula Arantes, j. 19.03.2013.

4 BBC. *Luta de mãe por acesso ao Facebook de filha morta expõe questão sobre 'herança digital'.* Disponível em: <http://www.bbc.com/portuguese/noticias/2015/04/150406_heranca_digital_rm>. Acesso em: 31 jul. 2017.

nal, deferido pelo *Bundesgerichtshof* - BGH, tribunal alemão equivalente ao Superior Tribunal de Justiça brasileiro.[5]

Para o *Bundesgerichtshof*, pelo princípio da sucessão universal, os herdeiros assumiriam a posição jurídica do usuário falecido na relação contratual estabelecida com o provedor, detendo a legítima pretensão de acessar a conta, de modo que as cláusulas previstas pelos termos de uso que restringissem tal direito seriam consideradas abusivas. Além disso, segundo o tribunal alemão, a prestação do provedor, consistente em viabilizar o acesso e a administração da conta ao usuário, não teria caráter personalíssimo, e o emissor da mensagem suportaria o risco de que terceiro tenha acesso ao material enviado. Assim, as contas firmadas em redes sociais deveriam ser transmitidas, como ocorre com as cartas, diários e informações confidenciais estabelecidas no mundo físico.[6]

Para o tribunal alemão, eventuais direitos de terceiros não inviabilizariam a transmissão da conta aos herdeiros, considerando que, mesmo em vida, não se teria a garantia da identidade da pessoa que está utilizando a conta, bem como que o destino da publicação feita nas redes sociais não seria passível de controle pelo titular. Contudo, tal lógica vai de encontro à tendência atual de se buscar garantir maior segurança quanto à identidade dos sujeitos nas relações estabelecidas no meio digital, a exemplo da criação de mecanismos como a certificação digital e a assinatura eletrônica,[7] a fim de atestar a autoria de documentos eletrônicos, e da previsão de instrumentos para a remoção de perfis falsos na rede.

Ressalta-se que este não foi o único caso em que os pais pretenderam obter acesso à conta de um filho buscando obter informações sobre as razões de sua morte. Em 2010, os pais de Benjamin Stassen, um estudante norte-americano de 21 anos, receberam a notícia do suicídio de seu filho, e pleitearam o acesso à sua página do *Facebook*.[8]

---

5 BGH v. 12.07.2018, III ZR 183/17.

6 MENDES, Laura Schertel Ferreira; FRITZ, Karina Nunes. Case Report: Corte Alemã Reconhece a Transmissibilidade da Herança Digital. *RDU*. Porto Alegre, Volume 15, n. 85, 2019. p. 188-211.

7 Medida Provisória nº 2200-2/2001, Art. 1º. "Fica instituída a Infra-Estrutura de Chaves Públicas Brasileira - ICP-Brasil, para garantir a autenticidade, a integridade e a validade jurídica de documentos em forma eletrônica, das aplicações de suporte e das aplicações habilitadas que utilizem certificados digitais, bem como a realização de transações eletrônicas seguras".

8 DAILYMAIL. *Family fights to access son's Facebook account after his suicide to finally gain closure over tragic death.* Disponível em: <http://www.dailymail.co.uk/news/article-2153548/Family-fights-access-sons-Facebook-Gmail-accounts-suicide.html>. Acesso em: 10 nov. 2017.

Em 2019, no Brasil, o Juízo da Vara Única de Pompeu, de Minas Gerais, seguindo orientação diversa do entendimento alemão, negou aos pais o acesso aos dados contidos no celular da filha falecida, considerando o sigilo das comunicações, a proteção de direitos da personalidade de terceiros e a intimidade da filha. Os pais fundamentaram o seu pedido no desejo de obter lembranças presentes em fotos e vídeos ali contidos, mas entendeu o magistrado que "a quebra de sigilo de dados pessoais do titular da conta virtual possui como regra a inviolabilidade" e que "a intimidade de outrem, inclusive da falecida (...) não pode ser invadida para satisfação pessoal, considerando, primeiro, que o pedido não tem por fundamento investigação criminal e nem instrução da ação penal e, por fim, porque a falecida (...) não está mais entre nós para manifestar a sua opinião, motivo pelo qual a sua intimidade deve ser preservada".[9]

Como se pode observar, a tendência é que esse tipo de situação chegue cada vez mais aos provedores e também aos tribunais, na medida em que o número de casos morte do usuário e a permanência de suas contas mantidas na Internet só tende a aumentar com a popularização da utilização da rede.

Na verdade, tais problemáticas derivam do fato de o direito estar sempre a um passo atrás dos avanços tecnológicos,[10] exigindo-se do intérprete um verdadeiro esforço interpretativo para reverter o descompasso entre a previsão legal e as demandas da realidade.

Nesse contexto, diante das lacunas normativas e da velocidade com que os instrumentos tecnológicos se desenvolvem, mostra-se cada vez mais insuficiente o mecanismo da subsunção como forma de conferir segurança jurídica às relações, na medida em que surgem "a cada dia questões inovadoras, sequer cogitadas pelo legislador, muito distantes das previsões abstratas pretensamente capazes de regular o comportamento social".[11]

9 TJMG, Vara Única da Comarca de Pompeu, Processo nº 0023375-92.2017.8.13.0520, Juiz Manoel Jorge de Matos Junior, j. 08.06.2018.

10 "Con el paso del tiempo y el surgimiento de nuevos sistemas, vemos que, hasta que surge la regulación oficial, durante un tiempo se nada en un mar de inconcreciones que podrán dar lugar a inseguridades e injusticias. Si aplicamos tales presupuestos a los avances actuales, esto es, la relación entre Internet y el Derecho, con el avance vertiginoso de la tecnología, veremos que este hecho elemental, esto es, que el primero siempre se encuentra un paso por delante del segundo, se agudiza mucho más si cabe". INIESTA, Javier Belda; SERNA, Francisco José Aranda. *El paradigma de la identidad*, cit., p. 182.

11 "A lógica da subsunção e do mecanismo silogístico na aplicação do direito alimenta o sentimento de que a liberdade, cujas manifestações são desprovidas, evidentemente, de previsões normativas típicas, se encontra externa ao (enquadramento

Cabe ao intérprete, assim, promover a integração do sistema jurídico,[12] ponderando, no caso concreto os interesses envolvidos, a fim de compatibilizar os avanços tecnológicos com a tutela da pessoa humana,[13] o que deve ser feito a partir de novos instrumentos e de uma ação que considere o ordenamento em sua integralidade.[14]

Como observa Gustavo Tepedino, é preciso desenvolver uma técnica de interpretação e fundamentação das decisões que considere que, nos conflitos do mundo tecnológico, a liberdade deve ser exercida "dentro e conforme o direito, e não fora dele", não configurando um espaço de *não direito*. Ou seja, a autonomia deve ser exercida em consonância com a tábua axiológica do ordenamento jurídico.[15]

Com efeito, a funcionalização dos institutos jurídicos aos valores e princípios constitucionais vincula-se à denominada constitucionalização do direito civil, permeada pela migração, para o âmbito privado, de princípios constitucionais, o que promoveu uma releitura de todo o

do) direito. Ser efetivamente livre seria agir sem controle legal, iniciando-se a liberdade quando se encerra o alcance do ordenamento. Assim, somente quando o fato social se encaixa perfeitamente na norma esta poderia incidir; nos demais casos prevaleceria a autonomia privada. Daqui decorre o equívoco dos chamados espaços de não direito, como espaços de liberdade individual fora do âmbito do direito, inalcançáveis pelo ordenamento, como se tal proposição representasse imperativo natural da pessoa humana". TEPEDINO, Gustavo. Liberdades, tecnologia e teoria da interpretação. *Revista Forense*, vol. 419, ano 110, jan/jun 2014, Rio de Janeiro: Forense, 2014. p. 84.

12 "De todo modo, cabe ao intérprete, não mais ao legislador, a obra de integração do sistema jurídico; e esta tarefa há de ser realizada em consonância com a legalidade constitucional. No que concerne à parte geral, algumas cláusulas gerais utilizadas pelo codificador merecem especial atenção, relativamente à proteção dos direitos da personalidade e à boa-fé objetiva como cânone interpretativo". TEPEDINO, Gustavo. Crise de fontes normativas e técnica legislativa na parte geral do Código Civil de 2002. In: TEPEDINO, Gustavo (coord.). *A parte geral do novo Código Civil*. Estudos na perspectiva civil-constitucional. 3ª ed. Rio de Janeiro: Renovar, 2007. p. XXI.

13 "Na sociedade tecnológica, a liberdade há de ser estimulada, acompanhada por teoria da interpretação capaz de, mediante cuidadosa ponderação, compatibilizar os avanços extraordinários obtidos pela ciência com a tutela da pessoa humana; separando-se as relações patrimoniais das existenciais e funcionalizando-se, no plano interpretativo, a autonomia privada e a explosão dos novos direitos aos valores e princípios constitucionais". TEPEDINO, Gustavo. *Liberdades, tecnologia e teoria da interpretação*, cit., p. 95-96.

14 DONEDA, Danilo. Os direitos da personalidade no Código Civil. In: TEPEDINO, Gustavo (coord.). *A parte geral do novo Código Civil*. Estudos na perspectiva civil-constitucional. 3ª ed. Rio de Janeiro: Renovar, 2007. p. 48.

15 DONEDA, Danilo. *Os direitos da personalidade no Código Civil*, cit., p. 86-87.

sistema jurídico sob a ótica da cláusula geral de tutela da dignidade da pessoa humana, nos termos do art. 1º, III da Constituição da República.[16]

Luiz Edson Fachin, na mesma linha capitaneada por Pietro Perlingieri[17], ressalta que, com a passagem da predominância da racionalidade do Estado para a priorização das razões da sociedade, ocorre uma releitura dos principais institutos do direito privado, que passam a ser (re)interpretados a partir da centralidade da Constituição. Há um redirecionamento desses conceitos de uma perspectiva centrada no patrimônio e na abstração para outra racionalidade que se baseia no valor da dignidade da pessoa, como efeito da constitucionalização do direito privado.[18]

Tal processo é reflexo de um diálogo e uma interrelação cada vez maiores entre as esferas de interesse individual, social e estatal, que não podem mais ser facilmente discriminadas. Passa-se a ter uma relação de complementação entre o interesse público e o privado[19] e o movimento de despatrimonização do direito civil, como decorrência do descompasso entre os conceitos essenciais do direito civil e os novos contextos e realidades.[20]

---

16 "O reconhecimento da possibilidade de os direitos fundamentais operarem sua eficácia nas relações interprivadas é, talvez, o cerne da denominada constitucionalização do Direito Civil. A Constituição deixa de ser reputada simplesmente como uma carta política, para assumir uma feição de elemento integrador de todo o ordenamento jurídico - inclusive do Direito Privado. Os direitos fundamentais não são apenas liberdades negativas exercidas contra o Estado, mas são normas que devem ser observadas por todos aqueles submetidos ao ordenamento jurídico. A eficácia dos direitos fundamentais nas relações interprivadas se torna inegável, diante da diluição de fronteiras entre público e privado". FACHIN, Luiz Edson; RUZYK, Carlos Eduardo Pianovski. Direitos fundamentais, dignidade da pessoa humana e o novo Código Civil: uma análise crítica. In: SARLET, Ingo Wolfgang (org.). *Constituição, direitos fundamentais e direito privado*. 3ª ed. Porto Alegre: Livraria do Advogado, 2010. p. 105.

17 "No plano das relações civilísticas, a matriz personalista e solidarista do projeto constitucional impõe a revisitação dos tradicionais institutos (propriedade, autonomia privada, família, formações sociais) em função do pleno desenvolvimento e da dignidade da pessoa". PERLINGIERI, Pietro. *O direito civil na legalidade constitucional*. Tradução Maria Cristina de Cicco. Rio de Janeiro: Renovar, 2008. p. 162.

18 FACHIN, Luiz Edson. *Direito Civil*: sentidos, transformações e fim. Rio de Janeiro: Renovar, 2015. p. 51.

19 FACHIN, Luiz Edson. *Direito Civil*, cit., p. 62-64.

20 MORAES, Maria Celina Bodin de. *Na medida da pessoa humana*: estudos de direito civil-constitucional. Rio de Janeiro: Renovar, 2010. p. 72.
"Da constitucionalização do direito civil decorre a migração, para o âmbito privado, de valores constitucionais, dentre os quais, como verdadeiro *primus inter paris*, o princípio da dignidade da pessoa humana. Disso deriva, necessariamente, a chamada repersonalização do direito civil, ou visto de outro modo, a despatrimonialização do direito civil. Ou seja, recoloca-se no centro do direito civil o ser humano e suas emanações. O patrimônio deixa de estar no centro das preocupações privatis-

Nesse contexto, o Código Civil perde para a Constituição a posição de centralidade da ordem jurídica privada,[21] de modo que, hoje, é a partir dos valores e princípios constitucionais que se constrói a unidade do ordenamento jurídico. Desse modo, as questões privadas devem se pautar, sobretudo, no princípio da dignidade humana, considerado fundamento do Estado Democrático de Direito brasileiro. Diante desse cenário, o princípio da legalidade só pode ser constitucional, na medida em que é a Constituição que legitima a própria praxe, a interpretação das normas jurídicas como um todo.[22]

Ressalta-se que a dignidade humana se baseia no pressuposto de que "cada ser humano possui um valor intrínseco e desfruta de uma posição especial no universo",[23] possuindo dupla dimensão: uma interna, que corresponde a este valor intrínseco próprio do indivíduo, e uma externa, relacionada aos seus direitos e responsabilidades, e também a deveres de terceiros".[24] Será "desumano", portanto, tudo aquilo que puder reduzir o indivíduo à condição de objeto.[25]

Embora em um primeiro momento a proteção e promoção da dignidade humana tenham sido consideradas tarefas exclusivas dos poderes políticos do Estado - Executivo e Legislativo -, esse valor foi transportado ao Judiciário, sobretudo em razão da superação da clássica divisão entre público e privado e da crença no formalismo e no raciocínio puramente dedutivo.[26]

---

tas (recorde-se que o modelo dos códigos civis modernos, o *Code Napoleon*, dedica mais de 80% de seus artigos à disciplina jurídica da propriedade e suas relações), sendo substituído pela consideração com a pessoa humana. Daí a valorização, por exemplo, dos direitos da personalidade, que o novo Código Civil brasileiro emblematicamente regulamenta já nos seus primeiros artigos, como a simbolizar uma chave de leitura para todo o restante do estatuto civil". FACCHINI NETO, Eugênio. Reflexões histórico-evolutivas sobre a constitucionalização do direito privado. In: SARLET, Ingo Wolfgang (org.). *Constituição, direitos fundamentais e direito privado*. 3ª ed. Porto Alegre: Livraria do Advogado, 2010 p. 53-54.

---

21 FACHIN, Luiz Edson. *Direito Civil*, cit., p. 62-64.

22 PERLINGIERI, Pietro. *O direito civil na legalidade constitucional*, cit., p. 55.

23 BARROSO, Luís Roberto. *A dignidade humana no direito constitucional contemporâneo*: a construção de um conceito jurídico à luz da jurisprudência mundial. 1. reimpr. Belo Horizonte: Fórum, 2013. p. 14.

24 BARROSO, Luís Roberto. *A dignidade humana no direito constitucional contemporâneo*, cit., p. 62.

25 MORAES, Maria Celina Bodin de. *Na medida da pessoa humana*, cit., p. 85.

26 BARROSO, Luís Roberto. *A dignidade humana no direito constitucional contemporâneo*, cit., p. 62.

O intérprete desempenha, nesse contexto, relevante papel de concretização do princípio da dignidade humana diante das situações fáticas individualmente consideradas, por meio da compatibilização dos interesses existentes, que deve privilegiar, em última análise, a solução que melhor contempla a proteção da pessoa.

Nota-se que a ideia de neutralidade do jurista contribuiu, durante muito tempo, para a manutenção de velhos valores, frustrando a função promocional do direito.[27] Portanto, faz-se necessário observar interesses e valores socialmente relevantes e a configuração das relações, de modo que o jurista possua um papel ativo e dinâmico, capaz também de promover mudanças sociais. Com efeito, não se pode desconsiderar que o direito constitui um importante instrumento de transformação social.[28]

Destaca-se, nesse contexto, o papel interpretativo da dignidade humana, que, sendo parte do núcleo essencial dos direitos fundamentais, vai contribuir para definir o sentido desses diante de uma situação concreta.[29] Assim, estando em choque um direito existencial e um direito de ordem patrimonial, prevalecerá a solução jurídica que privilegie o indivíduo, o núcleo de seus direitos fundamentais.

A releitura do sistema jurídico à luz dos preceitos constitucionais possibilita, dessa forma, a adaptação do ordenamento jurídico às escolhas sociais, de modo a garantir a esse indivíduo que, diante de uma situação concreta não prevista, tenha seus direitos existenciais garantidos.[30]

---

27 PERLINGIERI, Pietro. *O direito civil na legalidade constitucional*, cit., p. 89.

28 "Dado que na realidade como um todo não existem somente velhas 'estruturas' a serem modificadas, mas também exigências – ideais e práticas – que requerem satisfação, também a norma promocional (ou seja, a norma que se propõe à função inovadora da realidade) é sempre fruto de demandas, de necessidades, de impulsos "já existentes", em uma certa sociedade. O Direito de tal modo, torna possível, com os seus instrumentos, a transformação social". PERLINGIERI, Pietro. *Perfis do direito civil*, cit., p. 2/3.

29 BARROSO, Luís Roberto. *A dignidade humana no direito constitucional contemporâneo*, cit., p. 66.

30 "Não basta, por certo, pelo simples desvio do enfoque de modelos codificados para modelos constitucionalizados. O que se deve é examinar as possibilidades concretas de que o Direito Civil atenda a uma racionalidade emancipatória da pessoa humana que não se esgote no texto positivado, mas que permita, na porosidade de um sistema aberto, proteger o sujeito de necessidades em suas relações concretas, independente da existência de modelos jurídicos. O modelo é instrumento, e não um fim em si mesmo. Por isso, ele não deve esgotar as possibilidades do jurídico, sob pena de o direito se afastar cada vez mais das demandas impostas pela realidade dos fatos". FACHIN, Luiz Edson; RUZYK, Carlos Eduardo Pianovski. *Direitos fundamentais, dignidade da pessoa humana e o novo Código Civil*, cit., p. 109.

Com efeito, o direito deve se adequar às novas realidades e demandas provenientes do desenvolvimento tecnológico, funcionando como mecanismo também de promoção desse processo evolutivo, razão pela qual as categorias jurídicas tradicionais não devem engessá-lo, mas sim sofrerem um processo de releitura.

É sob tais premissas que os problemas aqui aventados devem ser analisados, não se podendo descurar que a Internet constitui, hoje, um dos campos de significativa manifestação de aspectos patrimoniais, mas sobretudo existenciais do indivíduo, que devem ser considerados pelo intérprete. Diante da lacuna normativa, deve-se considerar o papel integrador dos princípios constitucionais, tendo-se a dignidade humana como eixo norteador das alternativas jurídicas a serem apresentadas.

Desse modo, o primeiro passo para buscar soluções jurídicas para as questões que surgem como decorrência da permanência do conteúdo inserido pelo usuário na rede após a sua morte deve considerar a distinção entre as situações jurídicas patrimoniais e as situações jurídicas existenciais que são estabelecidas nesse contexto. É o que se passa a tratar a seguir.

2.1. A necessária distinção entre situações jurídicas patrimoniais e existenciais

Ao se pensar no destino das fotos, vídeos, páginas, perfis, arquivos e senhas do usuário após a sua morte, é intuitivo que, inicialmente, se pense em uma lógica de transferência, de sucessão. Contudo, essa percepção limita-se a apenas um aspecto do problema, não sendo suficiente, e muitas vezes não sendo adequada, para se tratar de toda a gama de situações jurídicas envolvidas.

Deve-se observar que o direito civil encontra-se presente em todas as fases da vida humana, inclusive no que se refere à morte e suas consequências.[31] Ressalta Francisco Amaral que "os efeitos jurídicos da morte manifestam-se nas relações jurídicas de que o falecido era parte, extinguindo-as ou modificando-as, conforme sejam intransmissíveis ou transmissíveis",[32] entendimento contido no brocardo tradicional *mors omnia solvit*, ou seja, "a morte tudo resolve", havendo, após a morte, a extinção ou a transmissão das situações jurídicas constituídas pelo indivíduo em vida.[33]

31 HIRONAKA, Giselda Maria Fernandes Novaes. *Morrer e suceder*, cit., p. 21.

32 AMARAL, Francisco. *Direito civil*: introdução. 8ª ed. Rio de Janeiro: Renovar, 2014. p. 276.

33 Por fugir do propósito do presente estudo, que tem como objeto de análise os efeitos jurídicos da morte, e não propriamente a sua caracterização jurídica, não serão abordadas aqui as hipóteses de morte presumida.

No campo do direito civil, é efetivamente o Direito das Sucessões que vai trazer o arcabouço jurídico destinado ao tratamento das situações jurídicas após a morte, o que, por outro lado, não exclui as repercussões da morte nos demais campos. Como observa Luiz Paulo Vieira de Carvalho, este é o ramo do direito civil "que tem por objetivo primordial estudar e regulamentar a destinação do patrimônio da pessoa física ou natural em decorrência de sua morte", buscando dirimir conflitos familiares e propiciar a circulação de bens.[34]

A sucessão hereditária se ancora na propriedade e na família, na medida em que são as situações jurídicas patrimoniais aquelas que, em regra, serão suscetíveis de transmissão, estando os critérios para a ordem de vocação hereditária baseados na família.[35] Assinalava Caio Mário da Silva Pereira que, "na herança, todo o conjunto de valores se apura e se transmite aos sucessores, sem que se dê personalidade ao acervo de bens. O patrimônio é aqui considerado na sua linha mais pura, abrangente do complexo das relações jurídicas de cunho patrimonial do defunto".[36]

Com a morte da pessoa física, opera-se a transmissão de seu patrimônio, de seu complexo de direitos e deveres, para os herdeiros, conforme a ordem de vocação hereditária apresentada pelo Código Civil. Desse modo, não se pode negar que a sucessão hereditária, em sua acepção original, calcava suas bases no princípio da patrimonialidade, direcionando-se, portanto, à transferência patrimonial dos bens do indivíduo.[37]

O grande questionamento que surge, portanto, é se o tratamento conferido a todo o conjunto de possibilidades de relações no âmbito da Internet deve ser restrito ao Direito das Sucessões e se a transferência automática de todo o conteúdo constante na rede – o que se vem denominando de "acervo digital"[38] – para os herdeiros estaria em consonância com o ordenamento jurídico pátrio.

---

34 CARVALHO, Luiz Paulo Viera de. *Direito das Sucessões*. 2ª ed. São Paulo: Atlas, 2015. p. 18 e 20.

35 NEVARES, Ana Luiza Maia. *A função promocional do testamento*: tendências do Direito Sucessório. Rio de Janeiro: Renovar, 2009. p. 53.

36 PEREIRA, Caio Mário da Silva. *Instituições de direito civil*. Vol. I: Introdução ao direito civil. Teoria geral de direito civil. 30ª ed. Atualizado por Maria Celina Bodin de Moraes. Rio de Janeiro: Forense, 2017. p. 331.

37 NEVARES, Ana Luiza Maia. *A função promocional do testamento*, cit., p. 112.

38 Marco Aurélio de Faria Costa Filho define o acervo digital como o "conjunto de bens de potencial valor econômico armazenados virtualmente". COSTA FILHO, Marco Aurélio de Faria. *Patrimônio Digital:* Reconhecimento e Herança. Recife: Nossa Livraria, 2016. p. 30.

Pode-se verificar que a temática inegavelmente tem sido desenvolvida sob a ótica patrimonial, estando vinculada com frequência a expressões como "herança digital", "legado digital", "patrimônio digital", "ativo digital", que revelam, em última análise, um exame inicial estritamente patrimonial.[39]

Sob essa ótica, os arquivos constantes na rede constituiriam bens incorpóreos, que agregariam valor econômico ao titular, razão pela qual deveriam ser transferidos aos herdeiros após a morte do usuário.

Com efeito, há uma preocupação grande quanto à transmissibilidade ou não dos conteúdos dispostos na rede, como se todas as questões pudessem ser solucionadas pela transferência de titularidade do conteúdo. Nesse contexto, o debate a respeito do tratamento das situações jurídicas existenciais[40] ainda tem sido incipiente.

Não se pode ignorar que alguns direitos são personalíssimos, e, portanto, intransmissíveis, extinguindo-se com a morte do titular, não sendo objeto de sucessão e não integrando o acervo sucessório por ele deixado.[41] Assim, como a herança refere-se ao acervo patrimonial do *de cujus*, as situações existenciais, ressalvadas as situações dúplices em alguns aspectos, não vão integrar o conceito de herança.[42]

Desse modo, o problema inicial que se deve tratar é justamente essa diferenciação, na medida em que o tratamento estritamente sucessório

---

39 "Assim, a designação de "herança digital" somente se sustenta quando houver conteúdo patrimonial, monte-mor passível de partilha, a contrario sensu, decorre do direito à personalidade póstumo, inclusive, sob a forma da portabilidade, que autorizará aos parentes agirem como direito próprio". COLOMBO, Cristiano; GOULART, Guilherme Damasio. Direito póstumo à portabilidade de dados pessoais no ciberespaço à luz do direito brasileiro. In: POLIDO, Fabrício Bertini Pasquot; ANJOS, Lucas Costa dos; BRANDÃO, Luiza Couto Chaves (org.). *Políticas, Internet e Sociedade*. Belo Horizonte, IRIS, 2019. p. 63.

40 Alguns autores entendem que as situações jurídicas extrapatrimoniais não corresponderiam em sua integralidade às situações jurídicas existenciais, na medida em que as primeiras poderiam conter situações inseridas na lógica patrimonial que não possuem equivalente pecuniário, como seria o caso dos deveres decorrentes da boa-fé objetiva. Já as situações existenciais representariam o valor da personalidade. Assim, as situações jurídicas existenciais estariam incluídas no que se compreende por situações jurídicas extrapatrimoniais, mas estas conteriam, ainda, além das situações jurídicas existenciais, outras situações que não se enquadram como patrimoniais, mas que são regidas pelo direito das obrigações. Contudo, o presente estudo considerará, para fins de análise, ambos os conceitos como sinônimos. Sobre o tema, ver: MEIRELES, Rose Melo Vencelau. *Autonomia privada e dignidade humana*. Rio de Janeiro: Renovar, 2009, p. 34.

41 CARVALHO, Luiz Paulo Viera de. *Direito das Sucessões*, cit., p. 38.

42 MEIRELES, Rose Melo Vencelau. *Autonomia privada e dignidade humana*, cit., p. 143.

será insuficiente para solucionar todos os problemas que decorrem da morte do usuário.

Bruno Zampier, na obra *Bens digitais*, parte dessa mesma premissa, destacando a necessidade de diferenciar o que ele denomina de bens digitais patrimoniais e bens digitais existenciais. O autor define como bens digitais os "bens incorpóreos, os quais são progressivamente inseridos na Internet por um usuário, consistindo em informações de caráter pessoal que lhe trazem alguma utilidade, tenham ou não conteúdo econômico".[43]

De acordo com Zampier, os bens digitais patrimoniais consistiriam em "manifestações da existência de interesses patrimoniais de seus titulares no ambiente virtual", incluindo filmes, músicas, livros, moedas digitais, etc., e atraindo a tutela jurídica relativa ao direito de propriedade.[44] Por outro lado, os bens digitais existenciais corresponderiam àquelas informações capazes de gerar repercussões extrapatrimoniais, atraindo a tutela direcionada aos direitos da personalidade, havendo, ainda, aqueles que conteriam ambos os aspectos – os bens digitais patrimoniais-existenciais.[45]

Os bens digitais patrimoniais poderiam ser, assim, objeto de sucessão, devendo ser arrolados no inventário para que se opere a transmissão *causa mortis*,[46] enquanto em relação aos bens digitais existenciais

---

43 LACERDA, Bruno Torquato Zampier. *Bens digitais*, cit., p. 74.

44 LACERDA, Bruno Torquato Zampier. *Bens digitais*, cit., p. 75.

45 LACERDA, Bruno Torquato Zampier. *Bens digitais*, cit., p. 111-112. Segundo o autor: "Cada ser humano, a partir do momento em que se tornar usuário da Internet, terá a possibilidade de titularizar ativos digitais de natureza personalíssima. E esse movimento é altamente comum nos dias atuais, com a proliferação tantas vezes demonstrada nesse estudo das redes sociais. O sujeito irá realizar o upload de fotos, vídeos, externar suas emoções, seus pensamentos, suas ideias, sua intimidade, com um número ilimitado de pessoas. Esse conjunto de atributos extrapatrimoniais digitalizados ao longo do tempo formaria a noção de bem tecnodigital existencial". LACERDA, Bruno Torquato Zampier. *Bens digitais*, cit., p. 112.

46 LACERDA, Bruno Torquato Zampier. *Bens digitais*, cit., p. 124. Argumenta o autor que, ainda que se trate de uma licença de uso, como argumentam os provedores, os bens digitais com conteúdo econômico devem ser transmitidos aos herdeiros do usuário: "As musicotecas, videotecas e bibliotecas virtuais devem ser consideradas verdadeiros patrimônios digitais aptas, portanto, a serem transmitidas aos herdeiros, como forma de respeito às regras sucessórias, seja por meio de sucessão legítima ou testamentária. Não fosse a intenção de o usuário adquirir estes arquivos, em grande parte por meio de contratos online, teria ele outras opções, como simplesmente ouvir a música em diversos sites, ler o livro em bibliotecas digitais abertas, ou mesmo alugar o filme o qual preferiu comprar. Por todas essas razões, há que se ter a possibilidade de sucessão desses ativos com nítido caráter patrimonial". LACERDA, Bruno Torquato Zampier. *Bens digitais*, cit., p. 126-127.

não seria possível dispender tal tratamento, por se tratarem de questões vinculadas aos direitos da personalidade, intransmissíveis.

Na verdade, o objetivo de tal distinção reside na necessidade de se atrair a tutela jurídica pertinente a cada situação, de modo que o que seria denominado de "bens digitais existenciais" nada mais seria que os direitos da personalidade merecedores de proteção jurídica no âmbito da Internet, razão pela qual não será utilizada tal nomenclatura no presente estudo.

Feita tal ressalva, é importante observar, como destaca Ana Luiza Maia Nevares, que a aquisição de um determinado direito pode ocorrer por ocasião da morte sem que isso signifique que há sucessão, o que se aplica no caso das situações jurídicas extrapatrimoniais pertencentes ao *de cujus*. Segundo a mesma autora, nesses casos, os "sucessores ou as pessoas designadas pelo legislador adquirem o direito de agir diante das mesmas *causa mortis*, ou seja, em virtude do falecimento de seu titular originário", mas não se pode dizer que o direito que antes pertencia ao falecido é adquirido pelos sucessores, em razão da natureza das referidas situações.[47] Há, nesses casos, portanto, a aquisição de um direito novo e próprio.[48]

Seguindo a lógica de distinção entre situações jurídicas patrimoniais e existenciais, a primeira dificuldade vai residir, portanto, no enquadramento de determinada situação jurídica, sobretudo quando o interesse envolve ambos os aspectos com graus similares de intensidade.[49] De fato, não é incomum que ambos os interesses estejam presentes, o que vai demandar uma análise fática apurada do intérprete.

Sob esse aspecto, a doutrina vem sinalizando a necessidade de se analisar dois fatores para que se verifique tal distinção: o relativo ao interesse (o que é) e o funcional (para o que serve).[50] A análise funcional, baseada na síntese dos efeitos essenciais da situação jurídica, deve ser realizada em concreto, considerando-se "sob qual finalidade ela serve melhor para o cumprimento dos objetivos constitucionais, qual seja, a tutela da pessoa humana na perspectiva não apenas individual, mas

---

47 NEVARES, Ana Luiza Maia. *A função promocional do testamento*, cit., p. 126.

48 NEVARES, Ana Luiza Maia. *A função promocional do testamento*, cit., p. 128.

49 TEIXEIRA, Ana Carolina Brochado; KONDER, Carlos Nelson. Situações jurídicas dúplices: controvérsias na nebulosa fronteira entre patrimonialidade e extrapatrimonialidade. In: TEPEDINO, Gustavo; FACHIN, Luiz Edson. *Diálogos sobre direito civil*. Vol. IIII. Rio de Janeiro: Renovar, 2012. p. 6.

50 MEIRELES, Rose Melo Vencelau. *Autonomia privada e dignidade humana*, cit., p. 22.

também solidarista e relacional",[51] na esteira do caminho adotado pelo ordenamento jurídico brasileiro.[52]

Ou seja, deve ser analisada a funcionalidade concreta da situação diante da circunstância fática determinada: "se realiza direta e imediatamente a dignidade humana por meio do livre desenvolvimento da personalidade, trata-se de situação existencial; se a realização da dignidade humana é mediata, visando, em primeiro plano, a efetivação da livre iniciativa, trata-se de situação patrimonial".[53]

As situações jurídicas patrimoniais devem desempenhar uma função social, diante de sua instrumentalidade indireta para a realização da dignidade da pessoa humana, podendo, nesses casos, a autonomia privada sofrer limitações em face de interesses coletivos. Já as situações jurídicas existenciais não podem ser instrumentalizadas a um interesse social ou coletivo, por constituírem manifestações diretas da personalidade do indivíduo.[54] Assim, as situações existenciais "incidem imediatamente sobre o desenvolvimento da personalidade, ao passo que as situações patrimoniais apenas mediatamente servem a este fim".[55]

A ideia de patrimonialidade encontra-se vinculada à suscetibilidade de avaliação pecuniária, possuindo referencial em um interesse apreciável economicamente, de acordo com o contexto jurídico-social e histórico.[56] É nesse mesmo sentido que Caio Mário da Silva Pereira define patrimônio como o "complexo das relações jurídicas de uma pessoa,

51 TEIXEIRA, Ana Carolina Brochado; KONDER, Carlos Nelson. *Situações jurídicas dúplices*, cit., p. 7-8.

52 "Vê-se, portanto, que a noção de bens jurídicos, embora se situe na estrutura da relação jurídica, só poderá ser compreendida de acordo com a função desempenhada pela situação jurídica que serve de objeto. Mostram-se, por isso mesmo, ociosos e passíveis de críticas os longos elencos de bens jurídicos descritos pela manualística, em abordagem penosa e meramente estrutural. O significado do bem jurídico depende essencialmente do interesse que o qualifica e sua classificação há de ser apreendida na esteira da função que o bem desempenha na relação jurídica". TEPEDINO, Gustavo; OLIVA, Milena Donato. *Fundamentos do direito civil.* Vol. 1: teoria geral do direito civil. Rio de Janeiro: Forense, 2020. p. 181.

53 TEIXEIRA, Ana Carolina Brochado; KONDER, Carlos Nelson. *Situações jurídicas dúplices*, cit., p. 24.

54 TEIXEIRA, Ana Carolina Brochado; KONDER, Carlos Nelson. Autonomia e solidariedade na disposição de órgãos para depois da morte. *Revista da Faculdade de Direito da UERJ- RFD*, nº 18, 2010.

55 MEIRELES, Rose Melo Vencelau. *Autonomia privada e dignidade humana*, cit., p. 39.

56 MEIRELES, Rose Melo Vencelau. *Autonomia privada e dignidade humana*, cit., p. 24 e 29.

apreciáveis economicamente",[57] apontando que os direitos sobre a própria pessoa (à existência, à honra, à liberdade), por não serem economicamente apreciáveis, não integram o patrimônio do indivíduo.[58]

No âmbito das situações jurídicas existenciais, merece destaque a proteção conferida pelo ordenamento aos direitos da personalidade. Não obstante o reconhecimento de tais direitos seja uma construção teórica relativamente recente,[59] sendo proveniente de estudos doutrinários germânicos e franceses da segunda metade do século XIX,[60] é inegável

57 PEREIRA, Caio Mário da Silva. *Instituições de direito civil*, cit., p. 329.

58 PEREIRA, Caio Mário da Silva. *Instituições de direito civil*, cit., p. 333-334.

59 "Por longo tempo, a técnica legislativa satisfez-se com a simples alusão à "pessoa", ou à "ofensa à pessoa", para as regras jurídicas concernentes aos efeitos da entrada do suporte fático, em que há ser humano, no mundo jurídico. De certo modo, a referência era o suposto fáctico, como se lesado fôsse êle, e não os direitos que se irradiaram, como efeitos, do fato jurídico da personalidade. Daí não se ter cogitado de debulhar os diferentes direitos que a ofensa poderia atingir. Além disso, a imediata influência do instituto da propriedade, em tempos que conheceram a servidão e a escravidão, concorria para que se pensasse em propriedade, sempre, que se descobria serem absolutos os direitos em causa. Ainda no século em que vivemos, juristas de prol resistiram a tratar a integridade psíquica, a honra e, até a liberdade de pensamento como direitos". PONTES DE MIRANDA, Francisco Cavalcante. Tratado de direito privado. Direito de personalidade. Direito de Família: direito matrimonial. Atualizado por Rosa Maria de Andrade Nery. São Paulo: Revista dos Tribunais. 2012. p. 57.
Gustavo Tepedino aponta como expoentes das teorias negativistas Roubier, Unger, Dabin, Savigny, Thon, Von Tuhr, Enneccerus, Zitelman, Crome, Iellinek, Ravà, Simoncelli. De acordo com essa concepção, que a personalidade, considerada como a titularidade de direitos, não poderia ser, ao mesmo tempo, objeto deles. TEPEDINO, Gustavo. A tutela da personalidade no ordenamento civil-constitucional brasileiro. In: TEPEDINO, Gustavo. *Temas de Direito Civil*. 3ª ed. Rio de Janeiro: Renovar, 2004. p. 25.

60 Resistia-se à ideia de direitos da personalidade sob o argumento de que se a personalidade fosse identificada com a titularidade de direitos, ela não poderia, ao mesmo tempo, ser considerada como objeto deles, sob pena de se entrar em uma contradição lógica. Destaca Luiz Edson Fachin que "o estabelecimento e a previsão legal dos direitos tidos como da personalidade se deu, essencialmente, nas constituições do pós-guerra, que passaram a adotar uma perspectiva de proteção integral da pessoa humana e que, por consequência, abrange a personalidade". FACHIN, Luiz Edson. *Análise Crítica, Construtiva e de Índole Constitucional da Disciplina dos Direitos da Personalidade no Código Civil Brasileiro*: Fundamentos, Limites e Transmissibilidade. Disponível em: <http://www.abdireitocivil.com.br/wp-content/uploads/2013/07/An%C3%A1lise-Cr%C3%ADtica-Construtiva-e-de-%C3%8Dndole-Constitucional-da-Disciplina-dos-Direitos-da-Personalidade-no-C%C3%B3digo-Civil-Brasileiro-Fundamentos-Limites-e-Transmissibilidade.pdf>. Acesso em: 19 nov. 2017.
Ressalta-se, ainda, que a "concepção de direitos da personalidade deriva da corrente jusnaturalista, que considerava a existência de direito inerentes ao homem e

a importância que a tutela da pessoa adquiriu no ordenamento jurídico brasileiro, como já se destacou anteriormente, devendo tal proteção ser pautada pela unidade do valor da pessoa, de forma integrada, e não fracionada.[61]

Adriano De Cupis definiu os direitos da personalidade como os "direitos subjetivos, cuja função, relativamente à personalidade, é especial, constituindo o *minimum* necessário e imprescindível ao seu conteúdo", ou seja, são os direitos "sem os quais todos os outros direitos subjetivos perderiam todo o interesse para o indivíduo – o que equivale a dizer que, se eles não existissem, a pessoa não existiria como tal". Trata-se a personalidade, em última análise, de um valor fundamental do ordenamento.[62]

Na visão de Francisco Amaral, direitos da personalidade consistem em "situações jurídicas existenciais que têm por objeto os bens e valores essenciais da pessoa, de natureza física, moral e intelectual".[63]

A doutrina aponta como características de tais direitos a extrapatrimonialidade, a inalienabilidade, a imprescritibilidade, a oponibilidade *erga omnes*, e a intransmissibilidade.[64] Divergem os autores, contudo, a respeito da existência de apenas um direito geral de personalidade (concepção monista), sendo os direitos específicos (ex: direito à imagem, à

à própria condição humana". FACHIN, Luiz Edson. A liberdade e a intimidade: uma breve análise das biografias não autorizadas. In: SIMÃO, José Fernando; BELTRÃO, Silvio Romero (coord.). *Direito civil*: estudos em homenagem a José de Oliveira Ascensão. Vol. 1. São Paulo: Atlas, 2015. p. 379.

---

61 Para Pietro Perlingieri, "A tutela da pessoa humana não pode ser fracionada em isoladas *fattispecie* concretas, em autônomas hipóteses não comunicáveis entre si, mas deve ser apresentada como problema unitário, dado o seu fundamento representado pela unidade do valor da pessoa. Este não pode ser dividido em tantos interesses, em tantos bens, em isoladas ocasiões, como nas teorias atomísticas. A personalidade é, portanto, não um direito, mas um valor (o valor fundamental do ordenamento) e está na base de uma série aberta de situações existenciais, nas quais se traduz a sua incessantemente mutável exigência de tutela". PERLINGIERI, Pietro. *Perfis do direito civil*, cit., p. 155-156.

62 CUPIS, Adriano de. *Os direitos da personalidade*. Tradução Afonso Celso Furtado Rezende. 2ª ed. São Paulo: Quorum, 2008. p. 23-24.

63 AMARAL, Francisco. *Direito civil*, cit., p. 301.

64 "Caracterizam-se os direitos da personalidade por serem essenciais, inatos e permanentes, no sentido de que, sem eles, não se configura a personalidade, nascendo com a pessoa e acompanhando-a por toda a existência. São inerentes à pessoa, intransmissíveis e inseparáveis do titular, e por isso se chamam, também, personalíssimos, pelo que se extinguem com a morte do titular". AMARAL, Francisco. *Direito civil*, cit., p. 304.

honra, etc.) uma espécie de manifestação de tal direito, ou da pluralidade de direitos da personalidade (concepção pluralista).[65]

Como observa Gustavo Tepedino, a "personalidade humana deve ser considerada antes de tudo como um valor jurídico, insuscetível, pois, de redução a uma situação jurídica-tipo ou a um elenco de direitos subjetivos típicos",[66] de modo que se deve buscar a proteção da pessoa humana em qualquer situação, seja por meio dos específicos direitos subjetivos, seja pelo afastamento de tutela jurídica de qualquer ato jurídico, seja patrimonial ou extrapatrimonial, que não atenda à realização da personalidade.[67]

No âmbito da Internet, a tutela dos direitos da personalidade adquire contornos diferenciados. Sobretudo os direitos à privacidade e à imagem, com o redimensionamento do espaço público/privado, passam por um processo de releitura, que deve ser considerado na solução para os mais variados casos que chegam ao Judiciário.

Desse modo, o próximo tópico buscará analisar como a Internet remodela a tutela de dos direitos da personalidade e como as peculiaridades da rede fazem surgir demandas por novos standards de proteção, apontando os mecanismos já existentes no ordenamento jurídico.

2.2. Tutela dos direitos da personalidade na Internet e proteção de dados pessoais

A principal peculiaridade trazida pela rede em relação às formas de tutela dos direitos da personalidade diz respeito à dificuldade de delimitação do espaço público e privado, que decorre da ressignificação espacial já apontada anteriormente.

Com efeito, o ambiente digital dificulta a percepção dos indivíduos de estarem em um ambiente público ou privado, e de, portanto, determinarem como moderar sua exposição e definirem sua expectativa de privacidade.[68] Nesse contexto, o indivíduo perde "significativa parte de seu controle sobre a noção de estar sendo observado, ouvido e mesmo filmado. O espaço físico percebido ao redor do indivíduo não é mais um

65 TEPEDINO, Gustavo. *A tutela da personalidade no ordenamento civil-constitucional brasileiro*, cit., p. 44-45.

66 TEPEDINO, Gustavo. *Crise de fontes normativas e técnica legislativa na parte geral do Código Civil de 2002*, cit., p. XXIII.

67 TEPEDINO, Gustavo. *A tutela da personalidade no ordenamento civil-constitucional brasileiro*, cit., p. 49.

68 ARATA JÚNIOR, Seiiti. Regulação tecnológica e jurídica das redes sociais (social networks). *Revista da Faculdade de Direito da Universidade de São Paulo*, v. 100, p. 617-646, jan./dez. 2005. p. 626-627.

indicador dos locais ou pessoas que possam estar a ele conexos".[69] A tendência atual, portanto, é pela busca da retomada desse controle, o que vai gerar reflexos em relação à tutela do direito à privacidade.

Stefano Rodotà,[70] ao tratar das novas configurações do direito à privacidade, destaca que "as tecnologias da informação e da comunicação contribuíram para tornar cada vez mais sutil a fronteira entre a esfera pública e a privada", de modo que a possibilidade de construção livre da esfera privada de desenvolvimento autônomo da personalidade passa a constituir condição para determinar a liberdade na esfera pública.[71]

Ao afirmar que o direito à privacidade não pode mais ser restrito ao tradicional *right to be left alone*,[72] associando-o, hoje, ao *direito à autodeterminação informativa*,[73] ou seja, à possibilidade do indivíduo de controlar as informações que lhe dizem respeito, o autor aponta a insufi-

---

69 ARATA JÚNIOR, Seiiti. *Regulação tecnológica e jurídica das redes sociais (social networks)*, cit., p. 621.

70 RODOTÀ, Stefano. *A vida na sociedade da vigilância*, cit., p. 128.

71 No mesmo sentido: "Apesar de possibilitar a construção de uma esfera privada mais diversificada, a tecnologia, paradoxalmente, torna-a mais vulnerável a partir do momento em que sua exposição "pública"" passa a ser constante. Daí emerge a necessidade crescente de um maior fortalecimento da proteção jurídica da privacidade a fim de que o princípio da dignidade da pessoa humana seja efetivamente concretizado e garantido". BAIÃO, Kelly Sampaio; GONÇALVES, Kalline Carvalho. A garantia da privacidade na sociedade tecnológica: um imperativo à concretização do princípio da dignidade da pessoa humana. *Civilistica.com*. Rio de Janeiro, a. 3, nº 2, jul.dez./2014. Disponível em: <http://civilistica.com/agarantia-da-privacidade-na-sociedade-tecnologica-um-imperativo-a-concretizacao-do-principio-da-dignidade-da-pessoa-humana/>. Acesso em: 16 ago. 2017.

72 A privacidade foi definida, inicialmente, por Warren e Brandeis como "direito de ser deixado só". BRANDEIS, Louis; WARREN, Samuel. The right to privacy. *Harvard Law Review*, vol. 4, nº 5, 1890.

73 "Embora pareça excessivo e até perigoso dizer que 'nós somos os nossos dados', é, contudo, verdade que nossa representação social é cada vez mais confiada a informações espalhadas numa multiplicidade de bancos de dados, e aos 'perfis' assim construídos, às simulações que eles permitem. (...) Tornando-se entidades desencarnadas, as pessoas têm sempre mais a necessidade de uma tutela do seu 'corpo eletrônico'". RODOTÀ, Stefano. *Globalização e o Direito*. Palestra proferida em 2003, no Rio de Janeiro. Tradução Myriam de Filippis. Disponível em: <http://www.rio.rj.gov.br/dlstatic/10112/151613/DLFE-4314.pdf/GlobalizacaoeoDireito.pdf.>. Acesso em: 08 ago. 2017.
A privacidade tem sido associada, ainda, à ideia de confidencialidade, de controle e de transparência no uso dos dados pessoais. DANEZIS, George; GÜRSES, Seda. *A critical review of 10 years of Privacy Technology*. Disponível em: <https://www.researchgate.net/publication/228538295_A_critical_review_ of_10_years_of_Privacy_Technolog>. Acesso em: 24 jul. 2017.

ciência da autorregulação das relações no âmbito da circulação das informações pessoais, reconhecendo a necessidade da intervenção do Estado, sobretudo com a finalidade de reequilibrar as relações de poder.[74]

Emerge, nesse sentido, a preocupação com a proteção também do "corpo eletrônico",[75] ou seja, dos dados e informações constantes na rede, como já destacado anteriormente. Observa Bruno Zampier que a proteção do corpo, ainda que situado em lugares distintos deve ser mais evidente no caso do corpo eletrônico, devendo-se ampliar a proteção ao acesso aos dados pessoais arquivados eletronicamente, o que alcançaria não apenas o acesso a tais dados, como também a sua conservação, exclusão e eventual retificação.[76]

No que se refere ao direito à privacidade, cabe ressaltar que o artigo 12 da Declaração Universal dos Direitos Humanos[77] e o artigo 17 do Pacto Internacional sobre Direitos Civis e Políticos, internalizado pelo Brasil por meio do Decreto nº 592/92,[78] dispõem sobre a garantia de

---

74 RODOTÀ, Stefano. *A vida na sociedade da vigilância*, cit., p. 27-28.

75 "Deve-se, pois, buscar a permanente aplicação da principiologia proveniente da tábua axiológica constitucional, de forma a se promover a elaboração de normas voltadas para a proteção não apenas do corpo físico, mas também do "corpo eletrônico", o qual é formado pelos dados e informações pessoais de cada indivíduo. As relações desenvolvidas na internet, assim como todas as demais, devem obediência estrita aos princípios constitucionais, em especial ao princípio fundador do Estado Democrático de Direito brasileiro, a dignidade da pessoa humana, e o intérprete, à luz da legalidade constitucional, diante do conflito ou do litígio, deverá colocar os interesses existenciais em posição de preeminência". TEFFÉ, Chiara Spadaccini de; MORAES, Maria Celina Bodin de. *Redes sociais virtuais*, cit., p. 110-111.

76 LACERDA, Bruno Torquato Zampier. *Bens digitais*, cit., p. 108.
Maria Celina Bodin de Moraes e Chiara de Teffé ressaltam a preocupação com a proteção dos dados pessoais: "A interação dos seres humanos com a tecnologia - e, em especial, com os sites de relacionamento social - apresenta um cenário instável, cujo futuro parece preocupante: de um lado, há a banalização no fornecimento de dados pessoais e, de outro, a utilização indiscriminada desses dados por empresas e governos que, além de criarem uma vasta base de dados e metadados, normalmente trocam essas informações entre si". TEFFÉ, Chiara Spadaccini de; MORAES, Maria Celina Bodin de. *Redes sociais virtuais*, cit., p. 120.

77 Estabelece o artigo 12° da Declaração Universal dos Direitos Humanos que "Ninguém sofrerá intromissões arbitrárias na sua vida privada, na sua família, no seu domicílio ou na sua correspondência, nem ataques à sua honra e reputação. Contra tais intromissões ou ataques toda a pessoa tem direito a proteção da lei".

78 No mesmo sentido, determina o artigo 17 do Pacto Internacional sobre Direitos Civis e Políticos - Decreto nº 592/92 que "1. Ninguém poderá ser objeto de ingerências arbitrárias ou ilegais em sua vida privada, em sua família, em seu domicílio ou em sua correspondência, nem de ofensas ilegais às suas honra e reputação. 2. Toda pessoa terá direito à proteção da lei contra essas ingerências ou ofensas".

proteção da pessoa em relação a quaisquer ingerências arbitrárias ou ilegais em sua vida privada, em sua família, em seu domicílio ou em sua correspondência. No Brasil, o art. 5º da Constituição Federal de 1988, em seu inciso X, prevê a inviolabilidade da intimidade e da vida privada, assegurando o direito a indenização pelo dano material ou moral decorrente de sua violação.

Em relação à intimidade e à vida privada, cabe, aqui, uma ressalva. Reconhecendo a dificuldade de distinção entre ambos os termos, observa Paulo Lobo que a alusão a uma dessas expressões quase sempre é abrangente da outra, de modo que, "quando a norma jurídica se refere a uma delas o intérprete deve considerar implicitamente referida a outra". Geralmente, quando se aponta uma diferenciação entre os dois termos, tem-se que a intimidade diria respeito a "fatos, situações e acontecimentos que a pessoa deseja ver sob seu domínio exclusivo, sem compartilhar com qualquer outra" e o direito à vida privada diria respeito "ao ambiente familiar, e sua lesão resvala nos outros membros do grupo".[79]

Danilo Doneda esclarece que a opção do Constituinte ao referir-se no art. 5º, X da Constituição da República à intimidade e à vida privada se justifica pela doutrina das esferas concêntricas de Hubman para representar os graus de manifestação do sentimento de privacidade: a esfera da intimidade ou do segredo, a esfera privada e, em torno delas, a esfera pessoal, que abrangeria a vida pública. Contudo, consoante o mesmo autor, não se deve "insistir em uma conceitualística que intensifique as conotações e diferenças semânticas dos dois termos", na medida em que a discussão dogmática sobre os limites entre ambos os conceitos acabaria por desviar o foco do problema principal, que é a garantia do direito fundamental.[80]

Considerando tais observações, será adotada no presente estudo a expressão "privacidade" em sentido amplo, buscando referir-se a toda essa gama questões, incluindo-se a preocupação com a intimidade e a proteção dos dados pessoais.

Nesse contexto, indaga-se como, então, prever uma tutela adequada às situações que surgem no âmbito da Internet, que trazem, como visto, novos questionamentos, sem, contudo, inviabilizar a continuidade do desenvolvimento tecnológico, conferindo instrumentos de orientação para o intérprete.

---

79 LOBO, Paulo. *Direito civil*: parte geral. 4ª ed. São Paulo: Saraiva, 2013. p. 139-140.

80 DONEDA, Danilo. *Da privacidade à proteção de dados pessoais*, cit., p. 108-110.

Referindo-se aos avanços observados sobretudo no âmbito do biodireito, mas que também se aplicam ao desenvolvimento tecnológico, Maria Celina Bodin de Moraes observa que

> A necessidade urgente de regular os dilemas criados pelos avanços científicos, com todos os desdobramentos político-ético-sociais que eles suscitam, encontrou um legislador sem o preparo necessário para oferecer respostas claras simples e rápidas - e nem poderia ser diferente. A elaboração de uma ordem jurídica que regule fatos sociais novos implica a definição, a priori, de grandes linhas, ou princípios, que possam servir de parâmetro e referência para sua normatização. Esses princípios, que deverão nortear a elaboração da legislação específica do setor, são, obrigatoriamente, consequência do debate na sociedade acerca das opções morais e éticas formuladas e aceitas pela cultura social na qual eles virão a incidir, sob a forma de normas jurídicas.[81]

Assim, considerando a necessidade de se estabelecer um arcabouço principiológico para a garantia de direitos no âmbito da Internet,[82] foi editada a Lei nº 12.965, de 23 de abril de 2014,[83] denominada de "Marco Civil da Internet", regulamentada posteriormente pelo Decreto nº 8.711/2016.[84]

---

81 BODIN DE MORAES, Maria Celina. O conceito de dignidade humana: substrato axiológico e conteúdo normativo. In: SARLET, Ingo Wolfgang (org.). *Constituição, direitos fundamentais e direito privado.* 3ª ed. Porto Alegre: Livraria do Advogado, 2010. p. 132.

82 "Muito se fala em "Internet freedom", que poderia ser traduzido como "Internet livre". Um primeiro entendimento sobre o que significa uma Internet livre pode estar ligado à ideia de que essa seria uma Internet sem leis. A liberdade aqui consistiria justamente na inexistência de leis (ou normas jurídicas) que determinassem qualquer rumo ao desenvolvimento tecnológico. Ao contrário do que a ideia acima propugna, o Marco Civil da Internet apresenta um novo cenário no qual o conceito de "Internet livre" está ligado não à ausência de leis, mas sim à existência de leis que possam garantir e preservar as liberdades que são usufruídas por todos justamente por causa da tecnologia e mais especificamente pelo desenvolvimento da Internet". SOUZA, Carlos Affonso; LEMOS, Ronaldo. *Marco civil da internet*: construção e aplicação. Juiz de Fora: Editar Editora Associada Ltda, 2016. p. 16.

83 BRASIL. Marco Civil da Internet. Lei nº 12.965, de 23 de abril de 2014. Estabelece princípios, garantias, direitos e deveres para o uso da Internet no Brasil. Disponível em: <http://www.planalto. gov.br/ccivil_03/leis/L 8069.htm>. Acesso em: 10 nov. 2017.

84 BRASIL. Decreto nº 8.771, de 11 de maio de 2016. Regulamenta a Lei nº 12.965, de 23 de abril de 2014, para tratar das hipóteses admitidas de discriminação de pacotes de dados na internet e de degradação de tráfego, indicar procedimentos para guarda e proteção de dados por provedores de conexão e de aplicações, apontar medidas de transparência na requisição de dados cadastrais pela administração

O Marco Civil da Internet congrega como fundamentos da disciplina do uso da internet no Brasil tanto o respeito à liberdade de expressão e a livre iniciativa, quanto a proteção dos direitos humanos, o desenvolvimento da personalidade, o exercício da cidadania em meios digitais, e a defesa do consumidor, devendo ser observada a finalidade social da rede (art. 2º).

Pelo art. 3º da lei, a disciplina do uso da internet no Brasil tem como princípios a proteção da privacidade e dos dados pessoais, bem como a liberdade dos modelos de negócios promovidos na internet, resguardados, ainda outros princípios previstos no ordenamento jurídico pátrio ou nos tratados internacionais em que o Brasil seja parte. Até 2018, contudo, o Brasil não possuía uma lei de proteção de dados, recorrendo-se às disposições constantes no Marco Civil da Internet e no seu Decreto regulamentador.

O Decreto nº 8.771/2016 define, em seu art. 14, *dado pessoal* como "dado relacionado à pessoa natural identificada ou identificável, inclusive números identificativos, dados locacionais ou identificadores eletrônicos, quando estes estiverem relacionados a uma pessoa", entendendo por *tratamento de dados pessoais* "toda operação realizada com dados pessoais, como as que se referem a coleta, produção, recepção, classificação, utilização, acesso, reprodução, transmissão, distribuição, processamento, arquivamento, armazenamento, eliminação, avaliação ou controle da informação, modificação, comunicação, transferência, difusão ou extração".[85]

O Decreto apresenta alguns padrões de segurança e sigilo, prevendo que os provedores devem reter a menor quantidade possível de dados pessoais, comunicações privadas e registros de conexão e acesso a aplicações, excluindo os registros tão logo atingida a finalidade de seu uso ou quando encerrado o prazo estabelecido pelo Marco Civil.

pública e estabelecer parâmetros para fiscalização e apuração de infrações. Disponível em: <http://www.planalto.gov.br/ccivil_03/_ato2015-2018/2016/decreto/D8771.htm>. Acesso em: 10 nov. 2017.

85 Cabe ressaltar que a Lei nº 12.414/11, que trata dos bancos de dados relacionadas ao crédito, em seu art. 3º, § 3º, II, aponta como *informações sensíveis* aquelas "pertinentes à origem social e étnica, à saúde, à informação genética, à orientação sexual e às convicções políticas, religiosas e filosóficas". No mesmo sentido, o PL 5276/2016, traz em seu art. 5º, III como dados sensíveis os "dados pessoais sobre a origem racial ou étnica, as convicções religiosas, as opiniões políticas, a filiação a sindicatos ou a organizações de caráter religioso, filosófico ou político, dados referentes à saúde ou à vida sexual e dados genéticos ou biométricos".

Além disso, de acordo com a disposição constante no art. 7º do Marco Civil da Internet, são assegurados ao usuário a inviolabilidade de sua intimidade e vida privada e a indenização pelo dano material ou moral decorrente de sua violação, além do sigilo do fluxo das comunicações privadas armazenadas, salvo por ordem judicial, bem como o direito ao não fornecimento dos dados pessoais a terceiros.

Exige a lei que sejam apresentadas informações claras e completas sobre coleta, uso, armazenamento, tratamento e proteção dos dados pessoais do usuário, que somente poderão ser utilizados para finalidades que justifiquem sua coleta, não sejam vedadas pela legislação e estejam especificadas nos contratos de prestação de serviços ou em termos de uso de aplicações de Internet (art. 7º, VIII). É necessário o consentimento expresso do usuário, que deverá ocorrer de forma destacada das demais cláusulas contratuais (art. 7º, IX), prevendo-se a exclusão dos dados pessoais fornecidos ao término da relação entre as partes, ressalvadas as hipóteses de guarda obrigatória de registros (art. 7º, XI).

Guilherme Magalhães Martins e Antonia Espíndola Longoni Klee observam que a proteção dos dados pessoais evolve o direito à intimidade e o direito à identidade pessoal, correspondendo à autodeterminação informativa e o impedimento de que a identidade pessoal seja alterada por informações inexatas ou incompletas.[86]

Para que seja efetivada tal proteção, podem ser destacados alguns princípios a serem observados. Danilo Doneda faz uma síntese dessas orientações, apontando os seguintes princípios: (a) *princípio da transparência ou da publicidade*, pelo qual deve o banco de dados e a modalidade de utilização das informações ser de conhecimento público; (b) *princípio da qualidade*, que determina que os dados devem corresponder à realidade; (c) *princípio da finalidade*, pelo qual a utilização dos dados deve ser direcionada ao objetivo comunicado ao usuário; (d) *princípio do livre acesso*, devendo ter o indivíduo a possibilidade de acessar o banco de dados, solicitando a correção de informações incorretas ou obsoletas; (e) *princípio da segurança física e lógica*, pelo qual devem os dados ser protegidos contra o risco de seu extravio, destruição, modificação, transmissão ou acesso não autorizado; (f) *princípio da proporcionalidade*; e (g) *princípio da necessidade*, de modo que

86 KLEE, Antonia Espíndola Longoni; MARTINS, Guilherme Magalhães. A privacidade, a proteção dos dados e dos registros pessoais e a liberdade de expressão: algumas reflexões sobre o Marco Civil da Internet no Brasil (Lei nº 12.965/2014). In: DE LUCCA, Newton; SIMÃO FILHO, Adalberto; LIMA, Cíntia Rosa Pereira de (coord.). Direito & Internet III – Tomo I. São Paulo: Quartier Latin, 2015. p. 325.

devem ser coletados apenas os dados relevantes e necessários para o atingimento de determinada finalidade.[87]

Em 2018, o Brasil editou a sua Lei Geral de Proteção de Dados Pessoais (LGPD) - Lei nº 13.709/18, conferindo aos indivíduos maior possibilidade de controle de seus dados pessoais e estabelecendo para os operadores deveres que buscam conferir mais transparência na coleta, processamento e compartilhamento dos dados. A LGPD brasileira, contudo, não traz qualquer disposição a respeito do destino dos dados pessoais após a morte do titular, deixando ainda em aberto a possibilidade de aplicação de suas disposições a dados de pessoas falecidas.

A lei dispõe sobre o tratamento dos dados pessoais, com o escopo de tutelar os direitos fundamentais de liberdade e privacidade e o livre desenvolvimento da personalidade da pessoa natural. Delineia o âmbito de sua aplicabilidade, estabelecendo, em seu art. 3º, que incide sobre qualquer operação de tratamento realizada por pessoa natural ou por pessoa jurídica de direito público ou privado, independentemente do meio, do país de sua sede ou do país onde estejam localizados os dados, contanto que: (i) a operação de tratamento seja realizada no território nacional; (ii) a atividade de tratamento tenha por objetivo a oferta ou o fornecimento de bens ou serviços ou o tratamento de dados de indivíduos localizados no território nacional; (iii) os dados pessoais objeto do tratamento tenham sido coletados no território nacional, onde o titular se encontre no momento da coleta.

O art. 7º da lei aponta como requisito para o tratamento dos dados pessoais o fornecimento de consentimento pelo titular, definido como a "manifestação livre, informada e inequívoca pela qual o titular concorda com o tratamento de seus dados pessoais para uma finalidade determinada" (art. 5º, XII). Surge, nesse sentido, a dúvida relativa ao que ocorreria com essa manifestação após a morte do titular dos dados. Com a morte haveria a revogação desse consentimento ou este só ocorreria se a revogação *post mortem* fosse expressamente apontada pelo titular? Haveria a transferência de titularidade dos direitos relativos à proteção dos dados para os herdeiros?

O art. 8º da lei, em seu parágrafo 5º, determina que o consentimento pode ser revogado a qualquer momento "mediante manifestação expressa do titular", indicando a necessidade, ao menos como

87 DONEDA, Danilo. Princípios de proteção de dados pessoais. In: DE LUCCA, Newton; SIMÃO FILHO, Adalberto; LIMA, Cíntia Rosa Pereira de (coord.). Direito & Internet III - Tomo I. São Paulo: Quartier Latin, 2015. p. 376-377.

regra, da manifestação expressa do usuário a respeito da revogação do consentimento. Assim, ao que parece, caso o usuário deixe disposição de vontade expressa no sentido da exclusão de seus dados pessoais tratados pelo provedor após a sua morte, esta disposição deve ser observada, na medida em que pode ser considerada uma forma de revogação do consentimento.

Contudo, caso o titular dos dados não se manifeste, pode-se questionar se o tratamento dos dados poderia ou não continuar ocorrendo mesmo após o falecimento do usuário. Além disso, deve-se ressaltar que a lei não autoriza expressamente a revogação do consentimento ou a exclusão dos dados por requerimento dos familiares do titular ou de terceiros. Por outro lado, caso não houvesse qualquer legitimado para pleitear a proteção desses dados, haveria um grande espaço para utilizações indevidas das informações referentes ao falecido.

Deve-se, nesse sentido, considerar a possibilidade de que familiares do titular ou terceiros, como será demonstrado em momento posterior, possam pleitear a proteção dos dados pessoais do falecido. E, evidentemente, os direitos previstos na lei para o titular dos dados pessoais só poderão ser exercidos por esses legitimados no que forem compatíveis com a preservação da vontade do titular dos dados que faleceu. Entretanto, diante da lacuna, os questionamentos permanecem.

Insta salientar, outrossim, que a previsão normativa de restrições à atuação dos provedores de aplicações no tratamento de dados pessoais de pessoas falecidas pode resguardar interesses juridicamente relevantes relacionados às contas do *de cujus* quando algum aspecto existencial da pessoa falecida inviabilizar o acesso dos herdeiros à conta, sendo, por isso, importante que a LGPD incida, ao menos, para impedir que os provedores pudessem utilizar de forma indevida tais dados após a morte do usuário.

Desse modo, como se pode observar, não há menção expressa no Marco Civil, no Decreto nem na LGPD quanto ao tratamento dos dados pessoais da pessoa falecida, o que, entretanto, não deve ser impedimento para que haja a proteção *post mortem* desses dados.

Há, desse modo, uma preocupação crescente com relação à tutela dos dados pessoais do indivíduo, que também deve se operar após a sua morte. Ressalta-se, sob esse aspecto, que, se a tutela da privacidade, e, em última análise, dos direitos da personalidade no âmbito da Internet já se mostra, por si só, complexa e potencialmente conflituosa, quando se analisa o tratamento jurídico *post mortem* de tais situações na rede, o debate se torna ainda mais dificultoso.

Para o direito brasileiro, a morte é a medida da personalidade civil da pessoa humana,[88] havendo uma correlação entre o fim da personalidade civil e a morte física.[89]

Como ressalta Francisco Amaral:

> Tanto a doutrina nacional como a alienígena são unânimes em caracterizar os direitos de personalidade como direitos absolutos, irrenunciáveis e intransmissíveis, só se extinguindo com a morte da pessoa, seu titular, de acordo com o conhecido brocardo *mors omnia solvit*. Com a morte, cessam os direitos inerentes à pessoa humana. Desta forma, terminam igualmente as diversas manifestações da personalidade, admitindo-se a livre utilização da imagem da pessoa, de sua voz, ou de algum de seus aspectos íntimos, desde que, é claro, não se constitua ofensa à sua memória. Pode, no entanto, ocorrer a existência de efeitos reflexos que venham a atingir os familiares e pessoas ligadas ao morto.[90]

A respeito da tutela *post mortem* dos direitos da personalidade, os parágrafos únicos dos arts. 12 e 20 do Código Civil de 2002 preveem os legitimados para pleitear tal proteção, surgindo relevante controvérsia em torno do fundamento de tal proteção. O Enunciado 400, da V Jornada de Direito Civil do CJF, reconhece que "os parágrafos únicos dos arts. 12 e 20 asseguram legitimidade, por direito próprio, aos parentes, cônjuge ou companheiro para a tutela contra lesão perpetrada *post mortem*". Dispõe o art. 943 do Código Civil, nesse sentido, que o "direito de exigir reparação e a obrigação de prestá-la transmitem-se com a herança".[91]

---

88 Pelo art. 6º do CC/02, nos mesmos termos do art. 10 do CC/16, "a existência da pessoa natural termina com a morte".

89 BEVILAQUA, Clóvis. *Teoria geral do Direito Civil*. São Paulo: Red Livros, 2001. p. 159.

90 SZANIAWSKI, Elimar. *Direitos de personalidade e sua tutela*. 2ª ed. São Paulo: Revista dos Tribunais, 2005. p. 217-218.

91 O Enunciado 454, da mesma Jornada, do CJF aponta que o "direito de exigir reparação a que se refere o art. 943 do Código Civil abrange inclusive os danos morais, ainda que a ação não tenha sido iniciada pela vítima". No mesmo sentido, o Superior Tribunal de Justiça vem entendendo que o direito de ação para obter reparação por dano moral nesses casos possui natureza patrimonial, transmitindo-se aos herdeiros da vítima: "CIVIL. DANOS MORAIS E MATERIAIS. DIREITO À IMAGEM E À HONRA DE PAI FALECIDO. Os direitos da personalidade, de que o direito à imagem é um deles, guardam como principal característica a sua intransmissibilidade. Nem por isso, contudo, deixa de merecer proteção a imagem e a honra de quem falece, como se fossem coisas de ninguém, porque elas permanecem perenemente lembradas nas memórias, como bens imortais que se prolongam para muito além da vida, estando até acima desta, como sentenciou Ariosto. Daí porque não se pode subtrair dos filhos o direito de defender a imagem e a honra de seu falecido pai, pois eles, em linha de normalidade, são os que mais se desvanecem com a exalta-

Alguns autores defendem uma espécie de extensão dos direitos da personalidade após a morte. Na visão de Diogo Leite de Campos os herdeiros do falecido não defendem um interesse próprio, mas sim um interesse do falecido, de modo que a personalidade jurídica se prolongaria, seria "empurrada" para depois da morte.[92]

Pela teoria clássica, contudo, que possui como parâmetro a relação jurídica intersubjetiva, ou seja, o vínculo entre dois ou mais sujeitos, estabelecido em virtude de um objeto,[93] os direitos da personalidade não seriam transmissíveis, extinguindo-se com a morte do titular. A tutela jurídica dos direitos da personalidade após a morte de seu titular poderia, então, ser justificada por um dos seguintes fundamentos: a) haveria, nesses casos, um direito da família atingida pela violação aos direitos do familiar morto; b) haveria tão-somente reflexos *post mortem* dos direitos da personalidade; c) os familiares teriam apenas legitimação processual para essa tutela; d) com a morte do titular, os direitos da personalidade passariam à titularidade coletiva, em razão de um interesse público em impedir a violação de tais valores.[94]

Como observava Pontes de Miranda: "se a transmissão se pudesse dar, o direito não seria de personalidade. Não há, portanto, qualquer sub-rogação pessoal; nem poderes contidos em cada direito de personalidade, ou seu exercício, são suscetíveis de ser transmitidos ou por outra maneira outorgados".[95] Mesmo pela teoria clássica, portanto, seria equi-

ção feita à sua memória, como são os que mais se abatem e se deprimem por qualquer agressão que lhe possa trazer mácula. Ademais, a imagem de pessoa famosa projeta efeitos econômicos para além de sua morte, pelo que os seus sucessores passam a ter, por direito próprio, legitimidade para postularem indenização em juízo, seja por dano moral, seja por dano material. Primeiro recurso especial das autoras parcialmente conhecido e, nessa parte, parcialmente provido. Segundo recurso especial das autoras não conhecido. Recurso da ré conhecido pelo dissídio, mas improvido". STJ, 4ª Turma, REsp 521697 / RJ, Rel. Min. Cesar Asfor Rocha, j. 16.02.2006, DJ 20.03.2006.

92 CAMPOS, Diogo Leite de. *Lições de direitos da personalidade*. Boletim da Faculdade de Direito da Universidade de Coimbra. Coimbra, nº 67, 1991.

93 SÁ, Maria de Fátima Freire de; NAVES, Bruno Torquato de Oliveira. *Manual de biodireito*. 3ª ed. Belo Horizonte: Del Rey, 2015. p. 74.

94 SÁ, Maria de Fátima Freire de; NAVES, Bruno Torquato de Oliveira. *Manual de Biodireito*, cit., p. 83. Também se aponta como referência: SÁ, Maria de Fátima Freire de; NAVES, Bruno Torquato de Oliveira. Honra e imagem do morto? *Revista de Informação Legislativa*, Brasília a. 44, nº 175 jul./set. 2007.

95 PONTES DE MIRANDA, Francisco Cavalcante. *Tratado de direito privado*, cit., p. 60.

vocado dizer que haveria uma transmissão de tais direitos aos parentes do *de cujus*, independentemente do fundamento adotado.

Contudo, algumas críticas foram sendo feitas em face da concepção da teoria clássica, na medida em que, como observa Orlando Gomes, não haveria coincidência necessária entre relação humana e relação jurídica,[96] não podendo a pessoa ser reduzida a mero elemento da relação jurídica.[97]

Pietro Perlingieri, reconhecendo que além da relação jurídica há situações anômalas, que dispensam a intersubjetividade, vai esboçar uma teoria da situação jurídica subjetiva, que contempla o direito potestativo, o ônus, o interesse legítimo, o poder, a faculdade, a sujeição, o direito subjetivo e o dever jurídico. O sujeito consistiria, então, em elemento acidental sob essa ótica.[98]

Há, nesses casos, na verdade, um *centro de interesses* a ser tutelado,[99] enquanto tais interesses forem relevantes socialmente, sendo determinados sujeitos legitimados a tutelar o interesse da pessoa que faleceu.[100] Supera-se, desse modo, a noção estanque de direito subjetivo, para uma concepção mais ampla, de interesse. Nesse contexto, na medida em que a relação jurídica vai se constituir a partir do vínculo entre

---

96 "Uma vez que as relações jurídicas são predominantemente relações humanas, de pessoa para pessoa, de sujeito para sujeito, supõe-se que todas hão de ser um vínculo pessoal. De fato, a relação social é, por definição, a que se trava entre homens, mas isso não significa que o Direito rege apenas relações sociais, nem que outras sujeições, como a de coisa ao homem, não possam ter igual qualificação no vocabulário jurídico. Não há coincidência necessária entre relação humana e relação jurídica". GOMES, Orlando. *Introdução ao direito civil.* 21ª ed. Atualizado por Edvaldo Brito e Reginalda Paranhos de Brito. Rio de Janeiro: Forense, 2016. p. 75.

97 MEIRELES, Rose Melo Vencelau. *Autonomia privada e dignidade humana*, cit., p. 15.

98 PERLINGIERI, Pietro. *Perfis do direito civil*, cit., p. 115.

99 "A ligação essencial de um ponto de vista estrutural é aquela entre centros de interesses. O sujeito é somente um elemento externo à relação porque externo à situação; é somente o titular, às vezes ocasional, de uma ou de ambas as situações que compõem a relação jurídica". PERLINGIERI, Pietro. *Perfis do direito civil*, cit., p. 115.

100 PERLINGIERI, Pietro. *Perfis do direito civil*, cit., p. 111. No mesmo sentido: "Do ponto de vista funcional, todavia, há que se reconhecer que depois da morte ainda há interesses existenciais merecedores de tutela e que se atribui aos familiares, como em princípio mais vinculados ao morto, a legitimidade para defendê-los e a terceiros, o dever de respeitar o morto, bem como sua imagem, privacidade, honra e nome. Trata-se de uma atribuição residual, subsidiária, diante de uma lesão que pode ser tanto à dignidade do falecido como, indiretamente, de modo reflexo, à própria família". TEIXEIRA, Ana Carolina Brochado; KONDER, Carlos Nelson. *Autonomia e solidariedade na disposição de órgãos para depois da morte*, cit.

situações jurídicas subjetivas, um dos sujeitos pode ainda não existir,[101] de modo que o sujeito não constituiria elemento essencial.

Com efeito, deve ser superada a análise puramente estrutural e setorial da personalidade, pela qual se busca a sua proteção em termos apenas negativos, no sentido de repelir eventuais violações, técnica esta derivada do direito de propriedade,[102] para que se considere tanto seu viés subjetivo, como capacidade para ser sujeito de direitos, como seu viés objetivo, como bem juridicamente relevante, merecedor de tutela jurídica.[103] Assim, sob essa ótica, mesmo após a morte do titular, "a personalidade, enquanto valor, ainda pode perdurar como objeto de tutela do ordenamento jurídico".[104]

Ressalta-se, ainda, que Maria de Fátima e Bruno Torquato tecem algumas críticas à teoria de Perlingieri, observando que a concepção do interesse como a medida da utilidade de um bem seria temerário, "em razão de se deixar ao legislador ou à própria coletividade o poder de determinação sobre aquilo que se configura utilidade e, por conseqüência, interesse jurídico".[105] Na visão dos autores, a tutela *post mortem* dos direitos da personalidade estaria pautada na *esfera de não-liberdade* infringida por alguém, ou seja, se teria nesses casos o deferimento de uma legitimidade processual para a defesa de uma situação jurídica de dever, na qual se insere o morto, em razão do juízo de reprovabilidade objetivada normativamente.[106]

Contudo, a própria noção de esfera de não-liberdade também pode se revelar como um conceito maleável, e, em última análise, o que se tem é a proteção de um valor juridicamente relevante, que atrai a tutela jurídica mesmo diante da ausência de seu titular e que pode ser efetivada, inclusive, em face dos legitimados para a tutela desses direitos.

De todo modo, justificando-se a proteção dos direitos da personalidade após a morte do titular pelo interesse relevante existente ou pela violação de uma esfera de não-liberdade, afasta-se o tratamento suces-

---

101 MEIRELES, Rose Melo Vencelau. *Autonomia privada e dignidade humana*, cit., p. 17.

102 TEPEDINO, Gustavo. *Crise de fontes normativas e técnica legislativa na parte geral do Código Civil de 2002*, cit., p. XXIII.

103 TEPEDINO, Gustavo. *A tutela da personalidade no ordenamento civil-constitucional brasileiro*, cit., p. 27.

104 MEIRELES, Rose Melo Vencelau. *Autonomia privada e dignidade humana*, cit., p. 162.

105 SÁ, Maria de Fátima Freire de; NAVES, Bruno Torquato de Oliveira. *Manual de Biodireito*, cit., p. 76.

106 SÁ, Maria de Fátima Freire de; NAVES, Bruno Torquato de Oliveira. *Manual de Biodireito*, cit., p. 86.

sório nesses casos, de modo que não há uma transmissão de tais direitos da personalidade para os familiares.

O próprio rol de legitimados para a tutela de tais direitos é alvo de críticas por parte da doutrina, na medida em que o legislador nomeia justamente os herdeiros para a defesa da personalidade da pessoa morta. Neste sentido, destaca Anderson Schreiber que o Código deveria ter evitado tal associação indevida, na medida em que tais direitos não seriam "coisas" transmissíveis por herança. De acordo com o autor, "solução mais adequada seria ter deixado as portas abertas à iniciativa de qualquer pessoa que tivesse 'interesse legítimo' em ver protegida, nas circunstâncias concretas, a personalidade do morto".[107]

Além disso, a previsão dos dispositivos é incompleta e defasada, na medida em não incluem os companheiros, já se tendo entendimento firmado no Enunciado nº 275 da IV Jornada de Direito Civil, promovida pelo Centro de Estudos Judiciários da Justiça Federal, que tais disposições devem ser estendidas àqueles que viviam em união estável com o falecido.[108]

No mesmo sentido, Ana Luiza Maia Nevares entende que o poder dever de tutela de situações jurídicas extrapatrimoniais conferido aos familiares (herdeiros) da pessoa não deve excluir a possibilidade de que terceiros busquem tal proteção.[109] Sob a ótica do interesse, defendida por Pietro Perlingieri, não haveria qualquer óbice para que terceiros pleiteassem também a tutela dos direitos da pessoa falecida.

Não é outro o entendimento de Elimar Szaniawski:

> A redação do parágrafo único o art. 12 não é das mais felizes. Melhor seria, se no mencionado dispositivo, tivesse sido explicitado que haveria legitimação para terceiros requererem medida judicial necessária para que cesse a ameaça, ou a lesão, a direito de personalidade e reclamar perdas e danos,

---

107 SCHREIBER, Anderson. *Direitos da personalidade.* 3ª ed. São Paulo: Atlas, 2014. p. 156.

108 Enunciado nº 275, IV Jornada de Direito Civil / CJF: "O rol dos legitimados de que tratam os arts. 12, parágrafo único, e 20, parágrafo único, do Código Civil também compreende o companheiro".

109 Destaca a autora: "poder-se-ia imaginar casos excepcionais nos quais seria admitida a tutela da personalidade *post mortem* do falecido por pessoa diversa de seus parentes enumerados nos dispositivos já citados, quando restasse cabalmente configurado o seu interesse de agir diante do caso concreto, tudo em prol da ampla proteção da memória de uma pessoa, sendo tais hipóteses pertinentes principalmente quando o falecido não deixou sucessores, ou quando aqueles deixados já faleceram ou se encontram incapazes. Apesar de não existir propriamente uma obrigatoriedade de ação, há, por outro lado, um poder de controle quanto à tutela da personalidade da pessoa falecida, que poderá ser exercido pelos próprios titulares do poder-dever em relação à ação de seus pares". NEVARES, Ana Luiza Maia. *A função promocional do testamento*, cit., p. 132.

> sem prejuízo de outras sanções previstas em lei, nas hipóteses de ofensa à memória do morto ou ofensa reflexa ao cônjuge, ascendente, descendente ou qualquer parente do *de cujus*, a fim de não dar margem à interpretação de que o Código Civil tenha recepcionado a velha teoria alemã, que procurava outorgar a extensão dos direitos de personalidade para além da morte da pessoa".[110]

Desse modo, considerando a natureza das contas das pessoas falecidas, os perfis de redes sociais, que agregam aspectos relevantes ligados aos direitos à imagem, à privacidade e à honra do usuário, a lógica de transmissão sucessória muitas vezes não se revela compatível, razão pela qual deve ser feita tal ressalva.

Quanto à possibilidade de disposição dos atributos da personalidade do falecido após a sua morte pelos sucessores, Ana Nevares ressalta que essa não deve ser a regra geral, sendo sempre excepcional, "só podendo ser autorizada diante de justificativas que encontrem respaldo na normativa constitucional".[111]

Deve-se observar, sob esse aspecto, que, havendo disposição deixada em vida pelo usuário a respeito do destino e administração do seu conteúdo constante na rede, esta deve ser respeitada, consistindo, em última análise, em manifestação da autonomia privada do indivíduo.[112]

Observa Rose Melo Vencelau Meireles que, "embora nem todos sejam titulares de situações jurídicas patrimoniais positivas (crédito, propriedade etc.), todos são titulares de situações jurídicas subjetivas existenciais ativas (vida, saúde, honra etc.)". Assim, pode-se afirmar que

---

110 SZANIAWSKI, Elimar. *Direitos de personalidade e sua tutela*, cit., p. 183.
Gustavo Tepedino, referindo-se aos parágrafos únicos dos artigos 12 e 20 do Código Civil, contudo, manifesta-se de forma diversa: "No âmbito da comunidade familiar surge direito próprio, a exigir do legislador norma específica, a um só tempo de legitimação e de contenção. Como a dizer: estas e somente estas pessoas podem requerer ressarcimento pelos danos que sofreram diante da violação à personalidade do defunto ou ausente; não já tantas outras que, a despeito do liame afetivo estabelecido com o falecido – a exemplo de ex-alunos, ex-clientes, ex-leitores, ex--admiradores de artistas ou atores, e assim por diante –, não são reconhecidas pelo ordenamento como partes legítimas para a propositura de ações". TEPEDINO, Gustavo. Tutela da personalidade após a morte. *Revista trimestral de direito civil*, v.46 abr./jun. 2011, Rio de Janeiro: Padma, 2000.

111 NEVARES, Ana Luiza Maia. *A função promocional do testamento*, cit., p. 133-135.

112 Rose Meireles caracteriza a autonomia privada como "auto-regulamentação de interesses, patrimoniais e não-patrimoniais. Trata-se de um princípio que confere juridicidade àquilo que for definido pelo titular para o regramento de seus interesses, por meio das vicissitudes jurídicas relacionadas às situações subjetivas respectivas". MEIRELES, Rose Melo Vencelau. *Autonomia privada e dignidade humana*, cit., p. 74.

a consideração da autonomia privada em torno das situações jurídicas subjetivas existenciais vai traduzir a lógica inclusiva,[113] que considera a dignidade humana como valor máximo do ordenamento.[114]

Dessa forma, havendo manifestações do usuário ainda em vida a respeito do tratamento de suas contas digitais, desde que estas sejam compatíveis com os demais preceitos do ordenamento jurídico, elas devem ser observadas. Deve-se buscar a vontade da pessoa falecida, na esteira no que dispõe o art. 1.899 do Código Civil de 2002, que busca assegurar a interpretação que melhor contemple a vontade do testador no caso de dúvidas na compreensão do testamento. Para Nelson Rosenvald, "é inequívoco que a possibilidade de realização de um legado digital valoriza a autonomia existencial", viabilizando-se que a pessoa possa escolher o seu estilo de vida e morte.[115]

Cabe mencionar interessante decisão da 3ª Turma do Superior Tribunal de Justiça – STJ, que, em março de 2019, analisou curioso caso a respeito da possibilidade de destinação do corpo humano morto para congelamento e eventual ressuscitação no futuro, por meio de criogenia ou criopreservação. Na situação concreta examinada pela Corte, as filhas do falecido divergiam a respeito da destinação do corpo do pai. Enquanto a filha que havia convivido com o genitor por mais de trinta anos buscava mantê-lo submetido ao procedimento de criogenia nos Estados Unidos, sustentando ser esse o desejo manifestado em vida pelo pai, as irmãs pretendiam promover o sepultamento na forma tradicional no Brasil.[116]

---

113 Aponta a mesma autora que a ideia de autonomia privada esteve, em um primeiro momento, vinculada à atribuição de capacidade negocial ao indivíduo, o que foi indispensável para promover a circulação de bens. Contudo, "como a qualidade de proprietário não pertence a todos, o estatuto jurídico proprietário para a defesa e circulação dos bens, *inter vivos* ou *mortis causa*, traduz-se em mais um mecanismo de exclusão, porque direcionado a uma classe de pessoas: a dos proprietários". MEIRELES, Rose Melo Vencelau. *Autonomia privada e dignidade humana*, cit., Introdução.

114 "Sendo a norma constitucional do art. 1º, III, cláusula geral de tutela da pessoa humana, tem-se opção valorativa que privilegia o ser em relação ao ter. Consequentemente, informa toda a atividade estatal que deve se preocupar com a tutela positiva e negativa da dignidade da pessoa humana; inclusive o legislador ordinário, sob pena de criar leis inconstitucionais". MEIRELES, Rose Melo Vencelau. *Autonomia privada e dignidade humana*, cit., p. 8.

115 ROSENVALD, Nelson. *O direito civil em movimento*. Salvador: Juspodivm, 2017. p. 287.

116 A respeito da mencionada decisão, ver: LEAL, Livia Teixeira. Criogenia e tutela *post mortem* da autodeterminação corporal. *Migalhas de vulnerabilidade*. Disponível em: <https://www.migalhas.com.br/coluna/migalhas-de-vulnerabilidade/323415/criogenia-e-tutela-post-mortem-da-autodeterminacao-corporal>. Acesso em: 10 abr. 2020.

O Colegiado, na inexistência de previsão legal a respeito da criogenia em seres humanos, recorreu à analogia, nos termos do art. 4º da LINDB, considerando que o ordenamento jurídico brasileiro, além de proteger as disposições de última vontade do indivíduo, prevê formas distintas de destinação do corpo humano após a morte, além do sepultamento, como a cremação (art. 77, § 2º, da Lei nº 6.015/73), a doação de órgãos (Lei nº 9.434/1997) e o direcionamento do corpo para fins científicos ou altruísticos (art. 14 do Código Civil). Pontuou, ainda, que não há formalidade específica para a manifestação de última vontade do indivíduo, revelando-se possível aferir essa vontade por outros meios de prova legalmente admitidos, e que, na falta de manifestação expressa do sujeito em vida, presume-se que sua vontade seja aquela manifestada por seus familiares mais próximos.

O STJ considerou, por fim, que, pela longa convivência com o pai, a irmã que pretendia a manutenção do procedimento de criogenia era a que melhor poderia traduzir a vontade do genitor em relação a seus restos mortais e que, diante do transcurso de sete anos do falecimento do pai e do fato de o corpo já se encontrar submetido à técnica por período considerável, a situação jurídica já teria se consolidado no tempo.[117]

O caso ressalta a relevância do desenvolvimento de instrumentos de tutela da autodeterminação corporal após a morte do sujeito, considerando as múltiplas projeções do corpo decorrentes do desenvolvimento tecnológico e a necessidade de proteção jurídica post mortem do corpo, que se reflete sob o aspecto temporal, questão que muito dialoga com o debate atinente à herança digital.

Ressalta-se que a doutrina reconhece, também, a possibilidade de inclusão de disposições testamentárias referentes a situações jurídicas de cunho não patrimonial, como forma de realização de interesses existenciais do testador,[118] considerando-se que o testamento possui eficácia múltipla, podendo servir a diversos objetivos.[119] O próprio parágrafo 2º do art. 1.857 do Código Civil de 2002 reconhece a validade das disposições testamentárias de caráter não patrimonial, ainda que o testador somente a elas se tenha limitado. Contudo, deve-se considerar que "o fato de a interpretação do negócio testamentário atender à vontade do testador não exclui por si só a funcionalização das disposições testamentárias aos valores constitucionais".[120]

---

117 STJ, 3ª Turma, REsp 1.693.718/RJ, Rel. Min. Marco Aurélio Bellizze, julg. 26.03.2019, DJe 04.04.2019.

118 NEVARES, Ana Luiza Maia. *A função promocional do testamento*, cit., p. 112.

119 NEVARES, Ana Luiza Maia. *A função promocional do testamento*, cit., p. 114.

120 NEVARES, Ana Luiza Maia. *A função promocional do testamento*, cit., p. 34.

Um exemplo de regulamentação jurídica dessa possibilidade pode ser observado na Catalunha (Espanha), onde foi editada a Lei 10, em 27 de junho de 2017,[121] que regulamenta a possibilidade de os indivíduos disporem sobre suas vontades digitais, a fim de que o herdeiro, o legatário, o executor, o administrador ou o tutor possam atuar perante os provedores de aplicações após a sua morte ou a perda da sua capacidade plena.

Dispõe o preâmbulo da lei que, mediante as vontades digitais, as pessoas podem direcionar as ações que considerem mais adequadas para a exclusão ou a manutenção dos conteúdos contidos na Internet a seu respeito. A manifestação de vontade deve se dar, nesses casos, pela forma escrita, por meio de testamento, codicilo ou disposições de última vontade, devendo ser promovido o registro no denominado "Registro eletrônico de vontades digitais".[122]

A lei define como "vontades digitais em caso de morte" as disposições estabelecidas por uma pessoa para que, depois da sua morte, o herdeiro, o executor ou a pessoa designada atue perante os prestadores de serviços digitais com os quais tenha conta ativa.

O usuário pode determinar algumas atuações por parte da pessoa que irá atuar como o responsável por executar suas vontades: a) comunicar aos provedores a sua morte; b) solicitar o cancelamento das contas ativas; c) solicitar uma cópia dos arquivos digitais presentes nos servidores dos provedores, ou solicitar a estes a execução das cláusulas contratuais ou a política estabelecida para os casos de morte do usuário. Em caso de ausência de disposição de vontade do usuário, os herdeiros

121 ESPANHA. Comunidade Autônoma de Catalunha. Ley 10/2017, de 27 de junio, de las voluntades digitales y de modificación de los libros segundo y cuarto del Código civil de Cataluña. Disponível em: <https://www.boe.es/diario_boe/txt.php?id=BOE-A-2017-8525>. Acesso em: 12 dez. 2017.

122 Dispõe o preâmbulo da lei: "Para gestionar la huella en los entornos digitales cuando la persona muere o cuando tiene la capacidad judicialmente modificada y para evitar daños en otros derechos o intereses tanto de la propia persona como de terceros, la presente ley establece que las personas pueden manifestar sus voluntades digitales para que el heredero, el legatario, el albacea, el administrador, el tutor o la persona designada para su ejecución actúen ante los prestadores de servicios digitales después de su muerte o en caso de tener la capacidad judicialmente modificada. Mediante estas voluntades digitales, las personas pueden ordenar las acciones que consideren más adecuadas para facilitar, en caso de muerte, que la desaparición física y la pérdida de personalidad que supone se extiendan igualmente a los entornos digitales y que eso contribuya a reducir el dolor de las personas que les sobrevivan y de las personas con las que tengan vínculos familiares, de afecto o amistad, o bien que se perpetúe la memoria con la conservación de los elementos que estas determinen en los entornos digitales o con cualquier otra solución que consideren pertinente en ejercicio de la libertad civil que les corresponde en vida".

podem executar tais ações de acordo com os termos de uso ou políticas dos provedores. Além disso, o documento de vontades digitais pode ser modificado ou revogado a qualquer momento.

Na mesma linha, foi editado em 2016, na França, o *French Digital Republic Act* («Loi n°2016-1321»),[123] que prevê que qualquer pessoa pode definir diretrizes relacionadas ao gerenciamento de seus dados pessoais após a morte, inclusive com a indicação de uma pessoa responsável pela execução da diretiva, papel atribuído aos herdeiros na ausência de designação pelo titular dos dados. Além disso, o provedor deve informar ao usuário o destino desses dados e permitir que ele escolha se deve ou não transferir seus dados a determinada pessoa.

Ademais, a Itália editou, em agosto de 2018 o Decreto Legislativo 101,[124] que prevê que os direitos referentes a dados pessoais de pessoas falecidas podem ser exercidos pelos interessados, pelo representante autorizado, ou por razões familiares que merecem proteção, podendo o usuário impedir expressamente este exercício, no todo ou em parte, caso deixe manifestação de vontade inequívoca, específica, livre e informada nesse sentido, que, por outro lado, não pode violar os direitos patrimoniais decorrentes da morte do titular.[125]

Trata-se de modelo que deve também ser incorporado pelo ordenamento jurídico brasileiro, a fim de se direcionar de forma expressa as disposições de vontade do usuário a respeito do tratamento do conteúdo contido na Internet após a sua morte, como manifestação de sua autonomia privada.

Nesse contexto, pode-se observar que o direito sucessório pode adquirir importante papel na preservação das vontades manifestadas pela pessoa em vida após a sua morte, o que se coaduna com a concepção constitucionalizada do direito civil, que busca a promoção da dignidade humana em todas as suas facetas, inclusive por meio de inclusão de disposições existenciais no testamento. Com efeito, a visão puramente patrimonial do direito sucessório resta em parte superada, o que, contudo,

---

123 Disponível em: <https://www.legifrance.gouv.fr/affichTexte.do;jsessionid=C20E780B75854FDE5726606581D18C9A.tpdila21v_2?cidTexte=JORFTEXT000033202746&categorieLien=id>. Acesso em: 11 abr. 2020.

124 Disponível em: <https://www.normattiva.it/uri-res/N2Ls?urn:nir:stato:decreto.legislativo:2018;101>. Acesso em: 17 maio 2020.

125 PATTI, Francesco Paolo; BARTOLINI, Francesca. *Digital Inheritance and Post Mortem Data Protection:* The Italian Reform. European Review of Private Law (ERPL), Forthcoming; Bocconi Legal Studies Research Paper No. 3397974, June 2019. Disponível em: <https://ssrn.com/abstract=3397974>. Acesso em: 17 maio 2020.

não faz com que o tratamento sucessório seja atraído para a tutela *post mortem* dos direitos da personalidade, como se apontou.

Assim, diante da existência de manifestação e vontade do usuário em vida, essa deve ser respeitada, devendo ser compatibilizada com os termos de uso e os demais preceitos do ordenamento jurídico, conforme será abordado.

Não se pode ignorar, ainda, que algumas situações existenciais possuem efetiva expressão econômica, sobretudo no que se refere ao direito de imagem, ao direito de autor, e até mesmo a alguns aspectos do direito à privacidade. A situação jurídica pode adquirir, assim, um aspecto pessoal e um aspecto patrimonial,[126] lógica essa já reconhecida na tutela dos direitos autorais.[127]

No sistema brasileiro de tutela dos direitos autorais, a proteção jurídica adquire duplo aspecto (pessoal e patrimonial). Há, assim, dois direitos – um extrapatrimonial, reconhecido como direito moral do autor sobre sua obra, e um patrimonial, que, em contraposição com o primeiro, é disponível.[128]

Lógica similar pode ser aplicada nesses casos. Nessas hipóteses, embora os direitos da personalidade sejam intransmissíveis, não se

126 MEIRELES, Rose Melo Vencelau. *Autonomia privada e dignidade humana*, cit., p. 48.

127 "Algumas situações jurídicas existenciais, apesar de estarem ligadas à pessoa como valor, foram dotadas pelo ordenamento jurídico de um aspecto patrimonial que as permite ser objeto de relações contratuais. Se para algumas situações a patrimonialidade poderia ser causa de coisificação da pessoa, tais como a vida e a integridade; para outras, a exemplo do direito de autor, a patrimonialidade pode garantir ao titular a melhor forma de exercício". MEIRELES, Rose Melo Vencelau. *Autonomia privada e dignidade humana*, cit., p. 50-51.
Ressalta-se, contudo, que devem ser observadas algumas distinções entre os direitos morais do autor e os direitos da personalidade. Sérgio Branco aponta algumas diferenças entre ambos: "Inicialmente, porque ao contrário dos direitos de personalidade, os direitos morais do autor não são inatos. Em segundo lugar, porque todos os direitos de personalidade são atributos da própria pessoa. Por outro lado, os direitos morais de autor existem em função de uma criação externa – dependem de uma obra distinta da própria pessoa para que possam se manifestar juridicamente. (...) Finalmente, ao argumento de que os direitos morais seriam um direito de personalidade porque ligariam indissoluvelmente a obra ao autor, é possível lembrar que diversos são os autores que publicam obras sob pseudônimos ou anonimamente, o que parece anunciar, em determinados casos (ainda que excepcionais) exatamente uma certa indiferença quanto ao suposto vínculo entre a obra e sua personalidade". BRANCO, Sérgio. A natureza jurídica dos direitos autorais. *Civilistica.com*. Rio de Janeiro, a. 2, nº 2, abr.-jun./2013. Disponível em: <http://civilistica.com/a-natureza-juridica-dos-direitos-autorais/>. Acesso em: 10 nov. 2017.

128 FIGUEIREDO, Fábio Vieira. *Direito de autor*: proteção e disposição extrapatrimonial. 2ª ed. São Paulo: Saraiva, 2016. p. 51.

pode negar que os efeitos patrimoniais decorrentes da repercussão econômica de tais direitos são transmissíveis aos herdeiros.[129]

Desse modo, algumas premissas podem ser adotadas quanto ao tratamento do conteúdo constante na Internet após a morte do usuário:

(i) a temática encontra-se no contexto da evolução tecnológica, em relação à qual o direito vai se encontrar frequentemente a um passo atrás, ou seja, muitas vezes não haverá previsões legais expressas em relação a algumas situações constituídas na rede;

(ii) diante desse descompasso, o intérprete irá adquirir papel de destaque, na medida em que caberá a ele a busca por elementos constantes no ordenamento jurídico posto e, sobretudo, nos princípios constitucionais, para propor soluções para os conflitos que se apresentam nessa seara;

(iii) a interpretação deve pautar-se nos parâmetros definidos pela Constituição da República, que eleva a dignidade humana como eixo norteador;

(iv) o tratamento estritamente patrimonial e sucessório não é suficiente para regular todas as situações jurídicas constituídas na rede após a morte do indivíduo, na medida em que a tutela *post mortem* dos direitos da personalidade, ou seja, das situações jurídicas existenciais, sobretudo no que se refere à proteção da privacidade e dos dados pessoais, se revela como importante elemento a ser considerado;

(v) a legitimidade para tal proteção não deve ser restrita aos herdeiros, considerando-se a personalidade como valor, a ser protegido como interesse juridicamente relevante de modo geral;

(vi) devem ser, assim, diferenciadas as situações jurídicas patrimoniais e existenciais, buscando, nas situações jurídicas dúplices, uma análise funcional, considerando-se sob qual finalidade a situação jurídica serve melhor para o cumprimento dos objetivos constitucionais;

(vii) devem ser ampliadas as formas de manifestação de vontade do usuário em vida em relação ao destino do conteúdo vinculado a ele na Internet, como forma de promoção de sua autonomia existencial, de modo que, havendo disposições de vontade do usuário ainda em vida a

129 Como aponta Luiz Edson Fachin: "Sustenta-se, portanto, sobre os direitos da personalidade que, embora intransmissíveis em sua essência, os efeitos patrimoniais dos direitos da personalidade são transmissíveis. A utilização dos direitos da personalidade se tiver expressão econômica, é transmissível, respeitado sempre o princípio da dignidade da pessoa". FACHIN, Luiz Edson. *Análise Crítica, Construtiva e de Índole Constitucional da Disciplina dos Direitos da Personalidade no Código Civil Brasileiro*, cit.

respeito do tratamento de suas contas digitais, desde que estas sejam compatíveis com os demais preceitos do ordenamento jurídico, elas devem ser observadas, prevalecendo, inclusive, em relação à vontade dos familiares;

(viii) os direitos da personalidade não são transmissíveis aos familiares após a morte, enquanto os efeitos patrimoniais decorrentes da repercussão econômica de tais direitos são transmissíveis aos herdeiros.

Partindo-se dessas considerações, serão analisadas na sequência as propostas legislativas a respeito do tema.

2.3. Os Projetos de lei sobre o tema em tramitação no Congresso Nacional e a necessária superação do paradigma da "herança digital"

Diante da ausência de normas específicas a respeito do tratamento do conteúdo presente na rede após a morte do usuário, algumas proposições legislativas foram sendo apresentadas a fim de conferir uma destinação a esses arquivos e dados de forma expressa pelo ordenamento jurídico brasileiro.

Com efeito, a permanência de tais conteúdos gera riscos consideráveis em relação à proteção dos dados do usuário falecido, na medida em que o controle dos dados sem a presença do titular se torna dificultoso, surgindo, também, questionamentos relativos ao destino, transferência, manutenção e exclusão desses arquivos e contas.

Considerando-se, inicialmente, o problema da lacuna existente no ordenamento jurídico brasileiro, as primeiras soluções apresentadas buscaram referências no direito sucessório, tratando tais conteúdos como propriedade transmissível *causa mortis*.

A partir da noção de herança como garantia fundamental prevista pelo art. 5º, inciso XXX, da Constituição da República,[130] vislumbra-se como direito fundamental do herdeiro o acesso e administração das contas e dos arquivos da pessoa falecida, de modo que as propostas de alteração incidem no Livro V do Código Civil, que trata do Direito das Sucessões.

O Projeto de Lei 4847, de 2012,[131] apresentou uma definição de *herança digital*, caracterizada como todo o conteúdo disposto no espaço digital, incluindo senhas perfis de redes sociais, contas, bens e serviços.

---

130 Art. 5º, XXX, CR: "é garantido o direito de herança".

131 BRASIL. Câmara dos Deputados. Projeto de Lei nº 4.847, de 2012. Acrescenta o Capítulo II-A e os arts. 1.797-A a 1.797-C à Lei nº 10.406, de 10 de janeiro de 2002. Disponível em: <http://www.camara.gov.br/proposicoesWeb/fichadetramitacao?idProposicao=563396>. Acesso em: 02 set. 2017.

A alteração proposta previa uma transmissão desse conteúdo aos herdeiros, que ficariam responsáveis por sua administração:

> Art. 2º Fica acrescido o Capítulo II-A e os arts. 1.797-A a 1.797-C à Lei nº 10.406, de 10 de janeiro de 2002, com a seguinte redação:
> Capítulo II-A - Da Herança Digital
> "Art. 1.797-A. A herança digital defere-se como o conteúdo intangível do falecido, tudo o que é possível guardar ou acumular em espaço virtual, nas condições seguintes:
> I - senhas;
> II - redes sociais;
> III - contas da Internet;
> IV - qualquer bem e serviço virtual e digital de titularidade do falecido.
> Art. 1.797-B. Se o falecido, tendo capacidade para testar, não o tiver feito, a herança será transmitida aos herdeiros legítimos.
>
> Art. 1.797-C. Cabe ao herdeiro:
> I - definir o destino das contas do falecido;
> a) - transformá-las em memorial, deixando o acesso restrito a amigos confirmados e mantendo apenas o conteúdo principal ou;
> b) - apagar todos os dados do usuário ou;
> c) - remover a conta do antigo usuário."

Pode-se verificar, assim, que a proposta trazia a previsão de transferência *causa mortis* de todo o conteúdo do usuário falecido, sem qualquer tipo de diferenciação relativa à natureza dessas informações, à localização desse conteúdo (se constante como arquivo no computador, se em uma caixa de e-mail privada ou de forma pública em uma postagem em uma página de uma rede social), à proteção mediante uso de senha ou não, etc.

Na justificação do projeto, foi assinalada a preocupação em "assegurar o direito dos familiares em gerir o legado digital daqueles que já se foram".

Tal proposição foi apensada ao Projeto de Lei 4099, de 2012,[132] que também propunha a alteração do Código Civil, a fim de dispor sobre a sucessão dos bens e contas digitais do autor da herança nos seguintes termos:

> Art. 2.º. O art. 1.788 da Lei n.º 10.406, de 10 de janeiro de 2002, passa a vigorar acrescido do seguinte parágrafo único:
> "Art. 1.788. ....

---

132 BRASIL. Câmara dos Deputados. Projeto de Lei nº 4.099, de 2012. Altera o art. 1.788 da lei nº 10.406, de 10 de janeiro de 2002. Disponível em: <http://www.camara.gov.br/proposicoes Web/fichadetramitacao?idProposicao=548678>. Acesso em: 02 set. 2017.

> Parágrafo único. Serão transmitidos aos herdeiros todos os conteúdos de contas ou arquivos digitais de titularidade do autor da herança." (NR)

Esse segundo projeto também previa a transmissão, de forma irrestrita, de todo o conteúdo e de todas as contas do usuário aos herdeiros após a sua morte, de modo que ambas as propostas foram pautadas em uma lógica baseada estritamente no direito sucessório, sem fazer qualquer diferenciação entre os conteúdos e a natureza dos arquivos.

A incompatibilidade jurídica de tal solução pode ser verificada, a princípio pela desconsideração dos direitos da personalidade, como se buscou apontar anteriormente. Isso porque se ignora em tais proposições a privacidade dos terceiros que se comunicaram com o usuário falecido por meio de conversas privadas, e que teriam suas mensagens também devassadas pelo acesso dos familiares. Desconsidera-se, ainda, a intimidade da pessoa falecida, quc teria informações suas acessadas irrestritamente pelos herdeiros.[133]

Poderia haver, outrossim, a violação do direito ao sigilo, que protege o conteúdo das correspondências e das comunicações, na medida em que "não é apenas ilícito divulgar tais manifestações, mas também tomar delas conhecimento."[134] Com efeito, se o acesso não autorizado de uma pessoa à conta de outra configura uma espécie de violação em vida, por que seria permitido após a morte?

Observa Bruno Zampier que, nesses casos,

> Os familiares poderiam violar a intimidade do morto ou, mais precisamente, daqueles que com este se relacionaram pelo meio digital, ao acessarem não apenas a conta de e-mail, mas também o perfil de redes sociais, os arquivos de nuvem ou outro tipo de conta na qual se contenha esta parcela da vida privada. E tal violação ocorreria pelo mero conhecimento da informação ali contida, independentemente da efetiva divulgação desta.[135]

No mesmo sentido, ressalta Sérgio Branco que

---

133 "Mas seria possível falar em um direito de privacidade *post mortem*? Há interesse do morto em ver resguardados seus segredos eventualmente contidos em conversas travadas por correio eletrônico? Aplicando-se a ideia de uma esfera e não liberdade, crê-se que configuraria indevido o acesso irrestrito dos familiares a toda e qualquer comunicação digital realizada pelo falecido. Em que pese não ser correto falar em um verdadeiro direito subjetivo de tutela da privacidade, pois o titular já morrera, há que se entender que certos segredos e comunicações devem ser mantidos longe do alcance de familiares". LACERDA, Bruno Torquato Zampier. *Bens digitais*, cit., p. 129.

134 LOBO, Paulo. *Direito civil*, cit., p. 142.

135 LACERDA, Bruno Torquato Zampier. *Bens digitais*, cit., p. 130.

> Se caminharmos no sentido previsto pelo Marco Civil da Internet e pelos PLs de proteção de dados pessoais ora em tramitação, as iniciativas de alterar o Código Civil para conferir aos herdeiros total acesso a contas de e-mail, de redes sociais e de outros sites de que o falecido era titular entrarão em grave colisão com a proteção da intimidade em ambiente digital. Adicione-se, como último elemento, o fato de que terceiros que tenham travado qualquer tipo de interação com a pessoa falecida também terão sua intimidade acessada por parte dos familiares desta, caso seja conferido a estes o direito de acessar os arquivos digitais do morto.[136]

Nota-se que não se pode descurar que há uma expectativa de privacidade maior no que se refere à utilização da rede, inclusive em relação ao acesso de determinados conteúdos após a morte.[137] Quando um indivíduo cria e utiliza uma conta protegida mediante senha, há, ao menos de forma geral, uma expectativa de que terceiros não terão acesso às informações privadas ali constantes. No caso dos bens físicos, como diários, anotações, cartas, etc., já se sabe de antemão que, após a morte do seu titular, os familiares terão acesso a esses bens, o que não ocorre com o conteúdo constante na rede protegido por senha.[138]

---

136 BRANCO, Sérgio. *Memória e esquecimento na Internet*, cit., p. 117.

137 "Identity theft is not the only privacy concern facing those who die leaving behind digital assets. For example, a user may have opened an account with an expectation of privacy and may want to keep certain communications private, even after death. Similarly, a legal safety net is needed to ensure that particular family members, or business associates, do not gain access to potentially hurtful or harmful online information from a decedent's estate". Em tradução livre: O roubo de identidade não é o único risco à privacidade daqueles que morrem deixando para trás ativos digitais. Por exemplo, um usuário pode ter aberto uma conta com uma expectativa de privacidade e pode querer manter certas comunicações privadas, mesmo após a morte. Da mesma forma, é necessária uma rede de segurança legal para garantir que familiares, ou parceiros de trabalho, não tenham acesso a determinadas informações potencialmente prejudiciais ou nocivas daquele que faleceu. STUTTS, Emily. Will Your Digital Music and E-book Libraries "Die Hard" With You?: Transferring Digital Music and E-books Upon Death. *SMU Science and Technology Law Review*, Vol. XVI, 2013. p. 376.

138 "Em um mundo físico, temos ciência de que a morte acarretará a triagem de nossos pertences e que documentos considerados importantes poderão ser conservados em um arquivo. O material selecionado pode conter diários, cartas, anotações, comprovantes, certificados, evidências da nossa existência terrena. Em ambiente online, contudo, existe uma expectativa muito maior de privacidade. Enquanto viva, uma pessoa acessa e-mails e redes sociais, armazena conteúdo na nuvem, troca mensagens, tudo isso protegido por meio de senha, sem que cogite dividi-la com terceiro ou, ainda, sem que assuma o risco de ter aquele material acessado por mais alguém. O que une o material criado online por uma pessoa (a partir de seus perfis em redes sociais, contas de e-mail, blogs, vídeos e comentários, entre

Os próprios termos de uso de muitos provedores preveem a impossibilidade de transferência das contas e das senhas dos usuários, de modo que os mencionados projetos de lei, além de ignorar a existência e o propósito de tais previsões, sequer fornecem elementos para descompatibilizar possíveis conflitos nessa seara.

Merece destaque, ainda, o Projeto de Lei 1331,[139] apresentado em 2015, que propôs a alteração do inciso X do art. 7º da Lei nº 12.965/2014 – Marco Civil da Internet, para determinar a legitimidade do cônjuge, dos ascendentes e dos descendentes para requerer a exclusão dos dados pessoais do usuário falecido:

> Art. 2º O inciso X do art. 7º da Lei nº 12.965, de 23 de abril de 2014, passa a vigorar com a seguinte redação:
> "Art. 7º...
> X – exclusão definitiva dos dados pessoais que tiver fornecido a determinada aplicação de internet, a seu requerimento, ou, em se tratando de morto ou de ausente, a requerimento do cônjuge, dos ascendentes ou dos descendentes, até o terceiro grau, ao término da relação entre as partes, ressalvadas as hipóteses de guarda obrigatória de registros previstas nesta Lei. (NR)"

A inclusão da possibilidade de exclusão dos dados da pessoa falecida encontra-se em consonância com a busca pelo controle dos dados constantes na Internet, podendo ser um instrumento para que os familiares protejam tais conteúdos, impedindo sua utilização indevida por terceiros.

Contudo, também em relação à possibilidade legal expressa de exclusão dos dados surgem algumas questões. Por exemplo, nos casos em que a pessoa falecida deixou, em vida, manifestação inequívoca de vontade no sentido da manutenção do seu perfil em determinada rede social, poderiam os legitimados requerer a exclusão dessa conta, contrariando o desejo do *de cujus*?

---

outros) e o adquirido por ela para seu consumo e entretenimento (vídeos, músicas, videogame e textos em plataformas digitais) é a expectativa de segredo consideravelmente maior do que aquela de que desfrutamos em nosso ambiente físico". BRANCO, Sérgio. *Memória e esquecimento na Internet*, cit., p. 110.

139 BRASIL. Câmara dos Deputados. Projeto de Lei nº 1.331, de 2015. Altera a Lei nº 12.965, de 23 de abril de 2014 – Marco Civil da Internet, dispondo sobre o armazenamento de dados de usuários inativos na rede mundial de computadores. Disponível em: <http://www.camara.gov.br/proposicoesWeb/fichadetramitacao?idProposicao=1227967>. Acesso em: 02 set. 2017.

Como já apontado, a manifestação de vontade deixada pelo usuário ainda em vida deve prevalecer inicialmente em face da vontade dos familiares, o que, evidentemente, deve ser sopesado em relação a eventuais interesses também merecedores de tutela.

Questiona-se, também, se haveria a possibilidade de um terceiro, fora do rol de legitimados, solicitar a remoção desse conteúdo. Pode-se observar que a maior parte dos termos de uso dos provedores não traz especificadamente os legitimados, referindo-se apenas a "parentes diretos". Quem estaria incluído como legitimado? Seria, aqui, utilizado o rol constante nos parágrafos únicos dos arts. 12 e 20 do Código Civil? E no caso de conflitos entre os próprios familiares?

O Projeto de Lei 7742, de 2017,[140] por sua vez, teve como objetivo a inclusão de disposição no Marco Civil da Internet para dispor sobre a destinação das contas de aplicações de Internet após a morte de seu titular. Pela proposta, com a morte do usuário e a comprovação do óbito, os provedores deveriam, mediante requerimento do cônjuge, companheiro ou parente até o 2º grau do *de cujus*, excluir as contas do falecido, mantendo, contudo, armazenados os dados e registros dessas contas por um ano a partir da data do óbito. Caso os familiares solicitassem e houvesse previsão nos termos de uso do provedor para fins de transformação da conta em memorial, as contas do falecido poderiam ser mantidas.

Essa proposta possuía a vantagem de restringir a gerência dos familiares apenas à manutenção ou exclusão, sem permitir o acesso irrestrito às contas da pessoa falecida. Também foi além das proposições anteriores ao considerar as previsões dos termos de uso dos provedores, ainda que de modo pontual, além de estabelecer que, na existência de manifestação do próprio usuário, esta deveria prevalecer para fins de gerenciamento da conta.

O Projeto de Lei 8562,[141] também apresentado em 2017, e apensado ao Projeto de Lei 7742, de 2017, teve redação similar ao Projeto de Lei 4847/2012, apresentando os mesmos problemas.

Importa ressaltar que as proposições mencionadas estão atualmente arquivadas, encontrando-se em tramitação o Projeto de Lei

---

140 BRASIL. Câmara dos Deputados. Projeto de Lei nº 7.742, de 2017. Acrescenta o art. 10-A à Lei nº 12.965, de 23 de abril de 2014 (Marco Civil da Internet), a fim de dispor sobre a destinação das contas de aplicações de internet após a morte de seu titular. Disponível em: <http://www.camara.gov.br/proposicoesWeb/fichadetramitacao?idProposicao=2139508>. Acesso em: 02 set. 2018.

141 BRASIL. Câmara dos Deputados. Projeto de Lei nº 8.562, de 2017. Acrescenta o Capítulo II-A e os arts. 1.797-A a 1.797-C à Lei nº 10.406, de 10 de janeiro de 2002. Disponível em: <http://www.camara.gov.br/proposicoesWeb/fichadetramitacao?idProposicao=2151223>. Acesso em: 02 set. 2018.

5820/2019,[142] que busca alterar o art. 1.881 do Código Civil, com a inclusão de um §4º com a seguinte redação: "Para a herança digital, entendendo-se essa como vídeos, fotos, livros, senhas de redes sociais, e outros elementos armazenados exclusivamente na rede mundial de computadores, em nuvem, o codicilo em vídeo dispensa a presença das testemunhas para sua validade". Este projeto é interessante pela indicação expressa da possibilidade do emprego do codicilo[143] para que o indivíduo possa dispor sobre a destinação de contas, prevendo instrumento além das formas testamentárias tradicionais.

Também em tramitação, pode ser apontado o Projeto de Lei 6468/2019,[144] que, por meio da inclusão de um parágrafo único no art. 1.788 do Código Civil, pretende estabelecer a transmissão aos herdeiros de "todos os conteúdos de contas ou arquivos digitais de titularidade do autor da herança", assim como previa o Projeto de Lei 4099, de 2012.

Por fim, salienta-se que o Projeto de Lei 3799, de 2019,[145] que pretende a reforma do Livro V do Código Civil – Do Direito das Sucessões –, não apresenta disposições a respeito da herança digital.

Indaga-se, portanto, qual deverá ser o direcionamento a ser conferido a esse debate, considerando-se toda a complexidade que envolve o tema. Como se pode observar, restringir a análise ao aspecto patrimonial, em uma lógica de pura transmissibilidade, não parece contemplar toda a gama de situações jurídicas que são constituídas nesse âmbito.

---

142 BRASIL. Câmara dos Deputados. Projeto de Lei nº 5820, de 2019. Dá nova redação ao art. 1.881 da Lei nº 10.406, de 2002, que institui o Código Civil. Disponível em: <https://www.camara.leg.br/proposicoesWeb/fichadetramitacao?idProposicao=2228037>. Acesso em: 06 jan. 2020.

143 O codicilo é previsto pelo art. 1.881 do Código Civil, segundo o qual "[t]oda pessoa capaz de testar poderá, mediante escrito particular seu, datado e assinado, fazer disposições especiais sobre o seu enterro, sobre esmolas de pouca monta a certas e determinadas pessoas, ou, indeterminadamente, aos pobres de certo lugar, assim como legar móveis, roupas ou jóias, de pouco valor, de seu uso pessoal".

144 BRASIL. Senado Federal. Projeto de Lei nº 6468, de 2019. Altera o art. 1.788 da Lei nº10.406, de 10 de janeiro de 2002, que institui o Código Civil, para dispor sobre a sucessão dos bens e contas digitais do autor da herança. Disponível em: <https://www25.senado.leg.br/web/atividade/materias/-/materia/140239>. Acesso em: 18 jan. 2020.

145 BRASIL. Senado Federal. Projeto de Lei nº 3799, de 2019. Altera o Livro V da Parte Especial da Lei nº 10.406, de 10 de janeiro de 2002, e o Título III do Livro I da Parte Especial da Lei nº 13.105, de 16 de março de 2015, para dispor sobre a sucessão em geral, a sucessão legítima, a sucessão testamentária, o inventário e a partilha. Disponível em: <https://www25.senado.leg.br/web/atividade/materias/-/materia/137498>. Acesso em: 06 jan. 2020.

Assim, a partir da superação do paradigma da "herança digital", com o reconhecimento da necessidade de se considerar as situações jurídicas existenciais que permeiam o tema e as peculiaridades dos diferentes conteúdos constantes na rede, é que se pretende buscar soluções jurídicas para os problemas que surgem.

É o que se buscará no próximo capítulo.

3

PROPOSTAS PARA O TRATAMENTO JURÍDICO DO CONTEÚDO DISPOSTO NA REDE APÓS A MORTE DO USUÁRIO

"Não tenho medo da morte
Mas medo de morrer, sim
A morte é depois de mim
Mas quem vai morrer sou eu
O derradeiro ato meu
E eu terei de estar presente
Assim como um presidente
Dando posse ao sucessor
Terei que morrer vivendo
Sabendo que já me vou".

Gilberto Gil

3.1. Gerenciamento do acervo digital após a morte do indivíduo

Considerando as premissas gerais desenvolvidas no capítulo anterior, passa-se à análise dos problemas específicos atinentes à questão analisada ao longo do presente estudo.

Inicialmente, é preciso reconhecer que os arquivos digitais constantes na rede e na nuvem, que envolvem os mais variados tipos de serviços online prestados pelos provedores de aplicações, não se confundem com os arquivos contidos no computador da pessoa falecida.

A esse respeito, como observa Marco Aurélio de Faria Costa Filho:

> Bens armazenados virtualmente em *hard drives* de propriedade do *de cujus* serão facilmente transferíveis, já que acompanham a mídia tangível que o contém, ou seja, o hardware herdado. Nesse sentido, fotos ou textos armazenados em pastas virtuais no computador pessoal não são tão diferentes de álbuns de fotos, cadernos ou seus demais equivalentes corpóreos que podem ser guardados no armário de casa. Entretanto, parte crescente do patrimônio digital, especialmente com a tendência da computação em nuvem, é composta por arquivos adquiridos ou armazenados através de variados tipos de serviços on-line, cujas regras de acesso e transferência acabam ditadas pelos provedores. E, na falta de legislação sobre o assunto, arquivos

armazenados virtualmente em contas de e-mail ou redes sociais tem sua transmissão regida exclusivamente por termos de serviço.[1]

A análise aqui desenvolvida direciona-se, portanto, aos conteúdos contidos na Internet por meio dos serviços disponibilizados pelos provedores e contratados pelo usuário, e não aos arquivos contidos no computador deste.

Feita tal ressalva, verifica-se que a principal dificuldade relativa ao tratamento do conteúdo contido na rede após a morte do usuário consiste na ausência de disposições expressas deixadas pelo próprio usuário em vida a respeito da destinação dos dados que inseriu na Internet.

Algumas possibilidades iniciais vêm sendo apresentadas em alguns artigos acadêmicos a respeito do tema[2] como mecanismos que o usuário pode utilizar na prática para direcionar esse conteúdo. Nesse cenário, o usuário poderia adotar três atitudes:

a) fazer o *back up* dos arquivos no próprio computador ou outro meio físico (por exemplo, um HD ou *pendrive*) e deixar as senhas de acesso anotadas de forma acessível para os familiares;

b) contratar empresas especializadas para que forneçam as senhas de acesso aos familiares após a sua morte e/ou repassem orientações aos familiares ou a uma pessoa designada pelo usuário a respeito da administração do conteúdo;

c) incluir disposições em testamento ou outra forma de manifestação de vontade prevendo o destino desses conteúdos.

Em relação à primeira opção, não obstante o *download* dos arquivos para o computador ou para outro meio físico facilite a preservação desse conteúdo, tal escolha pode esbarrar em entraves relacionados à proteção de direitos autorais referentes a determinados arquivos, sobretudo músicas, filmes e livros. Além disso, o fato de os familiares possuírem as senhas e terem a possibilidade fática de acessar as páginas e contas da pessoa falecida não significa que eles terão juridicamente o direito de acessá-las, na medida em que, em muitos casos, tal acesso pode constituir uma violação aos termos de uso do provedor ou a direitos juridicamente tutelados, como a privacidade de terceiros.

Outrossim, pode-se questionar se o acesso às contas privadas do *de cujus* poderia configurar, em alguns casos, crime de falsa identidade

1 COSTA FILHO, Marco Aurélio de Faria. *Patrimônio Digital*, cit., p. 34-35.

2 Como exemplo, aponta-se: BELLAMY, C. *et al. Death and the Internet*: Consumer issues for planning and managing digital legacies. Sydney: Australian Communications Consumer Action Network, 2013.

previsto no art. 307 do Código Penal, na medida em que os familiares poderiam realizar postagens como se fossem a pessoa falecida.[3]

Nos termos de uso do *Facebook*, por exemplo, constam cláusulas que vedam tal compartilhamento: "Você não compartilhará sua senha (ou, no caso de desenvolvedores, sua chave secreta), deixará outra pessoa acessar sua conta ou praticará qualquer ato que possa comprometer a segurança da sua conta" e "Você não transferirá sua conta (incluindo qualquer Página ou aplicativo administrado por você) para ninguém sem primeiro obter nossa permissão por escrito".[4]

No *Instagram* consta a seguinte previsão: "Você é responsável por qualquer atividade que ocorra através de sua conta e concorda em não vender, transferir, licenciar ou ceder sua conta, seus seguidores, seu nome de usuário ou qualquer direito da conta".[5]

Além disso, o acesso dos familiares a determinadas conversas privadas do usuário com terceiros pode representar uma violação ao direito à privacidade destes, de modo que não se pode ignorar direitos de terceiros envolvidos nesses casos.

A segunda alternativa refere-se aos chamados *Digital Estate Planning* (DEP), que correspondem a empresas que prestam serviços referentes à transferência de informações, sobretudo senhas de acesso, de um usuário a outro após a sua morte.[6] Contudo, aqui também é preciso observar que o acesso fático não se confunde com o direito de acesso ao conteúdo,[7] e que, em diversas situações, a transferência da senha de acesso à página pode gerar situações de incompatibilidade com os termos de uso dos provedores e também com os preceitos do ordenamento jurídico. Além disso, tal solução não traz respostas para os casos em que a pessoa não deixou qualquer disposição em vida, mostrando-se, portanto, limitada e insuficiente.

A terceira via, ou seja, a inclusão de disposições em testamento ou outro meio idôneo para veicular a manifestação de vontade do usuário se apresenta, nesse contexto, como uma alternativa mais adequada, configurando uma das formas de expressão da autonomia privada do indivíduo, como já se demonstrou anteriormente.

Relembra-se que a tutela das situações jurídicas existenciais não deve se operar apenas de forma negativa, por meio de abstenções, mas,

---

3 Falsa identidade
Art. 307 – Atribuir-se ou atribuir a terceiro falsa identidade para obter vantagem, em proveito próprio ou alheio, ou para causar dano a outrem: Pena – detenção, de três meses a um ano, ou multa, se o fato não constitui elemento de crime mais grave.
"Ademais, uma vez confiada a identidade unicamente a dados destituídos de qualquer relação com a pessoa concreta a que se referem, cresce o risco de furtos de identidade mediante a simples apropriação de um código numérico, de uma palavra-chave, de um algoritmo". RODOTÀ, Stefano. *Transformações do corpo*, cit., p. 92.

sobretudo, sob o aspecto positivo, constituindo a autonomia privada importante instrumento de regulação de interesses existenciais,[8] adquirindo uma feição promocional de valores.[9]

Assim, o titular da situação existencial deve ter o poder de produzir efeitos relativos à relação jurídica em que está inserido, devendo, por outro lado, observar os demais valores tutelados pelo ordenamento. Nesse sentido, como ressalta Rose Meireles: "Desde que os efeitos desejados pelo titular da situação existencial estejam adequados à função que a mesma deve realizar, essa manifestação da vontade será tida como merecedora de tutela".[10]

Nesse contexto, deve-se considerar, em um primeiro momento, a expressão da vontade do usuário em vida a fim de se definir o destino do conteúdo inserido por ele na Internet.

Deve-se, aqui, fazer uma observação a respeito dos chamados "testamentos virtuais": o debate acerca do tema engloba, na verdade, duas questões centrais – a possibilidade de inserção de disposições testamentárias relativas ao destino e administração de conteúdos inseridos na Internet, considerando-se o testamento em sua modalidade clássica, e a viabilidade de elaboração de testamentos pelo meio digital.

A primeira questão já foi abordada anteriormente, entendendo-se pela viabilidade de inclusão de disposições testamentárias relativas a conteúdos digitais como reflexo da consagração da autonomia existencial do indivíduo.

Quanto à segunda questão, importa observar que, não obstante a lei tenha previsto as solenidades essenciais do ato de testar,[11] deve-se considerar que, como as exigências formais previstas pela legislação têm por finalidade resguardar a vontade real do testador, elas vêm sendo flexibilizadas em prol do resguardo da manifestação de vontade emanada

8 MEIRELES, Rose Melo Vencelau. *Autonomia privada e dignidade humana*, cit., p. 57. Conclui a autora: "É preciso que se reconheça à pessoa a possibilidade de autopromover o desenvolvimento da sua personalidade através da regulamentação dos seus interesses existenciais. Ora, se a função das situações existenciais é imediatamente a promoção do livre desenvolvimento da personalidade do seu titular, não tem esse condão a mera observância de um dever negativo". MEIRELES, Rose Melo Vencelau. *Autonomia privada e dignidade humana*, cit., p. 60.

9 MEIRELES, Rose Melo Vencelau. *Autonomia privada e dignidade humana*, cit., p. 90.

10 MEIRELES, Rose Melo Vencelau. *Autonomia privada e dignidade humana*, cit., p. 188.

11 "Em todo o tempo, o testamento é ato formal. A manifestação de vontade do testador há de revestir a forma prescrita em lei". PEREIRA, Caio Mário da Silva. *Instituições de Direito Civil*. Vol. VI: Direito das Sucessões. 24ª ed. Atualizado por Carlos Roberto Barbosa Moreira. Rio de Janeiro: Forense, 2017. p. 185.

por quem elaborou o testamento.[12] Com o avanço tecnológico e o desenvolvimento de outros mecanismos para a elaboração de documentos e autenticação, não se pode ignorar que se caminha para a possibilidade de elaboração de testamento privado pelo meio digital, sobretudo ao se considerar que o legislador não tinha como prever tal possibilidade no momento da elaboração do Código.[13]

A 2ª Seção do Superior Tribunal de Justiça, em interessante precedente, reconheceu, por maioria, a validade de testamento particular que havia sido lavrado a rogo e apenas continha a impressão digital da testadora, não contando com a sua assinatura de próprio punho, conforme exigido pelo art. 1.876 do Código Civil. A Relatora, Ministra Nancy Andrighi, pontuou que apesar da ausência do preenchimento da formalidade legal, não havia dúvida acerca da manifestação de última vontade da testadora que, embora sofrendo com limitações físicas, não possuía nenhuma restrição cognitiva. Além disso, observou que "[a]s pessoas do mundo moderno não mais se individualizam e se identificam apenas por sua assinatura de próprio punho, mas, sim, pelos seus tokens, chaves, logins e senhas, ID's, certificações digitais, reconhecimentos faciais, digitais e oculares e, até mesmo, pelos seus hábitos profissionais, de consu-

12 CIVIL. PROCESSUAL CIVIL. RECURSO ESPECIAL. TESTAMENTO. FORMALIDADES LEGAIS NÃO OBSERVADAS. NULIDADE. 1. Atendido os pressupostos básicos da sucessão testamentária – i) capacidade do testador; ii) atendimento aos limites do que pode dispor e; iii) lídima declaração de vontade – a ausência de umas das formalidades exigidas por lei, pode e deve ser colmatada para a preservação da vontade do testador, pois as regulações atinentes ao testamento têm por escopo único, a preservação da vontade do testador. 2. Evidenciada, tanto a capacidade cognitiva do testador quanto o fato de que testamento, lido pelo tabelião, correspondia, exatamente à manifestação de vontade do de cujus, não cabe então, reputar como nulo o testamento, por ter sido preterida solenidades fixadas em lei, porquanto o fim dessas – assegurar a higidez da manifestação do de cujus -, foi completamente satisfeita com os procedimentos adotados. 3. Recurso não provido. STJ, 3ª Turma, REsp 1677931/MG, Rel. Min. Nancy Andrighi, j. 15.08.2017, DJe 22.08.2017.

13 "Assim, já é hora de o legislador se dedicar à manifestação de vontade post mortem por meio digital, revisitando as formalidades testamentárias, uma vez que da mesma forma que existem bancos de dados digitais para documentos como as diretivas antecipadas de vida, também devem ser desenvolvidos bancos de dados digitais para testamentos, devidamente regulamentados, facilitando a sua execução e guarda. Diante de toda a inovação tecnológica que se descortina nos dias de hoje, torna-se latente a demanda para que o ato de testar se coadune com as atuais formas digitais de comunicação, assinaturas, autenticações e registro de documentos, sem descuidar das garantias fundamentais para preservar a vontade livre, hígida e espontânea do testador". TEPEDINO, Gustavo; NEVARES, Ana Luiza Maia; MEIRELES, Rose Melo Vencelau. *Fundamentos do Direito Civil*. Vol. 7: direito das sucessões. Rio de Janeiro: Forense, 2020. p. 154.

mo e de vida captados a partir da reiterada e diária coleta de seus dados pessoais", bem como que "[a]s decisões judiciais dispensam a assinatura de próprio punho e negócios jurídicos de relevância são celebrados apenas por WhatsApp, Facebook, Instagram, chats, cliques e infinitos 'de acordo' em contratos de que não se tem ciência de absolutamente nada". Assim, para o Colegiado, não seria razoável exigir que uma pessoa, para dispor de sua herança digital por meio de testamento, tivesse que imprimir um documento e assiná-lo de próprio punho.[14]

Contudo, como ainda há certa reticência em relação à elaboração de testamentos, sobretudo no Brasil,[15] devem ser consideradas outras formas de manifestação de vontade, aceitando-se esta seja exteriorizada por outros meios.[16] Um exemplo dessa possibilidade seria a opção conferida por alguns provedores de transformação da conta em memorial após a morte do usuário, podendo este, ainda, escolher um "contato herdeiro", ou seja, uma pessoa responsável para administrar o seu conteúdo após a sua morte.

Rose Meireles, referindo-se ao art. 4º da Lei nº 9.434/97,[17] dispositivo que determina que a retirada de tecidos, órgãos e partes do corpo de pessoas falecidas para transplantes ou outra finalidade terapêutica

---

14 STJ, 2ª Seção, REsp 1.633.254/MG, Rel. Min. Nancy Andrighi, j. 11.03.2020, DJe 18.03.2020.

15 "No Brasil, o testamento é envolto em certa aura de mistério, de distanciamento ou simplesmente de intocabilidade. Os juristas e operadores do Direito tratam, necessariamente, de testamentos, mas as pessoas comuns em geral evitam tocar nesse assunto. Há um tabu em torno do testamento, ou melhor, do ato de testar, da mesma maneira que há um tabu em torno da própria morte, por mais que esta seja algo natural, inevitável, presente todo momento em nossas vidas". HIRONAKA, Giselda Maria Fernandes Novaes. *Morrer e suceder*, cit., p. 22.

16 "A forma nas disposições existenciais *mortis causa* é, desta feita, apenas *ad probationem* e não *ad solemnitatem*. O testamento não está excluído, mas não é necessário e nem sempre é a forma mais aconselhável para atender a finalidade pretendida pelo disponente". MEIRELES, Rose Melo Vencelau. *Autonomia privada e dignidade humana*, cit., p. 146.

17 Dispõe o caput do art. 4º da Lei nº 9.434/97, com as alterações promovidas pela Lei nº 10.211/01: "A retirada de tecidos, órgãos e partes do corpo de pessoas falecidas para transplantes ou outra finalidade terapêutica, dependerá da autorização do cônjuge ou parente, maior de idade, obedecida a linha sucessória, reta ou colateral, até o segundo grau inclusive, firmada em documento subscrito por duas testemunhas presentes à verificação da morte". Ressalta-se que, pela redação anterior do referido dispositivo, se presumia a doação diante da ausência de manifestação de vontade em sentido contrário, não havendo previsão expressa da necessidade de autorização dos familiares: "Art. 4º Salvo manifestação de vontade em contrário, nos termos desta Lei, presume-se autorizada a doação de tecidos, órgãos ou partes do corpo humano, para finalidade de transplantes ou terapêutica *post mortem*".

dependerá da autorização do cônjuge ou parente até o 2º grau, destaca que, com essa redação, a lei "desconsidera que o falecido possa ter autorizado ou desautorizado a retirada de tecidos, órgãos ou partes do corpo", vontade esta que não poderia ser desrespeitada. Desse modo, a autorização do parente deve ser supletiva da vontade daquele que faleceu, sob pena de se violar a garantia à autonomia existencial.[18]

Ana Carolina Brochado e Carlos Nelson Konder, também no que se refere à disposição de órgãos para depois da morte, observam a existência, nesse campo, de um conflito entre a liberdade do doador e o interesse da família, destacando que não se pode indiscriminadamente sacrificar o desejo individual do falecido juridicamente tutelável em nome do desejo dos familiares ainda vivos. Isso porque a família deve ser sempre suporte, e nunca obstáculo, ao desenvolvimento da personalidade de seus membros. Ressaltam os mesmos autores que "legitimação conferida pela lei aos familiares não pode ser entendida como uma prerrogativa para substituir a expressa vontade do *de cujus* pela sua".[19]

A mesma lógica pode ser aplicada à disposição de conteúdos contidos na rede após a morte do usuário. Havendo disposição de vontade do falecido, esta deve ser inicialmente observada, servindo, inclusive, de base para a interpretação de outras situações em que se possa considerar a vontade do *de cujus*.

Há, também, a possibilidade de que o testamento contenha disposições quanto ao uso de imagem, nome e voz, por meio de especificações temporais (qual será o limite da exploração no tempo), espaciais (em quais meios poderá ser feita a veiculação) e ainda relativas à integridade, ou seja, se a imagem ou voz poderá ou não ser manipulada, recriada ou tratada.[20]

---

18 MEIRELES, Rose Melo Vencelau. *Autonomia privada e dignidade humana*, cit., p. 142.

19 TEIXEIRA, Ana Carolina Brochado; KONDER, Carlos Nelson. *Autonomia e solidariedade na disposição de órgãos para depois da morte*, cit.

20 "Um dos desafios que as novas tecnologias trazem ao direito é a possibilidade de que a imagem de uma pessoa falecida seja "revivida" em razão da aplicação de técnicas de manipulação de imagem, sobretudo de ordem digital, juntamente com o uso do nome ou pseudônimo, e muitas vezes, conjugada com a voz. São conhecidos, por exemplo, os casos de apresentações artísticas, shows, programas televisivos ou transmissões na internet, que utilizam imagens holográficas de pessoas falecidas, o que pode ser repetido em qualquer forma de reprodução de imagens, sob aspecto estático ou dinâmico, em que a pessoa que não existe mais fisicamente, se "apresenta" digitalmente. Com isso, as pessoas não precisam mais estar vivas para atuar em novos filmes, anúncios publicitários, ou apresentarem-se artisticamente". SOARES, Flaviana Rampazzo; BASTOS, Ísis Boll de Araujo. Avanços tecnológicos e proteção post mortem dos direitos de personalidade por meio do testamento. *Revista Fórum de Direito Civil*: RFDC, ano 1, nº 1, set./dez. 2012. Belo Horizonte: Fórum, 2012. p. 194-199.

Um exemplo amplamente noticiado foi a disposição deixada pelo ator Robin Williams prevendo restrições ao uso de sua imagem por até 25 após sua morte.[21] No documento, consta a seguinte cláusula:

> "4.3.1.1 Specific Gifts of Tangible Personal Property and Real Property. The Trustee shall distribute the following tangible personal property and real property:
> (a) All ownership interest in the right to Settlor's name, voice, signature, photograph, likeness and right of privacy/publicity (sometimes referred to as "right of publicity") to the Windfall Foundation, a California Nonprofit Corporation ("THE WINDFALL FOUNDATION"), subject to the restriction that such right of publicity shall not be exploited for a twenty-five (25) year period commencing on the date of Settlor's death. (...)".[22]

A observância dessas disposições traduz efetivo respeito aos desejos da pessoa em relação ao uso que se fará de aspectos relevantes de sua personalidade após a sua morte. Ainda que os efeitos só se produzam após o falecimento, o destino e a utilização futura desses elementos, bem como sua exploração econômica, são preocupações que se manifestam ao longo da vida do indivíduo, sendo um mecanismo para que ele possa exercer sua autonomia existencial.

Trata-se, também, de importante instrumento para a proteção dos direitos da personalidade diante de novas situações decorrentes do desenvolvimento tecnológico, como ocorre no caso das "deepfakes", por meio das quais é possível substituir os rostos das pessoas em vídeos, viabilizando a reprodução da imagem de determinada pessoa falecida. Tal prática vem sendo, inclusive, denominada de "ressurreição digital",[23] trazendo novos desafios para a efetivação dessa tutela jurídica.

Nada impede, ainda, a escolha de uma pessoa para explorar economicamente determinados aspectos da personalidade da outra após a morte.[24]

Diante da ausência de disposição expressa, deve-se buscar a vontade presumível do falecido, investigando-se qual seria o seu comportamento diante da mesma situação, tal como ocorre no disposto no art. 35

21 OGLOBO. *Testamento de Robin Williams restringiu uso de imagem por 25 anos após sua morte.* Disponível em: <https://oglobo.globo.com/cultura/filmes/testamento-de-robin-williams-restringiu-uso-de-imagem-por-25-anos-apos-sua-morte-15741786#ixzz50rjRVHcC>. Acesso em: 10 nov. 2017.

22 Documento disponível em: <https://www.hollywoodreporter.com/thr-esq/robin-williams-restricted-exploitation-his-785292>. Acesso em: 04 mar. 2018.

23 EL PAÍS. *Atores se protegem contra sua ressurreição digital.* Disponível em: <https://brasil.elpais.com/brasil/2017/01/20/cultura/1484908608_174550.html>. Acesso em: 02 set. 2018.

24 NEVARES, Ana Luiza Maia. *A função promocional do testamento*, cit., p. 300.

da Lei nº 9.610/98 (Lei de Direitos Autorais), que determina que "quando o autor, em virtude de revisão, tiver dado à obra versão definitiva, não poderão seus sucessores reproduzir versões anteriores".[25]

Deve-se ressaltar, contudo, que a manifestação de vontade deve estar em consonância com os demais valores do ordenamento jurídico, não sendo um direito absoluto, mas que deve ser compatibilizado com outros direitos e interesses juridicamente tutelados.

Não deve prevalecer, portanto, a autorização do falecido para que os seus familiares ou outra pessoa tenha acesso irrestrito após a sua morte às suas mensagens privadas que envolvem terceiros, na medida em que tal vontade acarretaria a violação à privacidade destes, que seria devassada pelo acesso de pessoas que não estavam envolvidas nas conversas. Também não se poderia validar, diante do ordenamento jurídico atual, que o testador dispusesse de modo a violar a legítima dos herdeiros necessários.

Ana Luiza Maia Nevares observa que os interesses do *de cujus* também poderiam ceder diante de interesses sociais relevantes, como no caso do "interesse relativo ao acesso à obra e à veracidade de fatos passados que tiveram alguma repercussão social". Para a autora, nesses casos, a disposição testamentária que vede a publicação de determinada obra ou a veiculação de informações de uma pessoa deveria ser compatibilizada com os outros interesses envolvidos.[26]

Há, ademais, a possibilidade de coexistência da manifestação de vontade inserta em testamento com aquela prevista nas ferramentas do próprio provedor, como no caso da designação de um contato herdeiro, no *Facebook*. Diante dessa situação, deve-se buscar o máximo de aproveitamento das orientações deixadas pelo usuário, quando essas não conflitarem. Contudo, havendo divergência, deve-se considerar que as modalidades testamentárias previstas pelo Código Civil possuem, a princípio, maior garantia quanto à veracidade da declaração feita pelo *de cujus*, diante das exigências legais para a elaboração desses documentos, não se olvidando que as previsões inseridas na plataforma do provedor podem, diante do caso concreto, melhor representar a vontade do testador e, nessa situação, devem prevalecer.

Fora do âmbito de ação do usuário, um caminho seria tratar juridicamente os conteúdos digitais como propriedade e transferi-los aos herdeiros após a morte do usuário. No entanto, além do fato de alguns serviços prestados pelos provedores constituírem licenças não transfe-

25 NEVARES, Ana Luiza Maia. *A função promocional do testamento*, cit., p. 254.

26 NEVARES, Ana Luiza Maia. *A função promocional do testamento*, cit., p. 267.

ríveis com a morte, tal transferência acarretaria violações a direitos da personalidade em relação ao falecido, e também aos terceiros que com ele se comunicaram.

Nota-se que a regulamentação dos chamados "ativos digitais" nos Estados Unidos ocorreu, inicialmente, nos estados de Rhode Island, Connecticut, Indiana, Oklahoma e Idaho, que buscaram elaborar normas a respeito do acesso às contas de e-mail e de redes sociais após a morte do usuário.[27]

Em 2005, Connecticut foi o primeiro estado norte-americano a trazer uma previsão legislativa a respeito da questão, seguido, em 2007, por Rhode Island. Essas primeiras elaborações legislativas tinham como objeto sobretudo as contas de e-mail, prevendo que o provedor deveria fornecer cópias dos e-mails ao administrador das contas do falecido. Na sequência, o estado de Indiana trouxe previsões mais amplas, incluindo todos os dados armazenados eletronicamente nas contas de e-mail do falecido e exigindo que o provedor de serviços retivesse o conteúdo da conta de e-mail do usuário falecido.[28]

Em 2010 e em 2011, os estados de Oklahoma e Idaho, respectivamente, aprovaram leis que incluíam previsões a respeito das redes sociais, considerando as contas como propriedade do usuário. As leis desses estados previam que o administrador das contas da pessoa falecida poderia, quando autorizado, assumir o controle, conduzir, continuar ou encerrar qualquer conta do *de cujus*.[29] Desse modo, cada estado trazia suas previsões a respeito do tema, caminhando-se para uma concepção vinculada ao direito de propriedade sobre as contas, que se transferia após a morte do usuário.

O estado de Delaware também aprovou, em 2014, legislação referente ao tema – o *House of Bill 345*, que autoriza que inventariantes acessem e controlem os ativos e contas digitais de um usuário incapacitado ou falecido, a partir de autorização por escrito.[30]

27 STUTTS, Emily. *Will Your Digital Music and E-book Libraries "Die Hard" With You?*, cit., p. 380.

28 FERRANTE, Rachael E. The relationship between digital assets and their transference at death: "It's complicated". *Loyola Journal of Public Interest Law*, vol. 15, 2013. p. 51-52.

29 FERRANTE, Rachael E. *The relationship between digital assets and their transference at death*, cit., p. 53.

30 DELAWARE GENERAL ASSEMBLY. House of Bill 345. Disponível em: <https://legis.delaware.gov/json/BillDetail/GetHtmlDocument?fileAttachmentId=46758>. Acesso em: 22 dez. 2017.

Entre 2012 e 2014, a Comissão de Uniformização de Leis - *Uniform Law Comission* (ULC) discutiu a edição de um documento uniforme para o tratamento jurídico dos ativos digitais, o que resultou na elaboração do *Uniform Fiduciary Access To Digital Assets Act (UFADAA)*, de 2015, que define os *ativos digitais* como os "registros eletrônicos sobre os quais o indivíduo possui direito ou interesse".[31] Trata-se de orientação que pode ou não ser incorporada pelos estados, não constituindo uma legislação federal a respeito do tema. Contudo, apresenta diretrizes importantes, que merecem análise.

De acordo com o documento, o *"fiduciary"*,[32] ou seja, a pessoa com a autoridade legal para gerenciar a propriedade de outra pessoa, pode ser um representante pessoal (*personal representative*),[33] um curador (*conservator*),[34] um procurador (*agente of principal*)[35] ou um administrador (*trustee*).[36] Nota-se que o Brasil não teria uma figura similar ao *fiduciary*.[37]

A solução norte-americana calca suas bases em um tratamento eminentemente patrimonial dos denominados "ativos digitais" (*digital assets*). Baseia-se em uma lógica de administração de tais conteúdos por determinada pessoa, concebendo o ativo digital como espécie de propriedade digital, deixando ao largo questões existenciais também relevantes.

Esse modelo apresenta algumas vantagens, como o fato de se ter uma pessoa designada para administrar o conteúdo, com responsabilidades e possibilidades de atuação pré-definidas, conferindo maior segurança e previsibilidade. Contudo, ainda assim, não soluciona os conflitos em relação à proteção da privacidade e às previsões contidas nos termos de uso dos pro-

---

31 ESTADOS UNIDOS. National Conference of Commissioners on Uniform State Laws. Revised Uniform Fiduciary Access to Digital Assets Act. Disponível em: <http://www.uniformlaws.org/shared/docs/Fiduciary%20Access%20to%20Digital%20Assets/2015_RUFADAA_Final%20Act_2016mar8.pdf>. Acesso em: 26 nov. 2017.

32 "SECTION 2. DEFINITIONS. In this [act]: (...) (14) "Fiduciary" means an original, additional, or successor personal representative, [conservator], agent, or trustee".

33 "SECTION 2. DEFINITIONS. In this [act]: (...) (18) "Personal representative" means an executor, administrator, special administrator, or person that performs substantially the same function under law of this state other than this [act]".

34 "SECTION 2. DEFINITIONS. In this [act]: (...) (5) "[Conservator]" means a person appointed by a court to manage the estate of a living individual. The term includes a limited [conservator]".

35 "SECTION 2. DEFINITIONS. In this [act]: (...) (2) "Agent" means an attorney-in-fact granted authority under a durable or nondurable power of attorney".

36 "SECTION 2. DEFINITIONS. In this [act]: (...) (25) "Trustee" means a fiduciary with legal title to property under an agreement or declaration that creates a beneficial interest in another. The term includes a successor trustee".

37 LACERDA, Bruno Torquato Zampier. *Bens digitais*, cit., p. 204.

vedores, não trazendo, também, qualquer diferenciação entre os conteúdos, que são todos incluídos no mesmo conjunto – o dos *ativos digitais*.

Na Europa, o que se pode observar em termos de regulamentação, é uma preocupação com a proteção dos dados pessoais. A Diretiva 95/46/CE, que constituía o Regulamento Geral sobre a Proteção de Dados, foi revogada, passando a vigorar o Regulamento 2016/679 do Parlamento Europeu e do Conselho, de 27 de abril de 2016, relativo ao tratamento e à circulação de dados pessoais.

Em seu item nº 27, o Regulamento 2016/679 prevê que ele "não se aplica aos dados pessoais de pessoas falecidas" e que os "Estados-Membros poderão estabelecer regras para o tratamento dos dados pessoais de pessoas falecidas".[38] Ou seja, a proteção dos dados pessoais, objeto do Regulamento Europeu não é aplicável após a morte do sujeito, cabendo aos Estados-membro, de forma individual, preverem em suas legislações algum tipo de proteção *post mortem* aos dados dos usuários. Desse modo, o Regulamento 2016/679 prevê a proteção dos dados pessoais como direito fundamental,[39] mas exclui expressamente de seu âmbito de aplicação os dados pessoais de pessoas falecidas.

Em duas outras oportunidades essa exclusão é ressaltada: nos itens 158 e 160,[40] que versam sobre dados pessoais tratados para fins

---

38 UNIÃO EUROPEIA. Regulamento (UE) 2016/679 do Parlamento Europeu e do Conselho, de 27 de abril de 2016. Disponível em: <http://eur-lex.europa.eu/legal-content/PT/TXT/?uri=celex%3A32016R0679>. Acesso em: 26 dez. 2017.

39 "(1) A proteção das pessoas singulares relativamente ao tratamento de dados pessoais é um direito fundamental. O artigo 8.º, n.º 1, da Carta dos Direitos Fundamentais da União Europeia («Carta») e o artigo 16.º, n.º 1, do Tratado sobre o Funcionamento da União Europeia (TFUE) estabelecem que todas as pessoas têm direito à proteção dos dados de caráter pessoal que lhes digam respeito".

40 "(158) Quando os dados pessoais sejam tratados para fins de arquivo, o presente regulamento deverá ser também aplicável, tendo em mente que não deverá ser aplicável a pessoas falecidas. As autoridades públicas ou os organismos públicos ou privados que detenham registos de interesse público deverão ser serviços que, nos termos do direito da União ou dos Estados-Membros, tenham a obrigação legal de adquirir, conservar, avaliar, organizar, descrever, comunicar, promover, divulgar e facultar o acesso a registos de valor duradouro no interesse público geral. Os Estados-Membros deverão também ser autorizados a determinar o posterior tratamento dos dados pessoais para efeitos de arquivo, por exemplo tendo em vista a prestação de informações específicas relacionadas com o comportamento político no âmbito de antigos regimes totalitários, genocídios, crimes contra a humanidade, em especial o Holocausto, ou crimes de guerra".
"(160) Quando os dados pessoais sejam tratados para fins de investigação histórica, o presente regulamento deverá ser também aplicável. Deverá também incluir-se nesse âmbito a investigação histórica e a investigação para fins genealógicos, tendo em mente que o presente regulamento não deverá ser aplicável a pessoas falecidas".

arquivísticos e de investigação histórica. Em ambos os casos, embora o Regulamento 2016/679 preveja sua aplicabilidade, esta não se opera para os dados de pessoas falecidas.

A questão do tratamento *post mortem* de dados pessoais para fins arquivísticos e históricos reflete um importante questionamento a respeito da análise da manutenção ou exclusão dos dados pessoais das pessoas falecidas: haveria interesse tutelável na manutenção *post mortem* de dados inseridos na rede pelo próprio usuário em vida? Não se pode ignorar que a Internet constitui um banco de dados que pode ser bastante útil. Teria o provedor de aplicações a possibilidade de encerrar as suas atividades, deletando sem qualquer comunicação os dados inseridos pelo usuário em sua plataforma?

Observa-se, nesse sentido, que a exclusão indevida de dados também pode constituir uma forma de violação aos direitos do usuário. O encerramento das atividades do provedor de aplicações *Orkut*, por exemplo, foi permeado por avisos prévios aos usuários que ainda mantinham suas contas ativas naquela rede social, para que estes pudessem resgatar suas fotos e demais arquivos e textos.[41] Alguns provedores, a exemplo da *Samsung*, enviam comunicados aos usuários quando estes permanecem inativos por mais de 12 meses, alertando para a exclusão dos dados após este período e viabilizando que o titular impeça tal exclusão, caso utilize os serviços antes da data indicada.

Muitos usuários utilizam a rede social como uma forma de armazenar e organizar suas fotos, vídeos e textos, e há uma expectativa de continuidade do serviço prestado pelo provedor. A exclusão de todos os arquivos do usuário de forma unilateral pelo provedor pode acarretar prejuízos aos usuários, que devem ser considerados. Ademais, a transparência em relação à coleta, ao tratamento e à exclusão dos dados pessoais viabiliza que o usuário possa se manifestar de forma efetiva sobre a destinação desses dados após a sua morte, de modo que o provedor possui o dever de publicizar tais informações.

Discute-se, sob este aspecto, se haveria um direito póstumo à portabilidade de dados pessoais, considerando que estes compõem significativo aspecto da identidade da pessoa humana, desempenhando papel essencial para a preservação da memória da pessoa falecida.[42] Cristiano

41 G1. *Rede social Orkut será encerrada em 30 de setembro*. Disponível em: <http://g1.globo.com/tecnologia/noticia/2014/06/rede-social-orkut-sera-encerrada-em-30-de-setembro.html>. Acesso em: 20 fev. 2018.

42 "Sob esse viés, o direito à portabilidade, no caso, tendo como objeto dados pessoais, voltam-se para as questões existenciais, acabando por garantir que os fatos da vida da pessoa natural, armazenados sob forma de textos, imagens e sons, por um

Colombo e Guilherme Goulart entendem que os "dados pessoais patrimoniais que se configuram em herança digital (direitos autorais patrimoniais, por exemplo, sobre textos, imagens, de forma geral, trabalhos artísticos, que tenham conteúdo econômico), obedecem à vocação hereditária", enquanto, no caso dos dados pessoais sem fundo patrimonial, a portabilidade dos dados póstumos sofre limites. Neste último caso, os autores apresentam o seguinte quadro:

> "No silêncio quanto à destinação dos dados, inclusive sendo, ou não, portáteis, devem ser aplicados os princípios de proteção de dados. Nesse sentido, o parente deve justificar o pedido dos dados, apontando a finalidade, como por exemplo, guardar a memória de seu ente querido, quando em viagem que conjuntamente o morto e o peticionário realizaram, com o apontamento específico do que está a buscar. Nessa linha, os dados pessoais serão alcançados de acordo com a necessidade, ou seja, não se entregará todo o conteúdo armazenado, mas, por exemplo, aqueles em que está a estrutura facial do parente peticionário. Outro exemplo, seria o caso de um parente buscar a portabilidade póstuma de dados pessoais sensíveis do falecido. Aqui, mais uma vez, deverá ser analisada a finalidade, que não pode ser a curiosidade pura e simples, mas quem sabe venha o pedido fundado em quadro clínico que ajudará o parente em doença genética desenvolvida na família. Registre-se, outrossim, que a privacidade do falecido deve ser preservada, observando também o comportamento do falecido em vida, quando tratava de determinado assunto, que pode ser público, privado ou íntimo."[43]

---

provedor originário/emissor, possam ser transferidos a um novo provedor como meio de preservar os próprios traços binários da personalidade da pessoa natural. O sujeito possui, portanto, um direito sobre a informação pessoal. Ora, se uma rede social está por acabar e, antes de finalizar a sua operação, não permitir a portabilidade dos dados de seus membros, estará apagando, em parte, a identidade de seus comunitários, pois anulará seus sentimentos, seus gostos, suas marcações cronológicas e georreferenciais naquele ambiente digital. A portabilidade, nesse contexto, significa promover um transplante dos dados pessoais, primando pela sua compatibilidade, no sentido de preservar a identidade digital dos titulares de dados, salvando-a e resgatando-a de uma plataforma em extinção para outra. A portabilidade também é um elemento de confiança nos serviços digitais, sobretudo em nuvem: os sujeitos, com essa possibilidade, podem confiar que poderão realizar a transferência de dados de um para outro serviço. Dessa forma, a vocação da Lei Geral de Proteção de Dados, e, especialmente, o direito à portabilidade é mormente existencial, sendo que direitos reais, de propriedade, bem como autorais, em regra, voltam-se a dados não pessoais ou que tenham também desdobramento econômico". COLOMBO, Cristiano; GOULART, Guilherme Damasio. *Direito póstumo à portabilidade de dados pessoais no ciberespaço à luz do direito brasileiro*, cit., p. 59-60.

43 COLOMBO, Cristiano; GOULART, Guilherme Damasio. *Direito póstumo à portabilidade de dados pessoais no ciberespaço à luz do direito brasileiro*, cit., p. 64.

Edina Harbinja, professora da Universidade de Hertfordshire no Reino Unido, aponta que a concepção jurídica da privacidade como direito humano, constante no art. 8º da Convenção Europeia sobre os Direitos Humanos concede proteção apenas em vida, e que, em alguns casos, o Tribunal já se recusou a reconhecer este direito ao falecido. Além disso, destaca que a Diretiva 95/46/CE não mencionava os dados da pessoa falecida em nenhum momento.[44]

A mesma autora observa que a maior parte dos Estados-membro não possui previsões relativas ao tratamento *post mortem* dos dados. Contudo, já podem ser observadas algumas iniciativas nesse sentido. A Lei de Proteção de Dados Pessoais da Bulgária, em seu art. 28, reconhece que, em caso de morte da pessoa, os direitos serão exercidos pelos seus herdeiros.[45] Na Estônia, o § 13 da Lei de Proteção de Dados Pessoais prevê que, após a morte, o processamento de dados pessoais relativos

---

44 HARBINJA, Edina. Does the EU data protection regime protect post-mortem privacy and what could be the potentialalternatives?. *SCRIPTed*, Volume 10, Issue 1, April 2013. p. 25.

45 "Art. 28 (amend., SG - 103/05) - (1) When exercising his or her right of access, an individual shall be entitled to request, at any time, from the personal data controller: 1. a confirmation as to whether or not data relating to him/her are being processed, information as to the purposes of such processing, the categories of data concerned, and the recipients or categories of recipients to whom the data are disclosed; 2. a notification to him/her, in an intelligible form, containing his or her personal data which are being processed, and any available information about their source; 3. information concerning the logic involved in any automatic data processing concerning him/her, at least in case of automated decisions referred to in Art. 34b. (2) (Amend.- SG 94/2010) The personal data controller submits the information referred to in para. (1) free of charge. (3) In case the individual dies, his or her rights referred to in para. (1) and para. (2) shall be exercised by his or her heirs". Em tradução livre: Art. 28 (alteração, SG - 103/05) - (1) Ao exercer o seu direito de acesso, um particular tem o direito de solicitar, a qualquer momento, ao responsável pelo tratamento de dados pessoais: 1. uma confirmação sobre se estão a ser processados dados relativos a ele, informações sobre os fins desse processamento, as categorias de dados em causa e os destinatários ou categorias de destinatários a quem os dados são divulgados; 2. Uma notificação a ele / ela, de forma inteligível, contendo os dados pessoais que estão sendo processados e qualquer informação disponível sobre sua fonte; 3. Informações relativas à lógica envolvida em qualquer processamento automático de dados que lhe diga respeito, pelo menos em caso de decisões automatizadas a que se refere o art. 34b. (2) (Alterar. - SG 94/2010) O responsável pelo tratamento de dados pessoais apresenta as informações a que se refere o no. (1) de forma gratuita. (3) Caso o indivíduo morra, os seus direitos referidos no parágrafo. (1) e o parágrafo. (2) devem ser exercidos pelos seus herdeiros. BULGARIA. Bulgarian Personal Data Protection Act. Disponível em: <http://legislationline.org/download/action/download/id/1505/file/80898174714fa634002ceb8a803c.pdf>. Acesso em: 26 dez. 2017.

à pessoa é permitido apenas com o consentimento por escrito de seu sucessor, cônjuge, descendente ou ascendente, irmão ou irmã, exceto se o consentimento não for exigido para o processamento dos dados pessoais ou se já tiverem se passado trinta anos da morte.[46]

Em Portugal, embora não haja previsão expressa a respeito da morte do titular, o art. 7º da Lei de Proteção de Dados prevê que a proteção de dados sensíveis se opera também quando o titular dos dados estiver física ou legalmente incapaz de dar o seu consentimento.[47]

Nota-se, portanto, não obstante as tímidas previsões, que o ordenamento europeu também se mostra lacunoso e carente de uniformidade em relação ao destino do conteúdo e o tratamento dos dados pessoais do usuário após a sua morte.

Na visão de Edina Harbinja, o mecanismo de se considerar os dados pessoais como propriedade transmissível[48] poderia ser apontada

46 "§ 13. Processing of personal data after death of data subject (1) After the death of a data subject, processing of personal data relating to the data subject is permitted only with the written consent of the successor, spouse, descendant or ascendant, brother or sister of the data subject, except if consent is not required for processing of the personal data or if thirty years have passed from the death of the data subject. If there are more than one successor or other persons specified in this subsection, processing of the data subject›s personal data is permitted with the consent of any of them but each of the successors has the right to withdraw the consent. (2) The consent specified in subsection (1) of this section is not required if the personal data to be processed only contains the data subject›s name, sex, date of birth and death and the fact of death". Em tradução livre: § 13. Processamento de dados pessoais após a morte da pessoa (1) Após a morte de uma pessoa, o processamento de seus dados pessoais é permitido somente com o consentimento por escrito do sucessor, cônjuge, descendente ou ascendente, irmão ou irmã da pessoa em causa, exceto se o consentimento não for exigido para o processamento dos dados pessoais ou se tiverem decorrido 30 anos da morte. Se houver mais de um sucessor ou outras pessoas especificadas nesta subseção, o processamento dos dados pessoais do sujeito de dados é permitido com o consentimento de qualquer um deles, mas cada um dos sucessores tem o direito de retirar o consentimento. (2) O consentimento especificado na subseção (1) desta seção não é exigido se os dados pessoais a serem processados apenas contiverem o nome do sujeito da pessoa física, sexo, data de nascimento e morte e o fato da morte. ESTÔNIA. Personal Data Protection Act. Disponível em: <https://www.riigiteataja.ee/en/eli/ee/529012015008/consolide/current>. Acesso em: 26 dez. 2017.

47 PORTUGAL. Lei nº 67/98. Lei da protecção de dados pessoais. Disponível em: <https://www.cnpd.pt/bin/legis/nacional/lei_6798.htm>.

48 "The property rights model is based on a presumption that personal data in practice already are, or should be considered, as an asset or commodity". Em tradução livre: O modelo referente à ideia de propriedade baseia-se na presunção de que os dados pessoais na prática já são, ou devem ser considerados, como um bem ou mercadoria. HARBINJA, Edina. *Does the EU data protection regime protect post-mortem privacy and what could be the potentialalternatives?*, cit., p. 29.

como uma alternativa de conferir maior proteção desses dados após a morte do titular. Contudo, tal solução apresentaria inúmeros problemas no contexto europeu, já que poderia resultar em menos controle, pois permitiria o comércio de dados pessoais, e seria contrário à lógica dos direitos humanos e à prática jurídica na União Europeia, que afasta a mercantilização.[49] Uma abordagem que partisse da ampliação da concepção relativa aos direitos humanos mostrar-se-ia mais compatível, pois buscaria equilibrar o direito à privacidade e outros direitos humanos, como a liberdade de expressão, e conferir o controle de dados pessoais principalmente aos indivíduos.

Como se pôde observar, o ordenamento jurídico brasileiro encontra obstáculos similares, razão pela qual a solução norte-americana apresenta entraves no que se refere à sua compatibilização com os valores jurídicos que consistem nos parâmetros interpretativos aplicáveis no direito pátrio.

Feitas essas considerações e diante da insuficiência do direito sucessório e da análise patrimonial para o tratamento do tema e da posição preferencial que adquirem as situações jurídicas existenciais como mecanismos de tutela e promoção da dignidade da pessoa humana, bem como da necessidade de se compatibilizar os avanços tecnológicos com a integridade do ordenamento jurídico, serão apresentadas na sequência algumas propostas para o tratamento jurídico do conteúdo constante na rede após a morte do usuário.

3.2. Propostas para o tratamento jurídico do conteúdo disposto na rede após a morte do usuário no Brasil

Um dos problemas iniciais a serem enfrentados quanto à transferência das contas e perfis de um usuário para os herdeiros refere-se ao próprio enquadramento jurídico dessas informações. Tem-se, nesses casos, plataformas nas quais os provedores fornecem um serviço aos usuários, vigorando o entendimento de que tal prestação de serviço en-

49 "European judiciary and academics mainly refuse to perceive personal data as a commodity, arguing that human rights maintain and reflect personal integrity and liberty, and, therefore, there is no room for a property approach". Em tradução livre: A doutrina e a jurisprudência europeias refutam a concepção dos dados pessoais como mercadoria, na medida em que os direitos humanos mantêm e refletem a integridade e a liberdade pessoais e, portanto, não há espaço para uma abordagem baseada na propriedade. HARBINJA, Edina. *Does the EU data protection regime protect post-mortem privacy and what could be the potentialalternatives?*, cit., p. 31.

contra-se submetida ao regramento do Código de Defesa do Consumidor, na medida em que há onerosidade indireta.[50]

Os usuários, então, utilizando-se do serviço prestado pelo provedor, inserem naquela plataforma dados e arquivos diversos, que incluem músicas, fotos, vídeos, e informações diversificadas. Nota-se, entretanto, que o usuário, nesse caso, não detém a titularidade da plataforma em si, mas sim dos dados pessoais que ali insere.

O ordenamento jurídico brasileiro não traz uma definição legal de propriedade, estabelecendo o art. 1.228 do Código Civil de 2002 que o proprietário tem a faculdade de usar, gozar e dispor da coisa e o direito de reavê-la. Contudo, o enquadramento dos conteúdos digitais nos institutos tradicionais do direito de propriedade esbarra no contexto em que tais conceitos foram elaborados, ou seja, tendo-se como referência os bens materiais, tangíveis, razão pela qual essa categorização pode ser problemática.

Não obstante se venha caminhando cada vez mais para o reconhecimento da posse sobre bens intangíveis,[51] diante da importância que os bens imateriais vêm adquirindo, sobretudo no que se refere à propriedade intelectual, não se está aqui tratando de conteúdos necessariamente abarcados pelo direito autoral.

---

50 O Superior Tribunal de Justiça possui precedentes reconhecendo a incidência do Código de Defesa do Consumidor nas relações entre os usuários e os provedores de aplicações, considerando-se que "o fato de o serviço prestado pelo provedor de serviço de internet ser gratuito não desvirtua a relação de consumo, pois o termo "mediante remuneração" contido no art. 3º, § 2º, do CDC deve ser interpretado de forma ampla, de modo a incluir o ganho indireto do fornecedor". STJ, 3ª Turma, REsp 1193764 / SP, Rel. Min. Nancy Andrighi, j. 14.12.2010, DJe 08.08.2011.

51 Esclarece Judith Martins-Costa que, em Roma, só se concebia usucapião de coisa corpórea, havendo um paralelismo entre posse e propriedade, sendo esta considerada o "direito a uma coisa corporal". Assim, como as coisas incorpóreas não eram suscetíveis de propriedade, também não o seriam de posse. Com o aparecimento da moeda, introduziu-se a ideia de uma coisa corpórea que representa um valor, havendo, portanto, um passo para a abstração. MARTINS-COSTA, Judith. Usucapião de coisa incorpórea: breves notas sobre um velho tema sempre novo. In: TEPEDINO, Gustavo; FACHIN, Luiz Edson (coord.). O direito e o tempo: embates jurídicos e utopias contemporâneas – Estudos em homenagem ao Professor Ricardo Pereira Lira. Rio de Janeiro: Renovar, 2008, p. 633/635.
A respeito da superação dos paradigmas físicos, ver, ainda: "Os bens incorpóreos são criação recente do direito ocidental, consequência do desenvolvimento econômico da modernidade, e por vezes com mais valor do que os corpóreos, como pode ocorrer com as informações científicas e tecnológicas. São exemplos de bens incorpóreos os direitos da personalidade, da propriedade intelectual e da propriedade industrial, o direito à renovação do contrato de locação comercial, a clientela, o software, o know-how e, como divulgação de conhecimentos, de modo geral, a informação". AMARAL, Francisco. *Direito civil*, cit., p. 374.

Alguns autores vêm caracterizando os perfis de redes sociais como obra,[52] sob o argumento de que se constituiriam em criações do espírito, o que estaria incluído no art. 7º da Lei nº 9.610/98 (Lei de Direitos Autorais).[53] No entanto, tal enquadramento esbarra em alguns entraves que devem ser destacados.

Inicialmente, deve-se observar que a proteção dos direitos autorais se deu inicialmente como uma busca para se "definir padrões mínimos de proteção dos direitos a serem concedidos aos autores de obras literárias, artísticas e científicas",[54] vinculadas a interesses econômicos e políticos, sobretudo no que se refere aos lucros que poderiam advir da exploração da obra.[55]

Para Carlos Alberto Bittar, o direito de autor diz respeito "à criação e à utilização de obras intelectuais estéticas, destinando-se a proteger o autor da obra e, por extensão, as categorias criadoras numeradas",[56] considerando-se como criação a "atividade intelectual que acrescente obra não existente ao acervo da humanidade. É o impulso psíquico que insere no mundo exterior forma original, geralmente pelo esforço intelectual e criativo".[57]

---

52 "Even if the online accounts are erroneously regarded as not being an individual's property, it still remains a fact that the content within them may constitute the user's intellectual property". Em tradução livre: Mesmo que as contas digitais sejam erroneamente consideradas como não sendo propriedade de um indivíduo, ainda é um fato que o conteúdo dentro delas pode constituir a propriedade intelectual do usuário. FERRANTE, Rachael E. *The relationship between digital assets and their transference at death*, cit., p. 43.

53 "Desta maneira, acredita-se que os perfis em redes sociais tratam-se de obras e, como tais, são tuteladas pelo Direito Autoral. Como se sabe, todo o conteúdo do perfil digital é fruto da criação do espírito humano, e tem um aspecto da personalidade deste. Entretanto, salienta-se que em um mesmo perfil é possível que se tenha mais de um autor, como no caso de comentários em fotos, publicações de mensagens na página de amigos dentre outras interações. Assim sendo, cada perfil pode ter uma série de autores. Analogicamente, é como se fosse uma biografia, só que em meio informático". ALMEIDA, Juliana Evangelista de; ALMEIDA, Daniel Evangelista Vasconcelos. *Direito à "morte digital"?* Disponível em: <http://www.publicadireito.com.br/artigos/?cod=e3f8cedce7f1fa45>. Acesso em: 15 nov. 2017.

54 PARANAGUÁ, Pedro; BRANCO, Sérgio. *Direitos autorais*. Rio de Janeiro: Editora FGV, 2009, p. 17.

55 PARANAGUÁ, Pedro; BRANCO, Sérgio. *Direitos autorais*, cit., p. 16.

56 BITTAR, Carlos Alberto. *Direito de autor*. 6ª ed. Atualizado por Eduardo C. B. Bittar. Rio de Janeiro: Forense, 2015. p. 6.

57 BITTAR, Carlos Alberto. *Direito de autor*, cit., p. 55.

O art. 7º da Lei nº 9.610/98 apresenta um rol exemplificativo de obras protegidas pela normativa do direito autoral.[58] No entanto, para que atraia a proteção relativa à propriedade intelectual, o conteúdo deve satisfazer determinados requisitos. Ou seja, um conteúdo disposto na rede pode receber tal proteção, mas essa não é a regra, só sendo aplicável a legislação específica se satisfeitos os pressupostos necessários.

Bittar apresenta como exigências centrais para a aplicação das normas relativas à proteção de obras intelectuais as seguintes: "a) função estética da obra; e b) a sua originalidade, apartando-se, assim, de sua regência, as obras puramente técnicas e as despidas de características individualizadoras próprias".[59]

Pedro Paranaguá e Sérgio Branco também apontam alguns requisitos para que determinado conteúdo atraia a proteção conferida pela Lei de Direitos Autorais:

> • pertencer ao domínio das letras, das artes ou das ciências, conforme prescreve o inciso I do art. 7º da LDA, que determina, exemplificativamente, serem obras intelectuais protegidas os textos de obras literárias, artísticas e científicas;

58 Art. 7º São obras intelectuais protegidas as criações do espírito, expressas por qualquer meio ou fixadas em qualquer suporte, tangível ou intangível, conhecido ou que se invente no futuro, tais como: I - os textos de obras literárias, artísticas ou científicas; II - as conferências, alocuções, sermões e outras obras da mesma natureza; III - as obras dramáticas e dramático-musicais; IV - as obras coreográficas e pantomímicas, cuja execução cênica se fixe por escrito ou por outra qualquer forma; V - as composições musicais, tenham ou não letra; VI - as obras audiovisuais, sonorizadas ou não, inclusive as cinematográficas; VII - as obras fotográficas e as produzidas por qualquer processo análogo ao da fotografia; VIII - as obras de desenho, pintura, gravura, escultura, litografia e arte cinética; IX - as ilustrações, cartas geográficas e outras obras da mesma natureza; X - os projetos, esboços e obras plásticas concernentes à geografia, engenharia, topografia, arquitetura, paisagismo, cenografia e ciência; XI - as adaptações, traduções e outras transformações de obras originais, apresentadas como criação intelectual nova; XII - os programas de computador; XIII - as coletâneas ou compilações, antologias, enciclopédias, dicionários, bases de dados e outras obras, que, por sua seleção, organização ou disposição de seu conteúdo, constituam uma criação intelectual. § 1º Os programas de computador são objeto de legislação específica, observadas as disposições desta Lei que lhes sejam aplicáveis. § 2º A proteção concedida no inciso XIII não abarca os dados ou materiais em si mesmos e se entende sem prejuízo de quaisquer direitos autorais que subsistam a respeito dos dados ou materiais contidos nas obras. § 3º No domínio das ciências, a proteção recairá sobre a forma literária ou artística, não abrangendo o seu conteúdo científico ou técnico, sem prejuízo dos direitos que protegem os demais campos da propriedade imaterial.

59 BITTAR, Carlos Alberto. *Direito de autor*, cit., p. 54.

> • originalidade: esse requisito não deve ser entendido como "novidade" absoluta, e sim como elemento capaz de diferençar a obra de determinado autor das demais. Cabe ressaltar que não se leva em consideração o respectivo valor ou mérito da obra;
> • exteriorização, por qualquer meio, obedecendo-se assim ao mandamento legal previsto no art. 7º, caput, da LDA;
> • achar-se a obra no período de proteção fixado pela lei, que é atualmente a vida do autor, mais 70 anos contados a partir de sua morte.[60]

Na visão de Bruno Zampier, a informação, considerada como coisa incorpórea, poderá conter os requisitos da criatividade e originalidade, quando será considerada bem jurídico regulado pelo direito de autor ou patentes.[61] Contudo, quando não contiver tais características, não atrairá tal tutela.

Alguns autores apontam que "a originalidade, quando voltada objetivamente à análise da obra, pode significar a não banalidade", pois faltaria ao conteúdo o elemento criativo.[62] Como, em grande parte dos casos, os conteúdos inseridos pelos usuários podem ser considerados como "banais", ou seja, cotidianos, não apresentando as características apontadas para a sua caracterização como obra protegida, não atrairão a proteção direcionada aos direitos autorais. Nota-se, ainda, que, mesmo no caso dos direitos autorais, nem todos os direitos morais do autor, como o de modificar a obra e de retirá-la e circulação, se transferem aos herdeiros, por força do § 1º do art. 24 da Lei 9.610/98.[63]

---

60 PARANAGUÁ, Pedro; BRANCO, Sérgio. *Direitos autorais*, cit., p. 24.

61 LACERDA, Bruno Torquato Zampier. *Bens digitais*, cit., p. 51.

62 SOUZA, Allan Rocha de. Direitos morais do autor. *Civilistica.com*. Rio de Janeiro, a. 2, nº 1, jan.-mar./2013. Disponível em: <http://civilistica.com/direitos-morais-autor/>. Acesso em: 10 nov. 2017.

63 Art. 24. São direitos morais do autor: I – o de reivindicar, a qualquer tempo, a autoria da obra; II – o de ter seu nome, pseudônimo ou sinal convencional indicado ou anunciado, como sendo o do autor, na utilização de sua obra; III – o de conservar a obra inédita; IV – o de assegurar a integridade da obra, opondo-se a quaisquer modificações ou à prática de atos que, de qualquer forma, possam prejudicá-la ou atingi-lo, como autor, em sua reputação ou honra; V – o de modificar a obra, antes ou depois de utilizada; VI – o de retirar de circulação a obra ou de suspender qualquer forma de utilização já autorizada, quando a circulação ou utilização implicarem afronta à sua reputação e imagem; VII – o de ter acesso a exemplar único e raro da obra, quando se encontre legitimamente em poder de outrem, para o fim de, por meio de processo fotográfico ou assemelhado, ou audiovisual, preservar sua memória, de forma que cause o menor inconveniente possível a seu detentor, que, em todo caso, será indenizado de qualquer dano ou prejuízo que lhe seja causado. § 1º Por morte do autor, transmitem-se a seus sucessores os direitos a que se referem os incisos I a IV. (...)

Na verdade, o que se tem precipuamente nas redes sociais é uma proteção vinculada à tutela de direitos da personalidade, como o direito à imagem, ao nome e à honra do usuário, além da proteção relativa aos direitos autorais, quando se estiver diante de conteúdos que recebam tão proteção.

No que se refere à repercussão econômica relativa aos direitos da personalidade, o que se transferiria, como já observado, seria a exploração econômica da imagem, da voz da pessoa, havendo a aquisição dessa repercussão patrimonial pelos herdeiros.

Segundo Sandi S. Varnado, a concepção tradicional de propriedade frequentemente não se mostra adequada ao enquadramento dos arquivos digitais. Os usuários detêm, na maior parte dos casos, apenas uma licença de uso, que geralmente expiram após sua morte, de modo que tais conteúdos não configuram propriedade suscetível transferência, com exceção daqueles que se enquadram como propriedade intelectual.[64]

No caso dos perfis e contas constantes na rede, o usuário não detém a propriedade sobre a plataforma na qual constam seus dados, adquirindo, na verdade, apenas a possibilidade de uso dessa página para inserção de informações e arquivos, consistindo o fornecimento desse meio no serviço prestado pelo provedor, que detém, de fato, a plataforma. Não há que se falar, portanto, em transferência *causa mortis* dessa página, mas sim de legitimidade dos familiares para pleitear a proteção dos dados pessoais ali inseridos pelo usuário, no contexto da concepção atualizada de privacidade.

Não há, desse modo, em tais situações, propriamente um conflito entre o direito de herança e a proteção da privacidade da pessoa falecida, na medida em que o tratamento de tais conteúdos como direito sucessório dos familiares esbarraria no seu enquadramento como direito de propriedade, não sendo objeto de transferência *post mortem*, não obstante a exploração econômica de tais conteúdos possa ser transferida.

Bruno Zampier ressalta a impossibilidade ordinária de se suceder os ativos digitais do usuário falecido diante da dificuldade de identificar as informações que o indivíduo disponibilizou na rede. Além disso, considerando-se como direito da pessoa o de se autoapresentar da forma como bem entende, inclusive em relação à própria família, não seria compatível com tal direito o acesso *post mortem* dos arquivos digitais.[65]

---

64 VARNADO, Sandi S. Your Digital Footprint Left Behind at Death: An Illustration of Technology Leaving the Law Behind. *Louisiana Law Review*, Vol. 74, 2013-2014. p. 745-746.

65 LACERDA, Bruno Torquato Zampier. *Bens digitais*, cit., p. 136.

Desse modo, a tutela jurídica a ser atraída deve ser diversa, direcionada, portanto, à tutela dos direitos da personalidade e dos dados pessoais da pessoa falecida. Os conteúdos constantes na rede possuem características particulares e diversas, não podendo receber tratamento idêntico aos bens tangíveis, sob pena de se desconsiderar aspectos relevantes para o usuário.

Da mesma forma, as aplicações da Internet podem conter funcionalidades e propósitos diversos, o que também deve ser considerado. Seria um equívoco tratar da mesma forma perfis de redes sociais, aplicativos de mensagens privadas, e-mails, conteúdo na nuvem (fotos, músicas, vídeos, arquivos em geral) e senhas vinculadas a aplicações financeiras, bem como arquivos com notória vinculação econômica, como é o caso dos *Bitcoins*.[66]

Nota-se que não há uma uniformidade nos termos de uso dos provedores a respeito do destino dos conteúdos após a morte do usuário, de modo que os provedores podem trazem previsões diversas do que será aqui proposto, não sendo afastadas inicialmente tais cláusulas. Deve-se buscar, em tais situações, a compatibilização dos termos de uso com outros interesses juridicamente protegidos, como se verá posteriormente.

Serão propostos na sequência alguns aspectos que podem pautar a análise da questão, ressalvando-se que tais proposições não podem ser analisadas de forma estanque ou isolada, e sim devem ser consideradas

66 O Bitcoin trata-se de uma moeda digital, uma criptomoeda, que viabiliza pagamento instantâneo para qualquer pessoa, em qualquer lugar do mundo. AGNER, Marco. *Bitcoin para Programadores*. Disponível em: <https://itsrio.org/pt/publicacoes/bitcoin-para-programadores/>. Acesso em: 29 dez. 2017.
"O bitcoin é uma sequência criptografada inteiramente digital, funcionando como uma cadeia de transações instrumentalizada mediante uma chave pública (que são os pseudônimos dos usuários), sem que haja qualquer lastro físico para garantir o seu pagamento. (...) Por meio de uma atividade denominada como "mineração", a confiabilidade vem por meio da conferência da criptografia por meio de computadores descentralizados, de maneira que, após essa validação, a "premiação" a quem tomou tal iniciativa é justamente o registro do bitcoin como de sua propriedade. Reforçando o ponto aventado no parágrafo anterior: o lastro do bitcoin não é um equivalente em dólar, euro, ou em ouro, mas tão somente o próprio bitcoin.". CARVALHO, André Castro. Regime jurídico da e-cash bitcoin no direito financeiro brasileiro. *Revista de Direito Público da Economia – RDPE*, Belo Horizonte, ano 16, nº 61, p. 9-35, jan./mar. 2018. p. 12.
Há precedente no Tribunal de Justiça de São Paulo reconhecendo que "Por se tratar de bem imaterial com conteúdo patrimonial, em tese, não há óbice para que a moeda virtual possa ser penhorada para garantir a execução". TJSP, 36ª Câmara de Direito Privado, Agravo de Instrumento 2202157-35.2017.8.26.0000, Rel. Des. Milton Carvalho, j. 21.11.2017, DJ 21.11.2017.

em conjunto, considerando-se as particularidades de cada situação fática e os interesses juridicamente tuteláveis em cada caso.

3.2.1. O aspecto da funcionalidade da aplicação e o caráter público ou privado do conteúdo

O principal passo para se pensar no tratamento jurídico a ser aplicável ao conteúdo inserido na rede após a morte do usuário é observar como esse conteúdo se projeta em relação às outras pessoas, ou seja, se adquire um caráter privado ou público.

É preciso, nesse sentido, distinguir as atividades que possuem caráter predominantemente público ou semipúblico (como no caso dos perfis de redes sociais, que podem ficar disponíveis para acesso de qualquer pessoa ou de um determinado grupo) daquelas que possuem um viés privado, como as conversas no *WhatsApp* ou no *Messenger*, as contas de e-mail privadas. Como observa Sérgio Branco, "nem toda atividade exercida na internet é pública. Mensagens trocadas no *Facebook*, no *Instagram* e no *WhatsApp* são privadas, assim como podem ser privadas anotações feitas no *Google Docs* ou *Evernote*".[67]

Desse modo, a própria funcionalidade da aplicação é um fator relevante para se considerar a possibilidade de acesso ou até mesmo a administração e exclusão do conteúdo, devendo-se questionar inicialmente: o conteúdo se projeta para outros sujeitos de forma pública? Há expectativa de privacidade do usuário em relação às informações ali contidas?

Grande parte dos conteúdos encontra-se hoje incluído em páginas de redes sociais, como *Facebook, Instagram, Twitter, LinkedIn*, etc., que possuem uma projeção pública ou semipública,[68] ou seja, a própria

---

67 BRANCO, Sérgio. *Memória e esquecimento na Internet*, cit., p. 115. "Como é intuitivo, todo o conteúdo difundido pelas redes sociais poderá ser dividido em essencialmente público ou essencialmente privado. Ainda que nem sempre essa distinção seja clara, no primeiro item encontram-se textos e fotos de natureza opinativa ou noticiosa, elaborados para a divulgação e que poderiam ser difundidos em meios tradicionais (jornais e revistas impressos, por exemplo), caso seu autor tivesse acesso a esses meios de comunicação. No segundo grupo, estão as postagens que não contam com interesse público, que melhor ficariam nos álbuns de família ou nos diários íntimos. Quanto ao conteúdo pertencente a essa segunda categoria, existe um verdadeiro deslocamento do privado para o público". BRANCO, Sérgio. *Memória e esquecimento na Internet*, cit., p. 46-47.

68 "Social-networking websites provide estate planners with a special problem because unlike web-based e-mail accounts, where only the account holder has access to the information contained therein, social-networking websites are much more public in nature". Em tradução livre: Os sites de redes sociais apresentam um problema em especial aos administradores porque, ao contrário das contas de

funcionalidade da aplicação tem por escopo a divulgação e compartilhamento de conteúdos para um universo de pessoas, ainda que existam meios de restrição das publicações realizadas pelos usuários.[69]

Nesses casos, é admissível que se pense em administração de tais páginas após a morte do usuário, o que vem sendo, inclusive, incorporado pelos termos de uso de alguns provedores, diante da manifestação de vontade do usuário. Contudo, até mesmo essa administração deve ocorrer de forma limitada, não podendo o administrador descaracterizar a página da pessoa falecida, de modo a comprometer a identidade pessoal ali projetada.

Na visão de Seiiti Arata Júnior,

> Em redes sociais verdadeiras, o perfil de um usuário apresenta uma natureza jurídica pessoal e intransferível, não constituindo patrimônio a ser partilhado ou negociado. Em redes sociais verdadeiras, essas questões estão intimamente ligadas à importância e risco em promover certificação dos usuários. A segurança e a privacidade estão intimamente ligadas, pois por um lado o sistema deve ser seguro de modo a não permitir que terceiros de má-fé possam obter acesso a dados pessoais, enquanto, de outro lado, as informações que são fornecidas a um banco de dados de uma rede social devem ter credibilidade, caso contrário é possível a criação de perfis personificando terceiros, celebridades ou não, com propósitos jocosos ou mesmo visando fraude.[70]

Com efeito, não há propriamente a transferência do perfil da rede social para a pessoa que irá administrar a conta, na medida em que sua atuação será limitada, mas sim a possibilidade de que ela realize o gerenciamento da página, em prol da tutela dos interesses da pessoa falecida. Vale dizer: o permissivo é direcionado à manutenção da página de modo a manter a memória do morto, admitindo-se que amigos e familiares contestem a administração da página caso o administrador esteja atuando em desconformidade com as orientações ou com as manifestações anteriores do usuário falecido.

---

e-mail, nas quais apenas o titular da conta tem acesso às informações nele contidas, as páginas de redes sociais são muito mais públicas. CONNER, John. Digital life after death: The issue of planning for a person's digital assets after death. *Estate Planning and Community Property Law Journal*, Vol.3:301, 2010-2011. p. 309.

---

69 Não obstante o usuário possua ferramentas para delimitar a projeção do conteúdo, como restringir a informação a apenas um contato, não se pode negar que a utilização das redes sociais possui um aspecto público que é predominante.

70 ARATA JÚNIOR, Seiiti. *Regulação tecnológica e jurídica das redes sociais (social networks)*, cit., p. 632.

O *Facebook*, por exemplo, possibilita que os usuários expressem, em vida, se desejam manter sua conta como um memorial ou se querem excluí-la de forma permanente com a sua morte. As contas transformadas em memorial são definidas pelo próprio site como "um local onde amigos e familiares podem se reunir para compartilhar lembranças, após o falecimento de uma pessoa".[71]

Caso se opte pela manutenção da conta, o nome do usuário no perfil aparecerá seguido da expressão "em memória", o conteúdo compartilhado pela pessoa permanecerá na página, e dependendo das configurações de privacidade da conta, os amigos poderão compartilhar lembranças na linha do tempo do perfil. Por outro lado, buscando-se garantir uma proteção aos dados *post mortem*, o perfil não é exibido em espaços públicos, é vedado o acesso de qualquer pessoa à conta transformada em memorial, e aquelas que não tiverem um contato herdeiro não poderão ser alteradas, sendo que as que contarem com apenas um administrador serão removidas se este enviar uma solicitação válida.

O chamado "contato herdeiro" é uma pessoa escolhida pelo próprio usuário para administrar sua conta após a sua morte. Caso haja a transformação da conta em memorial, ele poderá escrever uma publicação fixada no perfil, responder a novas solicitações de amizade, atualizar a imagem de perfil e foto da capa, baixar uma cópia do que aquele que faleceu postou e, inclusive, solicitar a exclusão da conta. No entanto, ele não poderá fazer *login* na conta, remover ou alterar o que foi compartilhado pela pessoa antes da morte, remover amigos ou ler as mensagens privadas que o usuário enviou em vida. Interessante observar, ainda, que o provedor envia uma notificação uma vez por ano para confirmar se as configurações de contato herdeiro permanecem, o que denota uma preocupação com a manutenção e atualidade da manifestação de vontade expressada.

Verifica-se que a proposição do *Facebook* separa justamente os conteúdos com projeção pública ou semipública daqueles que adquirem caráter privado, como é caso das mensagens privadas do usuário, que não são acessadas pelo contato designado como administrador.

O *Instagram*, por sua vez, possibilita que qualquer usuário denuncie uma conta de alguém que faleceu, para que ocorra a sua transformação em memorial. Diferentemente do *Facebook*, não há previsão de um administrador para a conta. Opera-se o "congelamento" das informações ali contidas, não sendo autorizado o acesso de qualquer pessoa à conta.

71 FACEBOOK. *Your Digital Legacy*. Disponível em: <https://www.facebook.com/help/660987010672165#faq_1568013990080948>. Acesso em: 20 abr. 2016.

Nos termos de uso do provedor, constam as seguintes cláusulas a respeito de uma conta transformada em memorial:

> O Instagram não permite que ninguém entre em uma conta transformada em memorial.
> O perfil de uma conta transformada em memorial não é exibido de forma diferente de uma conta que não foi transformada em memorial.
> Contas em memorial não podem sofrer nenhum tipo de alteração. Isso inclui mudar curtidas, seguidores, marcações, publicações e comentários.
> As publicações que a pessoa falecida compartilhou (por exemplo: fotos, vídeos) permanecerão no Instagram e ficarão visíveis para o público com o qual foram compartilhadas.
> As contas transformadas em memorial não aparecem em espaços públicos, como na seção Explorar das pessoas.

Além disso, se o solicitante for "parente direto" dessa pessoa,[72] este pode solicitar a remoção da página, por meio do envio da certidão de nascimento da pessoa falecida, da certidão de óbito e de documentos que comprovem, de acordo com a lei local, que ele é o representante legal da pessoa falecida ou de seu espólio.[73]

O *Twitter* também viabiliza a exclusão da conta de um usuário falecido, exigindo o envio de documentos e informações pelo requerente. Em relação ao acesso ao perfil do *de cujus*, há previsão expressa de que não serão fornecidas informações de acesso à conta, independentemente do grau de relacionamento da pessoa com o falecido.[74]

O *LinkedIn* autoriza a solicitação para a remoção de contas de pessoas falecidas, ampliando a legitimidade para pleitear tal exclusão. Consta nos termos de uso do provedor: "Infelizmente, você pode deparar-se com o perfil de um conhecido, colega de classe ou ente querido que faleceu. Se isso acontecer, podemos encerrar a conta dessa pessoa e remover o perfil por você". É exigido o preenchimento de um formulário, sendo solicitadas as seguintes informações: nome do usuário, URL do

---

72 O provedor não determina expressamente quais seriam as pessoas consideradas como "parentes diretos", remetendo à previsão da lei local. Além da falta de uma orientação clara a respeito dos legitimados para solicitarem a exclusão do conteúdo, a remissão a uma lei local também gera outros questionamentos: os legitimados serão os designados de acordo com o grau de parentesco? Será aplicável a lei do domicílio do *de cujus* ou dos familiares?

73 INSTAGRAM. *Denúncia de conta de uma pessoa falecida*. Disponível em: <https://help.instagram.com/151636988358045/?helpref=hc_fnav>. Acesso em: 30 jul. 2017.

74 TWITTER. *Como entrar em contato com o Twitter para falar de um usuário falecido ou sobre conteúdo multimídia relacionado a um familiar falecido*. Disponível em: <https://support.twitter.com/articles/416226?lang=pt>. Acesso em: 30 jul. 2017.

perfil do usuário, o nível de relacionamento do requerente com o usuário, o endereço de e-mail do usuário, a data de falecimento, o link para o obituário e o nome da última empresa em que a pessoa trabalhou.[75]

O que se pode observar é uma tendência dos termos de uso a autorizar a solicitação de remoção do perfil pelos familiares, mas de negar o acesso à conta, com fundamento na proteção à privacidade, sendo admissível no caso do *Facebook* a administração do perfil de forma limitada por uma espécie de administrador designado pelo usuário.

Já os e-mails e os aplicativos de conversas privadas possuem outros caracteres que devem ser considerados, na medida em que não há tal expectativa de projeção pública como ocorre nas redes sociais, o que lhes confere um caráter muito mais privado, mesmo no caso dos grupos de pessoas, nos quais se mantém sob certos aspectos uma expectativa de privacidade em relação às mensagens ali enviadas.

Dispõe o inciso XII do art. 5º da Constituição da República que "é inviolável o sigilo da correspondência e das comunicações telegráficas, de dados e das comunicações telefônicas, salvo, no último caso, por ordem judicial, nas hipóteses e na forma que a lei estabelecer para fins de investigação criminal ou instrução processual penal". A finalidade de tal previsão é justamente a de resguardar o segredo constante na relação entre o emissor e o destinatário da mensagem,[76] questionando-se se tal previsão também seria aplicável às conversas privadas contidas em aplicativos de mensagens.

A vedação ao acesso irrestrito às conversas privadas do usuário falecido encontra fundamento na tutela do direito ao segredo, que "deriva da necessidade de respeito a componentes confidenciais da personalidade, sob os prismas da reserva pessoal e negocial".[77] Além da privacidade da pessoa falecida, não se pode descurar dos direitos de terceiros, que também teriam sua privacidade devassada pelo acesso dos familiares às informações ali trocadas.

Questiona-se, contudo, se o acesso às mensagens privadas, por meio da quebra da intimidade/privacidade da pessoa falecida, poderia

75 LINKEDIN. *Falecimento de usuário do LinkedIn – Remoção de perfil.* Disponível em: <https://www.linkedin.com/help/linkedin/answer/7285/falecimento-de-usuario-do-linkedin-remocao-de-perfil?lang=pt>. Acesso em: 20 ago. 2018.

76 "O sigilo de correspondência advém da obrigação de se respeitar o segredo que se encontra implícito em toda a relação entre o emissor e o destinatário da mensagem escrita, quanto mais se o conteúdo da comunicação é de natureza confidencial". LISBOA, Roberto Senise. A inviolabilidade de correspondência na Internet. In: LUCCA, Newton de; SIMÃO FILHO, Adalberto (coord.). *Direito & Internet* – aspectos jurídicos relevantes. 2ª ed. São Paulo: Quartier, 2005. p. 517.

77 BITTAR, Carlos Alberto. *Os direitos da personalidade.* 8ª ed. Atualizado por Eduardo C. B. Bittar. São Paulo: Saraiva, 2015. p. 187.

ser justificado pela existência de um outro interesse existencial que se colocasse em posição de proeminência diante das circunstâncias fáticas.

Nessas hipóteses, deve-se verificar se haveria a possibilidade de acesso ou exclusão específica e direcionada de determinado conteúdo (ex: remoção de uma foto específica) ou existência de meio menos gravoso para obtenção da informação, ou seja, se o interlocutor também possuir uma mensagem relevante trocada pelo aplicativo de conversa privada ou pelo e-mail, tal informação poderia ser obtida em face deste, não sendo necessário devassar a privacidade protegida na conta do usuário falecido.

Bruno Zampier apresenta o exemplo de um descendente que se depara com a morte de seu ascendente em razão de uma doença rara que permaneceu em sigilo, e que precisa identificar tal moléstia a fim de cuidar de sua própria saúde. De acordo com o autor, "se provado que, acessando as contas digitais do defunto, há a possibilidade de se obter os resultados dos exames que lhe haviam sido enviados pela Internet, estar-se-ia diante de uma excepcional situação em que poderia ser autorizado o acesso".[78]

Dessa forma, não se exclui totalmente a possibilidade de acesso a determinados dados contidos em aplicações de conversas privadas, mas a tutela da privacidade só deve ceder diante de um interesse existencial que prepondere no caso concreto, em circunstâncias excepcionalíssimas.

Ademais, deve-se pontuar que a proteção ao sigilo poderá conflitar também com questões de ordem pública, como no caso de eventual investigação criminal. Deve-se destacar que, mesmo em tais casos, os tribunais brasileiros vêm se manifestando pela necessidade de ordem judicial para acessar conversas em aplicativos como o WhatsApp, como forma de resguardar, a princípio, o sigilo da comunicação ali realizada.[79]

---

78 LACERDA, Bruno Torquato Zampier. *Bens digitais*, cit., p. 138.

79 A respeito do tema: "PROCESSUAL PENAL. RECURSO EM HABEAS CORPUS. TRÁFICO DE DROGAS. INTERCEPTAÇÃO TELEFÔNICA. ACESSO DE MENSAGENS DE TEXTO VIA WHATSAPP. AUSÊNCIA DE AUTORIZAÇÃO JUDICIAL. GARANTIAS CONSTITUCIONAIS. ART. 5º, X E XII, DA CF. ART. 7º DA LEI N. 12.965/2014. NULIDADE. OCORRÊNCIA. CONSTRANGIMENTO ILEGAL CONFIGURADO. RECURSO EM HABEAS CORPUS PROVIDO. 1. A Constituição Federal de 1988 prevê como garantias ao cidadão a inviolabilidade da intimidade, do sigilo de correspondência, dados e comunicações telefônicas, salvo ordem judicial. 2. A Lei n. 12.965/2014, conhecida como Marco Civil da Internet, em seu art. 7º, assegura aos usuários os direitos para o uso da internet no Brasil, entre eles, o da inviolabilidade da intimidade e da vida privada, do sigilo do fluxo de suas comunicações pela internet, bem como de suas comunicações privadas armazenadas. 3. A quebra do sigilo do correio eletrônico somente pode ser decretada, elidindo a proteção ao direito, diante dos requisitos próprios de cautelaridade que a justifiquem idoneamente, desaguando em um quadro de imprescindibilidade da providência. (HC 315.220/RS, Rel. Ministra MARIA THEREZA DE ASSIS MOURA, SEXTA TURMA, julgado em 15/09/2015, DJe

Nesse sentido, a determinação de armazenamento da conta pelos provedores e dos dados ali inseridos por determinado período, a fim de resguardar eventual informação relevante para apuração de crimes,[80] pode constituir uma forma de compatibilizar tais interesses, cabendo ao provedor o cumprimento do dever informação em relação aos herdeiros tanto no que tange ao arquivamento, como quanto à exclusão definitiva dos dados, após o prazo previsto.

A respeito das contas de e-mail, há um outro elemento que deve ser considerado. Com o acesso à conta de e-mail, é possível obter a recuperação de senha de inúmeras outras páginas e aplicações, sendo o e-mail uma espécie de "chave-mestra", que viabiliza o acesso a outras contas.[81]

09/10/2015). 4. Com o avanço tecnológico, o aparelho celular deixou de ser apenas um instrumento de comunicação interpessoal. Hoje, é possível ter acesso a diversas funções, entre elas, a verificação de mensagens escritas ou audível, de correspondência eletrônica, e de outros aplicativos que possibilitam a comunicação por meio de troca de dados de forma similar à telefonia convencional. 5. Por se encontrar em situação similar às conversas mantidas por e-mail, cujo acesso é exigido prévia ordem judicial, a obtenção de conversas mantidas pelo programa whatsapp, sem a devida autorização judicial, revela-se ilegal. 6. Recurso em habeas corpus provido para declarar nula as provas obtidas no celular do recorrente sem autorização judicial, determinando que seja desentranhado, envelopado, lacrado e entregue ao denunciado do material decorrente da medida". STJ, 5ª Turma, RHC 75055/DF, Rel. Min. RIBEIRO DANTAS, j. 21.03.2017, DJe 27.03.2017.

80 Na política de privacidade do Dropbox, por exemplo, consta a seguinte previsão: "Podemos divulgar suas informações a terceiros se determinarmos que tal divulgação é razoavelmente necessária para: (a) cumprir qualquer lei, regulamento, processo legal ou solicitação apropriada do governo aplicável; (b) proteger qualquer pessoa de morte ou lesão corporal grave; (c) evitar fraude ou abuso do Dropbox ou de nossos usuários; (d) proteger os direitos, propriedade, segurança ou interesse do Dropbox; ou (e) executar uma tarefa realizada no interesse público". DROPBOX. Política de privacidade. Disponível em: <https://www.dropbox.com/pt_BR/privacy>. Acesso em: 17 maio 2020.

81 "Americans now use their e-mail accounts in a variety of ways, including the traditional way of communicating with others. Yet, an e-mail account also serves as the means to reset passwords to other online accounts, and thus, it is an important index of most online activity. As a result, one's e-mail account has been referred to as the master key to locating and accessing many other digital items". Em tradução livre: Os americanos agora usam suas contas de e-mail de várias maneiras, incluindo a maneira tradicional de se comunicar com os outros. No entanto, uma conta de e-mail também serve como o meio para redefinir senhas para outras contas online e, portanto, é um índice importante da maioria das atividades online. Como resultado, a conta de e-mail foi referida como a chave mestre para localizar e acessar muitos outros itens digitais. VARNADO, Sandi S. *Your Digital Footprint Left Behind at Death*, cit., p. 726.

Por isso, a proteção das contas de e-mail em face do acesso indevido de terceiros e também dos familiares se revela como importante forma de preservar a privacidade e os dados pessoais da pessoa falecida.

Nos termos de uso do *Google*, há a previsão de um serviço de gerenciamento de contas inativas, definindo-o como "uma forma de os usuários compartilharem partes dos dados das suas contas ou notificar alguém caso as contas fiquem inativas por um determinado período de tempo". A inatividade do usuário é verificada através dos últimos *logins*, da página Histórico, o uso do *Gmail* e *check-ins* no *Android*.

Se for identificada a inatividade, os contatos de confiança escolhidos pelo usuário recebem uma notificação por e-mail com uma linha de assunto e o conteúdo que o usuário escrever durante a configuração, seguida de uma nota de rodapé, explicando que o usuário instruiu o Google a enviá-lo em seu nome depois que tivesse parado de usar a conta. O usuário pode optar por compartilhar dados com o contato de confiança.[82]

Nos termos de serviço do *Yahoo Mail* consta que a conta e o conteúdo nela incluído é pessoal e intransferível e que, após a morte do usuário, haverá a exclusão da conta e o conteúdo inserido será apagado definitivamente:

> O Usuário concorda que sua conta Yahoo Brasil, bem como todos os direitos e/ou conteúdo de sua conta Yahoo Brasil ou de sua ID Yahoo Brasil são pessoais e intransferíveis. Mediante o recebimento de cópia da certidão de óbito o Yahoo Brasil irá proceder ao término da conta e todo o conteúdo eventualmente disponível será apagado definitivamente. Todo e qualquer terceiro que pretender o acesso a informações e/ou Conteúdo de Usuários do Yahoo Brasil localizado sob o endereço eletrônico www.yahoo.com.br deverá obter uma ordem judicial de um Juiz Competente.[83]

Pode-se observar que, nas contas de e-mail também há uma orientação no sentido da exclusão da conta e dos conteúdos ali contidos. Contudo, nesses casos, não se mostra compatível a administração da conta pelos familiares, em decorrência do caráter eminentemente privado dessas conversas, mostrando-se a exclusão do conteúdo a solução que melhor contempla a tutela da privacidade do falecido e dos terceiros que com ele trocaram mensagens.[84]

---

82 GOOGLE. *Sobre o Gerenciador de contas inativas*. Disponível em: <https://support.google.com/accounts/answer/3036546?hl=pt-BR&ref_topic=3382254>. Acesso em: 20 abr. 2017.

83 YAHOO. *Yahoo Termos do Serviço*. Disponível em: <https://policies.yahoo.com/br/pt/yahoo/terms/utos/index.htm>. Acesso em: 26 dez. 2017.

84 No mesmo sentido: "Caso não haja qualquer disposição de vontade, entendemos que a regra é a da proteção dos dados virtuais com a exclusão dos perfis ou sua ma-

Nos termos de uso dos aplicativos de conversas privadas, como o *Whatsapp*[85] e o *Telegram*,[86] há a previsão de que as conversas ali contidas são protegidas por criptografia de ponta a ponta, o que inviabilizaria o acesso pelos familiares no caso de falecimento do usuário.

Outro ponto de discussão refere-se, ainda, à destinação a ser conferida aos arquivos localizados na nuvem.

Nos termos de uso do *iCloud*, é prevista uma cláusula de "Não Existência de Direito de Sucessão", por meio da qual o usuário concorda que a conta não é passível de transferência e que quaisquer direitos ao *ID Apple* ou conteúdo dentro da Conta terminam com a morte. Além disso, há a determinação de que, após o recebimento da cópia da certidão de óbito, a conta pode ser encerrada e todo o conteúdo apagado.[87]

No caso de livros, filmes e músicas digitais, o que se tem verificado é a previsão de cláusulas de não sucessão nos termos de uso, considerando-se que tais produtos seriam objeto não de um direito de propriedade por parte do usuário, mas sim de uma licença de uso por aquele que adquire tais arquivos, o que não passa incólume a críticas.

Ao adquirir um livro, um filme ou uma música no meio físico, o adquirente tem a perspectiva de ter tais produtos transferidos a seus herdeiros após a sua morte. Contudo, no ambiente digital, tem-se caminhado cada vez mais para uma cultura de *streaming*,[88] por meio da

---

nutenção apenas como memorial, impedindo o acesso direto à conta deixada pelo *de cujus*. Nesse último caso, afigura-se plenamente cabível o pleito indenizatório no caso de ofensas direcionadas ao morto em memorial contido nas redes sociais, a ser reclamado pelos familiares. Com isso, não se tutela o direito à intimidade, imagem e honra do morto, vez que este não mais possui direitos, mas sim uma esfera de não-liberdade objetivada na norma que protege a situação jurídica que envolve o morto". VANNUCCI, Flávia Hunzicker; MELLO, Roberta Salvático Vaz de. *Os dados pessoais em rede social e a morte do sujeito*: considerações sobre a extensão da personalidade civil. Disponível em: <http://www.esamg.org.br/artigo/DADOS_PESSOAIS_EM_REDE_SOCIAL_E_A_MORTE_DO_SUJEITO_43.pdf>. Acesso em: 19 nov. 2017.

85 WHATSAPP. *Informação Legal do WhatsApp*. Disponível em: <https://www.whatsapp.com/legal/?l=pt_br>. Acesso em: 26 dez. 2017.

86 TELEGRAM. *Perguntas frequentes*. Disponível em: <https://telegram.org/faq/br>. Acesso em: 26 dez. 2017.

87 APPLE. *Termos e Condições do iCloud*. Disponível em: <https://www.apple.com/legal/internet-services/icloud/br/terms.html>. Acesso em: 30 jul. 2017.

88 A 2ª Seção do Superior Tribunal de Justiça, ao analisar se a transmissão de músicas por meio da rede mediante o emprego da tecnologia *streaming* constituiria meio autônomo de uso de obra intelectual, caracterizando novo fato gerador de cobrança de direitos autorais, definiu o *streaming* como "a tecnologia que permite a

qual não há a aquisição do produto em si, mas sim da possibilidade de acessar diversos produtos contidos em uma plataforma.[89] É o que ocorre, por exemplo, com o *Netflix, Spotify* e o *Kindle unlimited*, serviços que conferem ao usuário a possibilidade de acessar o conteúdo, sem, contudo, adquiri-lo.

Nos termos do *iTunes*, há previsão expressa de que o usuário não pode transferir, redistribuir ou sublicenciar o aplicativo licenciado, razão pela qual subentende-se que não seria possível também uma transmissão *causa mortis*.[90]

Nos termos do *Kindle* consta previsão semelhante:

> Exceto se especificamente indicado de forma diferente, você não poderá vender, alugar, arrendar, distribuir, sublicenciar ou transferir quaisquer direitos ao Conteúdo Kindle ou qualquer parte dele a terceiros, tampouco poderá remover ou modificar quaisquer avisos ou rótulos de propriedade no Conteúdo Kindle. Além disso, você não poderá tentar driblar, modificar, anular, ou de outra forma contornar qualquer sistema digital de gestão de direitos ou outra proteção de conteúdo, ou recursos usados como parte do Serviço.[91]

Nesses casos, o problema central não se refere, na verdade, à compatibilidade jurídica ou não da previsão de que tais livros, músicas e filmes são objeto de licença de uso, e sim do cumprimento do dever de

---

transmissão de dados e informações, utilizando a rede de computadores, de modo contínuo", caracterizada "pelo envio de dados por meio de pacotes, sem a necessidade de que o usuário realize download dos arquivos a serem executados". No mesmo julgado, apontou-se que "O *streaming* é gênero que se subdivide em várias espécies, dentre as quais estão o *simulcasting* e o *webcasting*. Enquanto na primeira espécie há transmissão simultânea de determinado conteúdo por meio de canais de comunicação diferentes, na segunda, o conteúdo oferecido pelo provedor é transmitido pela internet, existindo a possibilidade ou não de intervenção do usuário na ordem de execução". STJ, 2ª Seção REsp 1559264/RJ, Rel. Min. Ricardo Villas Bôas Cueva, j. 08.02.2017, DJe 15.02.2017.

---

89 A respeito do tema, ver: GUILHERMINO, Everilda Brandão. Acesso e compartilhamento: A nova base econômica e jurídica dos contratos e da propriedade. *Migalhas*. Disponível em: <https://www.migalhas.com.br/coluna/migalhas-contratuais/311569/acesso-e-compartilhamento-a-nova-base-economica-e-juridica-dos-contratos-e-da-propriedade>. Acesso em: 20 abr. 2020.

90 APPLE. *Termos e Condições dos Serviços de Mídia da Apple*. Disponível em: <https://www.apple.com/legal/internet-services/itunes/br/terms.html>. Acesso em: 30 jul. 2017.

91 AMAZON. *Termos de uso da Loja Kindle*. Disponível em: <https://www.amazon.com.br/gp/help/customer/display.html?nodeId=201014950>. Acesso em: 20 nov. 2017.

informação previsto pelo art. 6º da Lei nº 8.078/90 (Código de Defesa do Consumidor). Ou seja: não haveria propriamente óbice jurídico para a previsão de que o usuário estaria adquirindo uma licença de uso, mas sim à prática comumente utilizada pelos provedores de trazerem elementos similares ao ambiente físico na página de vendas, levando o consumidor a crer que está adquirindo a propriedade do produto digital, assim como ocorreria com o produto físico.

Assim, a solução que melhor contemplaria os avanços tecnológicos, traduzidos aqui pela utilização cada vez mais crescente do *streaming*, com os demais valores do ordenamento jurídico seria considerar como válidas as cláusulas que preveem a contratação de uma licença de uso no caso dos livros, músicas e filmes digitais, afastando-as, contudo, nos casos em que não for observado o dever de informação previsto pela legislação consumerista, que possui caráter de norma de ordem pública. Em outras palavras: o consumidor deve saber que está contratando uma licença de uso, sendo dever do provedor a apresentação e informações claras e adequadas a respeito disso.

Por fim, há os dados vinculados a transações financeiras, como senhas de acesso a aplicações de bancos, etc., assim como milhas aéreas e cupons eletrônicos, que possuem aspecto precipuamente patrimonial.[92] Nesses casos, entende-se que poderia haver a transferência de tais informações aos herdeiros, que serão os administradores de tal patrimônio do *de cujus*, justificando-se, aqui, o tratamento de transferência patrimonial, em razão do caráter de tais conteúdos.

Desse modo, em relação a páginas e contas protegidas por senha, deve-se verificar o caráter do conteúdo ali contido e a funcionalidade da aplicação. Tratando-se de aplicações com fundo estritamente patrimonial, como contas de Instituições Financeiras, ou ligadas a *Bitcoins*, a conta e a senha poderiam ser transferidas para os herdeiros. Contudo,

92 "Certain digital items offer the ability to manage, spend, or earn money and, therefore, can be classified as financial in nature. Accounts in online games are potential financial digital items, as are online accounts linked to bank accounts, college funds, brokerage accounts, retirement plans, credit cards, loans, and insurance accounts. PayPal and online shopping sites like Amazon and eBay are also classified as financial in nature". Em tradução livre: Certos itens digitais oferecem a capacidade de gerenciar, gastar ou ganhar dinheiro e, portanto, podem ser classificados como de natureza financeira. As contas em jogos online são potenciais itens digitais financeiros, assim como contas online ligadas a contas bancárias, fundos de faculdade, contas de corretagem, planos de aposentadoria, cartões de crédito, empréstimos e contas de seguros. PayPal e sites de compras on-line como Amazon e eBay também são classificados como de natureza financeira. VARNADO, Sandi S. *Your Digital Footprint Left Behind at Death*, cit., p. 731.

em relação a aplicações de caráter privado, como é o caso dos aplicativos de conversas privadas, não se deve permitir o acesso dos familiares, exceto em situações excepcionalíssimas, diante de um interesse existencial que prepondere no caso concreto, como já se destacou anteriormente. Nesses casos, a senha vai proteger os dados recebidos, enviados e armazenados pelo usuário, inclusive em face do acesso indevido pelos familiares após a morte.

Nota-se que, no caso das criptomoedas, sequer há uma regulamentação efetiva no Brasil para sua negociação,[93] mas já há manifestações de especialistas no sentido de que deve ser possível a transferência *post mortem* desses valores.[94] Uma observação interessante é que os *Bitcoins*, por exemplo, ficam armazenados em uma carteira virtual (*wallet*) protegida por senha, que não identifica o titular, sendo esse sistema operacionalizado por meio de uma cadeia de blocos (*blockchain*), na qual as transações são realizadas de forma descentralizada, isto é, sem a necessidade de intermediação de Instituições Financeiras. Desse modo, seria possível que o titular deixasse a senha da carteira em testamento ou outro documento, para fins de transferência, devendo tais ativos integrarem o espólio.[95] Entretanto, mesmo nesse caso há uma série de

---

93 A ausência de regulamentação, contudo, não significa que o tema não venha sendo debatido. Em janeiro de 2018, a Comissão de Valores Mobiliários (CVM) expediu o Ofício Circular nº 1/2018/CVM/SIN apontando que as criptomoedas não podem ser qualificadas como ativos financeiros e, por essa razão, sua aquisição direta pelos fundos de investimento locais não é permitida. Disponível em: <http://www.cvm.gov.br/export/sites/cvm/legislacao/oficios-circulares/sin/anexos/oc-sin-0118.pdf>. Acesso em: 05 mar. 2018.

94 "Em qualquer situação, quer as moedas virtuais sejam classificadas como ativos financeiros, moeda estrangeira ou propriedade, é indubitável que o investimento nela realizado constitui um direito de seu titular, devendo ser transferido aos seus herdeiros ou legatários, quando do falecimento de seu titular. Assim, o titular de moedas virtuais que vier a falecer, terá o inventário de seus bens composto também por este ativo financeiro, cuja avaliação a valor de mercado deverá ser obtida na data do falecimento, a exemplo do que ocorre, por exemplo, com o inventário de ações cotadas em bolsa. Na transferência dos bitcoins para os herdeiros, haverá a tributação do imposto estadual causa mortis". EXAME. CHOAIB, Samir; RODRIGUES, Sonia Regina Senhorini. *É possível herdar bitcoins?*. Disponível em: <https://exame.abril.com.br/seu-dinheiro/e-possivel-herdar-bitcoins/>. Acesso em: 25 jan. 2018.

95 Nesse sentido: "No caso das sucessões e para transmissão da herança é muito importante que as pessoas que sejam proprietárias delas informem aos seus herdeiros, ou pelo menos deixem por escrito, através de testamento, por exemplo, a existência da carteira de moedas virtuais, em qual aplicação ela está armazenada e as suas chaves de acesso, para que o inventariante e os herdeiros possam acessar e poder herdar esse patrimônio sem nenhum problema". GOUVÊA NETO, Flávio de Freitas. *Moedas virtuais e seu impacto no Direito de Família e Sucessões*. Disponível em: <ht-

dificuldades, como o fato de o valor das criptomoedas ser variável e não estar lastreado, o que pode dificultar a avaliação para fins de partilha, e também o fato de a carteira ser criptografada, impedindo o acesso a esses valores.

Nos casos em que a aquisição das criptomoedas ocorre por meio de "corretoras", ou seja, de plataformas de operações com criptomoedas, a transferência pode ser facilitada, na medida em que a intermediadora pode ser acionada e os seus termos de uso podem trazer disposições que viabilizem a sucessão dos valores.

Nos termos de uso da *Mercado Bitcoin*, por exemplo, consta que os dados pessoais informados pelo usuário são armazenados em servidores ou meios magnéticos de alta segurança e que a corretora poderá revelar dados e informações de qualquer usuário, diante de disposição legal ou por "ordem de uma autoridade competente".[96]

Na *Foxbit*, há previsão nos termos de serviço em relação às contas inativas. Se verificada a inatividade da conta por mais de 180 dias, há a previsão de rescisão do contrato, sendo ainda estabelecido que, no caso de suspensão e/ou cancelamento da conta, a corretora poderá transferir o fundo presente na carteira para a conta bancária vinculada ao cadastro do usuário, de sua titularidade, havendo a conversão da criptomoeda para real.[97]

Desse modo, como o usuário realiza o cadastro junto à corretora, há a possibilidade de se identificar as criptomoedas de sua titularidade e assim realizar a conversão e a transferência. Por outro lado, caso as criptomoedas estejam em uma carteira sem que haja a intermediação, se o usuário falecer sem deixar a senha, os valores podem ficar, a princípio, inacessíveis aos herdeiros.

Indaga-se, ainda, se o perfil com finalidade pessoal ou profissional/comercial deve receber o mesmo tratamento dos perfis pessoais. Tais páginas, muitas vezes, não têm uma vinculação a uma pessoa específica, tendo por escopo a exploração de determinada atividade econômica.

---

tps://www.jota.info/opiniao-e-analise/artigos/moedas-virtuais-e-seu-impacto-no--direito-de-familia-e-sucessoes-04032018>. Acesso em: 05 mar. 2018.

---

96 Nos termos de uso da corretora, consta ainda que: "O Site oferece a seus Usuários uma plataforma para a compra e venda de Bitcoins dos próprios Usuários. Através do Site, o Usuário pode vender seus Bitcoins a outros Usuários, ou comprar Bitcoins de outros Usuários". MERCADO BITCOIN. *Termos de uso*. Disponível em: <https://www.mercadobitcoin.com.br/termo/>. Acesso em: 04 mar. 2018.

97 FOXBIT. *Termos de uso*. Disponível em: <https://foxbit.com.br/termos-uso>. Acesso em: 04 mar. 2018.

Nessas hipóteses, caso a página possua caráter profissional, com fins apenas de divulgação e exploração de determinada atividade econômica, a transferência patrimonial se revela compatível, devendo ser observadas as orientações previstas na Lei nº 9.610/98, de direitos autorais, e na Lei nº 9.279/96, que trata da propriedade industrial.

Pode-se questionar, ainda, se os perfis de pessoas notórias deveriam receber o mesmo tratamento dos perfis de pessoas anônimas. Fernanda Nunes Barbosa define figuras públicas como "todos aqueles cuja obra tenha alcançado uma proporção que o torne reconhecido socialmente", significando que a pessoa possui uma "imagem pública".[98]

Nesses casos, não obstante haja na doutrina certa controvérsia a respeito dos limites e caracteres da proteção dos direitos da personalidade da pessoa notória,[99] a solução a ser buscada deve considerar não propriamente o fato de a pessoa adquirir ou não uma proporção pública, mas sim o caráter da própria página, ou seja, se aquele perfil determinado é utilizado com fins pessoais ou profissionais, de modo a ser aplicado o mesmo raciocínio destacado anteriormente.

Alguns casos merecem destaque quanto a este ponto. Em novembro de 2019, foi divulgada a notícia do falecimento do famoso apresentador "Gugu" Liberato, em decorrência de um acidente doméstico em sua residência na Flórida, nos Estados Unidos. Dias depois da morte do artista, uma matéria apontou que o número de seguidores de sua conta no Instagram havia aumentado de 1.908.277 para 2.971.434 desde o anúncio do incidente, o que representaria um acréscimo de 55,7% de pessoas que acompanhavam o perfil, ressaltando-se a temática da he-

---

98 BARBOSA, Fernanda Nunes. *Biografias e liberdade de expressão*: critérios para a publicação de histórias de vida. Porto Alegre: Arquipélago Editorial, 2016. p. 241.

99 "É de se rejeitar, de plano, a qualificação de qualquer pessoa como "pública". Pessoas são privadas por definição. A expressão pessoa pública é empregada com o propósito de sugerir que o uso da imagem de celebridades dispensa autorização, pelo simples fato de que vivem de sua exposição na mídia. A rotulação de atrizes, atletas ou políticos como pessoas públicas vem normalmente acompanhada da sugestão de que o seu direito à imagem – e também à privacidade, como se verá no próximo capítulo – é merecedor de uma proteção menos intensa do que aquela reservada às demais pessoas. Muito ao contrário, a proteção ao direito de imagem de celebridades é tão intensa quanto a de qualquer um. O fato de viverem de sua imagem na mídia só reforça a importância que a representação física assume em relação àquelas pessoas. Famosa ou não, qualquer pessoa tem direito de proibir a circulação indesejada da sua representação exterior. Tal exigência somente pode ser afastada naquelas situações em que outros interesses de hierarquia constitucional (liberdade de informação, liberdade de expressão etc.) venham exigir, diante das concretas circunstâncias, proteção mais intensa que o direito à imagem". SCHREIBER, Anderson. *Direitos da personalidade*, cit., p. 113-114.

rança digital quanto a contas de pessoas célebres.[100] Questionamentos similares foram feitos em relação ao perfil do jogador de basquete Kobe Bryant.[101]

Em junho de 2019, havia sido divulgada a primeira publicação realizada no perfil de Gabriel Diniz no Instagram após a morte do cantor, que havia sido causada por um acidente aéreo no mês anterior. O pai de Gabriel assumiu administrar a conta desde o falecimento do filho, e, na rede social, convidou o público para uma homenagem ao artista em São João de Campina Grande (PB), onde o cantor iria se apresentar.[102] Na mesma época, a morte do roqueiro Serguei gerou uma enquete na página do Facebook gerenciada pelos fãs do artista, que contava com mais de cinco mil seguidores. Ao serem questionados se a página deveria ou não ser mantida atualizada, 95% dos seguidores e visitantes se manifestaram de forma positiva à sua manutenção.[103]

Mais recentemente, a morte da atriz Hilda de Medeiros Rebello, que realizava publicações na conta do filho, o diretor Jorge Fernando, falecido em outubro de 2019, também chamou atenção. Algumas semanas após o falecimento do diretor, Hilda havia postado um vídeo por meio da conta do filho em que dizia: "Bom dia! Bom dia pelo Jorge Fernando! Ele hoje não está aqui, mas ele todos os dias dava bom dia para todos. É o que eu estou fazendo por ele".[104] Com a morte da atriz, ocorrida dois meses depois, foi publicada no perfil oficial de Jorge Fernando uma mensagem anunciando o fato, que dizia: "Amigos, gostaríamos de informar

---

100 UOL. *Aumento de seguidores de Gugu reacende debate sobre herança digital*. Disponível em: <https://noticias.uol.com.br/cotidiano/ultimas-noticias/2019/12/02/aumento-de-seguidores-de-gugu-reacende-debate-sobre-heranca-digital.htm?fbclid=IwAR089ECb9tBQMPSUVBAvdTHAoEzITIVlygjTNw9Ubs_n__9go99WKT3AmK4>. Acesso em: 02 jan. 2020.

101 TAFELLI, Dimas Siloé. Kobe Bryant e a herança digital: Qual será o destino de suas redes sociais, por exemplo? E no Brasil, o que diz a legislação?. *Jota*. Disponível em: <https://www.jota.info/opiniao-e-analise/artigos/kobe-bryant-e-a-heranca-digital-07022020>. Acesso em: 16 maio. 2020.

102 UOL. *Perfil de Gabriel Diniz no Instagram faz primeira publicação após morte do cantor*. Disponível em: <https://entretenimento.uol.com.br/noticias/redacao/2019/06/30/perfil-de-gabriel-diniz-no-instagram-faz-primeira-publicacao-apos-morte-do-cantor.htm?fbclid=IwAR1Hfmps9n7R7EiDIWecaVeTaiaOBncvr4PxruvfTlu_dRLsgPJV2x5IJU8>. Acesso em: 02 jan. 2020.

103 IG. *Fã-clube de Serguei mantém página de rede social ativa*. Disponível em: <https://lulacerda.ig.com.br/fa-clube-de-serguei-mantem-pagina-de-rede-social-ativa/>. Acesso em: 02 jan. 2020.

104 VEJA SP. *'Bom dia pelo Jorge Fernando', diz mãe de ator no Instagram*. Disponível em: <https://vejasp.abril.com.br/blog/pop/bom-dia-pelo-jorge-fernando-diz-mae-de-ator-no-instagram/>. Acesso em: 02 jan. 2020.

que nossa amada e doce atriz Hilda Rebello, vózinha, mãe, bisa e amiga de todos, faleceu hoje!".[105]

Outros casos de famosos, como Reginaldo Rossi, Hebe Camargo, Mr. Catra e Cristiano Araújo, que tiveram a administração de suas contas assumidas por terceiros após a sua morte, também indicam a importância de se estabelecer regras direcionadas ao gerenciamento de perfis de pessoas falecidas em redes sociais.[106] Por se tratarem de pessoas célebres, o valor econômico agregado ao perfil demanda um cuidado ainda maior na definição de orientações para a administração dessas contas. Também não se pode ignorar que, com a morte do usuário, muitas vezes o perfil adquire maior expressividade, rendendo, inclusive, uma lucratividade superior àquela verificada ao longo da vida do titular.

Quanto a este ponto, deve-se resguardar os direitos dos herdeiros de obterem os valores advindos da exploração dessas páginas, o que deve ser incluído no inventário para a devida partilha na forma da legislação sucessória, sem deixar de considerar, de outro lado, eventuais restrições feitas em vida pelo próprio usuário, as disposições contidas na Lei nº 9.610/98 e na Lei nº 9.279/96, as condições estabelecidas nos contratos firmados pelo artista em vida em relação à conta, bem como os direitos da personalidade de terceiros e aspectos da personalidade da pessoa falecida que permanecem tutelados pelo direito.[107]

Em relação à legitimação para pleitear a tutela *post mortem* dos direitos da personalidade do usuário, como visto, deve haver uma ampliação para qualquer pessoa juridicamente interessada. O que se pode observar nos termos de uso dos provedores é que, em muitos casos, qualquer usuário poderia denunciar o perfil de uma pessoa que faleceu,

---

105 UOL. *Mãe de Jorge Fernando, atriz Hilda Rebello morre dois meses após o filho.* Disponível em: <https://noticiasdatv.uol.com.br/noticia/celebridades/mae-de-jorge-fernando-atriz-hilda-rebello-morre-dois-meses-apos-o-filho-32123?cpid=txt>. Acesso em: 02 jan. 2020.

106 MSN. *Vivos nos corações e na internet: como artistas que já morreram seguem 'postando' nas redes sociais.* Disponível em: <https://www.msn.com/pt-br/noticias/curiosidades/vivos-nos-cora%C3%A7%C3%B5es-e-na-internet-como-artistas-que-j%C3%A1-morreram-seguem-postando-nas-redes-sociais/ar-BBXY75f?ocid=spartandhp&fbclid=IwAR3_SKlpgxiQGlQ0ulw-BtTX6HdlZ8VP4t241e-Mg2QRHvNvarvpEa9S8aYc>. Acesso em: 02 jan. 2020.

107 No que tange à exploração econômica de perfis de pessoas falecidas e aos casos aqui mencionados, remete-se a estudo realizado em coautoria com o Prof. Gabriel Honorato: HONORATO, Gabriel; LEAL, Livia Teixeira. Exploração econômica de perfis de pessoas falecidas: reflexões jurídicas a partir do caso Gugu Liberato. *Revista Brasileira de Direito Civil – RBDCivil*, Belo Horizonte, v. 23, p. 155-173, jan./mar. 2020.

de modo a transformá-lo em memorial, mas só os familiares teriam legitimidade para requerer a exclusão do perfil.

Com efeito, não obstante tal tutela fique, a princípio, sob a legitimidade dos familiares, não se pode excluir totalmente a possibilidade de que terceiros pleiteiem a remoção de determinado conteúdo ou da conta como um todo em situações em que a imagem ou a honra da pessoa falecida esteja sendo violada, como no caso de uma invasão à conta, por exemplo. Além disso, há a possibilidade de terceiros requererem aos provedores a exclusão de determinado conteúdo contido na página da pessoa falecida que esteja violando seus próprios direitos, bem como o não acesso dos familiares às conversas privadas que tiveram com a pessoa falecida.

Conclui-se, portanto, que, nos casos em que a aplicação adquirir uma projeção predominantemente pública ou semipública, como ocorre nas redes sociais, é admissível a administração *post mortem* da página, com o acesso do administrador (que não será necessariamente um familiar), que deve ser limitado, e desde que tal previsão conste nos termos de uso do provedor. Contudo, quando a aplicação tiver por objeto o envio e recebimento de conversas privadas, como é o caso do e-mail e de aplicativos como o *Whatsapp*, *Messenger* ou o próprio *Direct* do *Instagram*, a regra deve ser o não acesso dos familiares, de modo que só pode haver o acesso em casos excepcionalíssimos, não sendo cabível a administração de tais conteúdos.

Além disso, se o perfil ou a página for utilizado com finalidade profissional, com fins apenas de divulgação e exploração de determinada atividade econômica, ou quando a senha estiver vinculada a aplicações relativas a transações financeiras, entende-se ser cabível sua transferência aos herdeiros, em decorrência da sua caracterização patrimonial. Aqui, portanto, a distinção entre situações jurídicas patrimoniais e existenciais adquire relevo.

Outro aspecto relevante que deve ser considerado trata-se da problemática atinente ao controle temporal dos dados pessoais, referente ao denominado "direito ao esquecimento", que será abordado a seguir.

3.2.2. O aspecto temporal – O chamado direito ao esquecimento e seus reflexos post mortem

Questão também importante relativa à proteção de dados pessoais do usuário após a sua morte diz respeito ao denominado direito ao esquecimento, que gera reflexos significativos no debate relativo à manutenção ou exclusão de conteúdos da pessoa falecida.

As novas tecnologias invertem uma lógica atinente à natureza humana: enquanto, para os homens, o esquecimento sempre foi a regra e a lembrança a exceção, com o potencial de armazenamento e resgate de informações decorrente do desenvolvimento tecnológico,[108] a regra passa a ser a lembrança.[109] Essa transformação gera reflexos significativos para as relações humanas, ressaltando a importância de um debate sobre um controle temporal das informações dispostas na rede.

A memória digital, sem dúvida, se destaca ao criar uma "perpetuidade" desvinculada da memória humana. O ser humano tende a esquecer determinados detalhes e a dar um novo significado às experiências vividas com o decurso do tempo, o que não é possível pela estaticidade da informação veiculada na rede, que, ao ser retomada, pode impedir ou dificultar esse processo de ressignificação.

O professor de Oxford, Viktor Mayer-Schönberger, enxerga o esquecimento como uma necessidade humana, pois, sem ele, os seres humanos permaneceriam acorrentados ao passado, o que os tornariam incapazes de mudar, de evoluir, de crescer como pessoas. Para ele, o direito ao esquecimento estaria ligado ao perdão, que permitiria a continuidade das relações entre os indivíduos.[110]

Daniel Bucar também ressalta essa mutabilidade humana, afirmando que "a única característica imutável da pessoa é sua própria aptidão de mudar ao longo da vida" e que a própria constituição das escolhas existenciais é feita "mediante um processo dialético entre recordações e esquecimentos".[111]

---

108 "A informação digital pode ser armazenada em cartões perfurados, fitas magnéticas, discos magnéticos, discos óticos, circuitos eletrônicos, cartões com chips, suportes biológicos etc. Desde o início da informática, as memórias têm evoluído sempre em direção a uma maior capacidade de armazenamento, maior miniaturização, maior rapidez de acesso e confiabilidade, enquanto seu custo cai constantemente". LÉVY, Pierre. *Cibercultura*, cit., p. 34.

109 "Since the beginning of time, for us humans, forgetting has been the norm and remembering the exception. Because of digital technology and global networks, however, this balance has shifted. Today, with the help of widespread technology, forgetting has become the exception, and remembering the default". Em tradução livre: Desde o início dos tempos, para nós humanos, esquecer tem sido a norma e lembrando a exceção. Com a tecnologia digital e as redes globais, no entanto, esse equilíbrio mudou. Hoje, com a ajuda da tecnologia generalizada, o esquecimento tornou-se a exceção e a lembrança, a regra. MAYER-SCHÖNBERGER, Viktor. *Delete:* the virtue of forgetting in the digital age. Princeton: Princeton University Press, 2009. p. 2.

110 Estadão. *A internet precisa nos permitir esquecer; diz professor de Oxford.* Disponível em: <http://link.estadao.com.br/noticias/geral,a-internet-precisa-nos-permitir-esquecer-diz-professor-de-oxford,10000031345>. Acesso em: 31 jul. 2017.

111 BUCAR, Daniel. Controle temporal de dados: o direito ao esquecimento. *Civilistica.com.* Rio de Janeiro, a. 2, nº 3, jul.-set./2013. Disponível em: <http://civilistica.com/controle-temporal-dedados-o-direito-ao-esquecimento/>. Acesso em: 28 jul. 2017.

Nesse contexto, adquire relevância o debate em torno do direito ao esquecimento, que pode representar, de certa forma, uma limitação a essa "perpetuidade" implementada pela rede. Anderson Schreiber chama atenção para o fato de que dados pretéritos são veiculados na Internet com a mesma clareza de dados recentes,[112] o que torna o tema ainda mais complexo.[113]

O direito ao esquecimento, como a própria nomenclatura indica, refere-se ao direito de ter eventos pessoais de seu passado apagados, de forma que não sejam mais acessíveis pela sociedade em geral, que não fiquem disponíveis pela eternidade. Nas palavras de Anderson Schreiber, "Trata-se, em síntese, de um direito a não ser constantemente perseguido por fatos do passado, que já não mais refletem a identidade atual daquela pessoa. O direito ao esquecimento é, assim, essencialmente um direito contra uma recordação opressiva de fatos".[114]

Um dos casos paradigmáticos para o reconhecimento desse direito ficou conhecido como *Caso Lebach*, julgado pelo Tribunal Constitucional Alemão na década de 70. Poucos dias antes de um condenado pela chacina de quatro soldados alemães deixar a prisão, tendo cumprido sua pena, uma emissora pretendia relatar o crime por meio de um programa televisivo especial, com fotos reais e o nome dos envolvidos. Diante disso, ele ajuizou uma ação para impedir a exibição do programa, tendo o Tribunal entendido que, muito embora fosse reconhecida a liberdade de informação e de imprensa, no caso, pelo decurso do tempo, o interesse público cederia ao direito à ressocialização, não podendo a imprensa resgatar de forma ilimitada aquele acontecimento.[115]

---

112 SCHREIBER, Anderson. *Direitos da personalidade*, cit., p. 164-165.

113 "Outro fator importante quando a memória está relacionada a novos objetos é a presença de acontecimentos do passado em um tempo presente. O passado passa a existir no tempo presente e nesta velocidade registra-se um encurtamento de tempo para que o fato passe a outra esfera da memória". CUNHA, Mágda Rodrigues da. A Memória na era da reconexão e do esquecimento. *Em Questão*, v. 17, nº 2, p. 101-115, Porto Alegre, jul./dez. 2011. p. 112.

114 SCHREIBER, Anderson. *Nossa ordem jurídica não admite proprietários de passado*. Disponível em: <http://www.conjur.com.br/2017-jun-12/anderson-schreiber--nossas-leis-nao-admitem-proprietarios-passado>. Acesso em: 15 jul. 2017.

115 Ver: BVerfGE 35, 202. É interessante notar que a retratação jornalística do episódio foi mais uma vez questionada na década de 90, mas teve um desfecho diverso. Na hipótese, uma rede de televisão alemã estava produzindo uma série sobre crimes que entraram para a História e o assassinato dos soldados alemães seria um dos crimes retratados. Houve manifestação dos envolvidos no crime para impedir a produção e divulgação do programa, mas o Tribunal Constitucional Alemão entendeu que, nesse caso, o foco jornalístico seria a retratação do crime – e não dos condenados -, na medida em que os produtores haviam mudado o nome de alguns

No caso *Melvin vs. Reid*, julgado em 1931 pelo Tribunal norte-americano da Califórnia, uma mulher que havia se prostituído e sido acusada de homicídio no passado viu esses fatos de sua vida serem retomados ao serem retratados no filme *The Red Kimono*, em 1925. Seu marido, Bernard Melvin, buscou, então, uma reparação no Poder Judiciário, que reconheceu a violação ao direito à privacidade no caso.

Mais recentemente, ganhou destaque o caso do cidadão espanhol Mario Costeja González, que teve divulgada no jornal *La Vanguardia* a notícia de que seu imóvel havia sido levado a hasta pública para pagamento de dívidas com a seguridade social. Mesmo após muitos anos e a quitação da dívida, o seu nome permanecia vinculado a esse fato. Em 2009, ele procurou o jornal para pedir que seu nome deixasse de aparecer veiculado ao evento, mas não obteve sucesso. Em 2010, Costeja recorreu, então, ao *Google Espanha*, solicitando a retirada de seus dados do motor de busca, mas também não teve seu pleito atendido administrativamente.

O caso foi analisado pelo Tribunal Europeu, que, em 2014, com fundamento na Diretiva Europeia 95/46/CE, decidiu que o provedor de buscas é considerado responsável pelos dados pessoais dos usuários, mesmo que seu servidor se encontre fora do território europeu, e que, preenchidos os requisitos legais (nos casos em que a informação seja imprecisa, inadequada, irrelevante ou excessiva), o provedor seria obrigado a retirar determinados resultados da lista de busca, mesmo diante da licitude da publicação. Contudo, ressaltou que tal direito não seria absoluto, devendo-se analisar as circunstâncias do caso concreto.[116]

A partir dessa decisão paradigmática, alguns debates começaram a adquirir especial relevância, como a extensão do referido direito: os resultados de busca deveriam ser excluídos em todo o buscador ou apenas nos domínios do local da determinação?

O caráter global da rede apresenta tal dificuldade, sendo, inclusive, levantados questionamentos quanto à jurisdição e a amplitude das decisões que determinam a exclusão de determinado conteúdo da rede, na medida em que cada ordenamento jurídico interno possui seus nortes próprios.

dos envolvidos e suas imagens não seriam exibidas, e que os riscos para a ressocialização haviam sido reduzidos pelo decurso do tempo. Ver: BvR 348/98, BvR 755/98. Disponível em: <http://www.bundesverfassungsgericht.de/entscheidungen/rk19991125_1bvr034898.html>. Acesso em: 16 jul. 2017.

116 Ver: Processo C131/12. Disponível em: <http://curia.europa.eu/juris/document/document.jsf?docid=152065&doclang=PT>. Acesso em: 16 jul. 2017.

Além disso, há uma preocupação em torno dos possíveis efeitos da retirada de informações de circulação, do consequente comprometimento da liberdade de expressão e informação que essa ingerência sobre o conteúdo disponível na plataforma pode acarretar.

É sob esse aspecto que se aponta que o debate em torno do direito ao esquecimento envolve precipuamente conflitos entre preceitos fundamentais - sobretudo a liberdade de expressão (art. 5º, IX e art. 220, CF/88) e a privacidade (art. 5º, X, XI e XII, CF/88), ensejando uma ponderação no caso concreto[117] e dividindo a doutrina em relação à análise do tema.

Como já se destacou anteriormente, a proteção da personalidade adquire contornos diferenciados na Internet. Se antes as informações pessoais estavam substancialmente sob exclusivo controle dos interessados, hoje as informações são divididas com uma pluralidade de sujeitos. Além disso, torna-se cada vez mais importante o controle das informações que entram, de modo que a possibilidade de construção livre da esfera privada de desenvolvimento autônomo da personalidade passou a ser condição para determinar a efetividade e a amplitude da liberdade na esfera pública.[118]

Nesse contexto, o direito ao esquecimento corresponderia, assim, ao aspecto cronológico do controle de dados e informações a respeito da pessoa, que, somado ao controle espacial e contextual,[119] formaria a "tríade de ferramentas protetivas da privacidade".[120]

No que se refere ao controle temporal de dados, cabe destacar que a Lei nº 8.078/90 (Código de Defesa do Consumidor), em seu art. 43, § 1° estabelece que os "cadastros e dados de consumidores devem ser objetivos, claros, verdadeiros e em linguagem de fácil compreensão, *não podendo conter informações negativas referentes a período superior a cinco anos*".[121] Ou seja, decorrido o prazo definido em lei, cabe aos agentes admi-

117 "A ponderação consiste, portanto, em uma técnica de decisão jurídica aplicável a casos difíceis, em relação aos quais a subsunção se mostrou insuficiente, sobretudo quando uma situação concreta dá ensejo à aplicação de normas de mesma hierarquia que indicam soluções diferenciadas". BARROSO, Luís Roberto. Colisão entre liberdade de expressão e direitos da personalidade. critérios de ponderação. Interpretação constitucionalmente adequada do Código Civil e da Lei de Imprensa. *Revista de Direito Administrativo*, 235, p. 1-36, Rio de Janeiro, Jan./Mar. 2004. p. 9.

118 RODOTÀ, Stefano. *A vida na sociedade da vigilância*, cit., p. 127-128.

119 Daniel Bucar ressalta que a divulgação de uma informação fora de contexto potencializa a vulneração ao direito à privacidade na medida em que, para que o indivíduo a reinsira no contexto original, terá que fornecer outras informações privadas, o que potencializa a exposição. BUCAR, Daniel. *Controle temporal de dados*, cit., p. 9.

120 BUCAR, Daniel. *Controle temporal de dados*, cit., p. 7.

121 Grifos nossos.

nistradores do cadastro restritivo excluir a informação, reconhecendo-se os prejuízos de uma anotação desabonadora *ad eternum* para o indivíduo.

Também a Lei nº 12.414/11 (Lei do Cadastro Positivo), em seu art. 5º, III, traz como direito do cadastrado "solicitar impugnação de qualquer informação sobre ele erroneamente anotada em banco de dados e ter, em até 7 (sete) dias, sua correção ou cancelamento e comunicação aos bancos de dados com os quais ele compartilhou a informação". Assim, diante de informações inverídicas ou incorretas, pode o cadastrado requerer a sua exclusão ou correção.

No âmbito penal, o art. 748 do Código de Processo Penal, buscando a ressocialização daquele que cumpriu sua pena, estabelece que condenações anteriores "não serão mencionadas na folha de antecedentes do reabilitado, nem em certidão extraída dos livros do juízo, salvo quando requisitadas por juiz criminal".

Apesar de não constituírem exatamente o cerne da questão aqui analisada, essas previsões legais consubstanciam, em sua essência, a ideia de que determinados fatos passados, que possuem um caráter negativo, não devem ficar disponíveis pela eternidade, sob pena de acarretarem sérios prejuízos para o indivíduo.

O Marco Civil da Internet (Lei nº 12.965/14), em seu art. 3º, aponta como princípios que regem a disciplina do uso da Internet tanto a garantia da liberdade de expressão, comunicação e manifestação de pensamento quanto a proteção da privacidade e dos dados pessoais. O art. 4º, II da lei apresenta a promoção do acesso à informação como objetivo da regulação da Internet, enquanto o art. 7º, I, assegura a inviolabilidade da intimidade e da vida privada, sua proteção e indenização pelo dano material ou moral decorrente de sua violação.

Dessa forma, tanto a liberdade de expressão quanto o direito à privacidade são reconhecidos e protegidos como importantes diretrizes que devem reger o uso e a própria regulação da Internet no Brasil, não havendo qualquer preponderância apriorística entre os dois direitos.

As maiores dificuldades surgem, na verdade, na casuística da vida, na medida em que cada situação concreta traz consigo nuances imprescindíveis para uma análise adequada da pertinência ou não da manutenção do conteúdo na rede. Essas particularidades representam verdadeiro desafio para o estabelecimento de parâmetros que, se por um lado, devem garantir um mínimo de segurança jurídica, por outro, também não podem constituir uma verdadeira "camisa de força" para o intérprete.

No Brasil, alguns casos chegaram até o Poder Judiciário, acarretando o enfrentamento e o debate público acerca de aspectos atinentes ao chamado direito ao esquecimento.

No que atine propriamente a uma tutela *post mortem*, destaca-se ao caso julgado pelo Superior Tribunal de Justiça, relativo à exibição do programa *Linha Direta*, que dizia respeito ao caso de Aída Curi, abusada sexualmente e morta em 1958 no Rio de Janeiro. O programa apresentou a história do referido crime, divulgando o nome da vítima e fotos reais do caso, trazendo aos familiares da vítima a lembrança e o sofrimento relacionado a ele. Os irmãos de Aída Curi ajuizaram, então, ação indenizatória contra a emissora, por danos morais, materiais e à imagem. O juízo de 1º grau julgou os pedidos improcedentes, sendo a sentença mantida em grau de Apelação.

O caso chegou ao STJ, tendo a 4ª Turma entendido, por maioria, que não seria devida a indenização, considerando que, no caso, o crime em questão se tratava de um fato histórico, de interesse público, e que seria impossível relatar o crime sem mencionar o nome da vítima, a exemplo do que ocorre com os crimes históricos.[122]

O Ministro Relator Luis Felipe Salomão ressaltou que o passar do tempo fez com que o crime caísse em domínio público e que seria impossível retratar o crime sem mencionar o nome da vítima. Considerou-se, ainda, que o caso foi retratado mediante dramatizações realizadas por atores contratados, tendo havido uma única exposição da imagem real da falecida, tendo o programa tido a retratação do crime em si como foco.

A Ministra Maria Isabel Gallotti e o Ministro Marco Buzzi, que votaram em sentido diverso, apontaram a inexistência de interesse público a autorizar a mitigação da privacidade em prol do direito de informar. Destacaram, ainda, que houve recusa expressa dos familiares em relação à exibição do programa, não podendo a emissora expor ou utilizar a imagem da vítima para fins comerciais.

Os autores também interpuseram recurso perante o STF, que reconheceu a repercussão geral da questão, discutindo-se a aplicabilidade do direito ao esquecimento na esfera cível.[123]

Tal desfecho foi diverso de outro caso a respeito do tema, no qual o autor havia sido inocentado da acusação de participação na chacina da Candelária (ocorrida em 1993 no RJ), mas acabou sendo mencionado no programa televisivo *Linha Direta* realizado em 2006, que tratou do crime. A emissora o havia procurado com o intuito de entrevistá-lo, e ele se recusou a participar do programa. Mesmo assim, a matéria foi transmitida. Diante da retomada de uma situação que já havia sido superada, o autor ajuizou uma ação indenizatória contra a emissora, pleiteando a reparação pelos danos morais sofridos pela divulgação do programa.

---

122 STJ, 4ª Turma, REsp 1335153/RJ, Rel. Min. Luis Felipe Salomão, j. 28.05.2013, DJe 10.09.2013.

123 STF, Repercussão geral no RE com Agravo 833.248/RJ, Rel. Min. Dias Toffoli, j. 18.12.2014.

Na sentença, o pedido foi julgado improcedente, mas, em grau de Apelação, a sentença foi reformada, considerando que o programa poderia ter sido exibido sem mencionar o nome do autor, de modo que o direito à informação poderia ter sido exercido sem que houvesse a violação à sua dignidade.

A emissora recorreu e a 4º Turma do STJ, sob relatoria do Min. Luis Felipe Salomão, negou provimento ao recurso, mantendo a indenização fixada, considerando que "se os condenados que já cumpriram a pena têm direito ao sigilo da folha de antecedentes, assim também a exclusão dos registros da condenação no Instituto de Identificação, por maiores e melhores razões aqueles que foram absolvidos não podem permanecer com esse estigma, conferindo-lhes a lei o mesmo direito de serem esquecidos".[124]

Na análise do caso, a ausência de contemporaneidade da notícia e o comprometimento do direito à ressocialização com a divulgação do nome do autor foram elementos relevantes para o deslinde da questão.

A existência de soluções diversas para ambos os casos – que, diga-se de passagem, foram julgados no mesmo dia, pela mesma Turma e pelo mesmo Relator – ressalta a complexidade da questão sob análise, que vem sendo objeto de grandes embates doutrinários, sobretudo quanto à própria existência de um direito ao esquecimento e à sua aplicabilidade e amplitude.

Adquiriu também relevo o caso de um cantor que faleceu em um acidente de carro e que teve suas imagens relacionadas ao acidente, à preparação do corpo e à autópsia veiculadas na Internet. No caso, a família ajuizou uma ação em face do Facebook e do Google, buscando a suspensão da veiculação de tais arquivos, tendo o magistrado considerado os provedores solidariamente responsáveis pela divulgação indevida das imagens e vídeos, entendendo que seria dever dos provedores adotar medidas para impedir ações que provocassem "revolta e repulsa, e que se revelam agressivas ao sentimento de luto suportado pelos familiares das vítimas".[125]

O Google interpôs, então, agravo de instrumento em face da decisão, tendo a 4ª Câmara Cível do Tribunal de Justiça do Estado de Goiás dado parcial provimento ao recurso, reconhecendo a "inexequibilidade da ordem liminar", já que não teria havido a correta delimitação da responsabilidade do réu e a necessária localização inequívoca do conteúdo a ser excluído. Considerou-se que a "ordem judicial determinando a indisponibilidade de conteúdo apontado como infringente deverá conter, sob pena de nulidade, identificação clara e específica deste conteúdo,

124 STJ, 4ª Turma, REsp 1334097/RJ, Rel. Min. Luis Felipe Salomão, j. 28.05.2013, DJe 10.09.2013.

125 TJGO, 3ª Vara de Família e Sucessões. Processo nº 230331-74.2015.8.09.0051, Juiz de Direito William Fabian de Oliveira Ramos, j. 25.06.2015.

permitindo a localização inequívoca do material", devendo haver a indicação do link ou URL da página em que estiver inserido o conteúdo.[126]

A dificuldade de operacionalizar a remoção de conteúdos que atinjam a honra ou a imagem da pessoa morta também pode ser observada no caso da vereadora Marielle Franco, morta a tiros no Rio de Janeiro em 2018, que teve imagens suas vinculadas a informações falsas

126 O acórdão foi assim ementado: "AGRAVO DE INSTRUMENTO. AÇÃO DE OBRIGAÇÃO DE FAZER. REMOÇÃO DE CONTEÚDO DA INTERNET. PROVEDOR DE PESQUISA VIRTUAL (BUSCADOR GOOGLE). RESTRIÇÃO DOS RESULTADOS. IMPOSSIBILIDADE. DADOS OFENSIVOS ARMAZENADOS EM CACHE. EXCEÇÃO. EXCLUSÃO. DEVER, DESDE QUE FORNECIDO O URL DA PÁGINA ORIGINAL E COMPROVADA A REMOÇÃO DESTA DA INTERNET. PROVEDOR DE CONTEÚDO/HOSPEDAGEM. YOUTUBE. SITE DE COMPARTILHAMENTO DE VÍDEOS. PLEITO DE RETIRADA DE CONTEÚDO APONTADO COMO INFRINGENTE. INDICAÇÃO CLARA E INEQUÍVOCA DE SUA LOCALIZAÇÃO, POR MEIO DE LINKS E URLS. NECESSIDADE. INTELIGÊNCIA DO ARTIGO 19, CAPUT E § 1º DA LEI FEDERAL Nº 12.965/2014 (MARCO CIVIL DA INTERNET). AÇÃO COMINATÓRIA. COMINAÇÃO DE ASTREINTES. POSSIBILIDADE. VALOR RAZOÁVEL. FIXAÇÃO DE PRAZO PARA O CUMPRIMENTO DA ORDEM Sopesados os direitos envolvidos e o risco potencial de violação de cada um deles, o fiel da balança deve pender para a garantia da liberdade de criação, expressão e informação, assegurada pelo artigo 220 da Constituição Federal, sobretudo considerando que a Internet representa, hoje, importante veículo de comunicação social de massa. 5. O provedor de compartilhamento de vídeos é uma espécie do gênero provedor de conteúdo, pois se limita a disponibilizar as imagens e vídeos postados pelos usuários, sem nenhuma participação na criação ou na edição dos arquivos digitais. 6. A ordem judicial determinando a indisponibilidade de conteúdo apontado como infringente deverá conter, sob pena de nulidade, identificação clara e específica deste conteúdo, permitindo a localização inequívoca do material, ficando, pois, condicionada à indicação, pelo denunciante, do link ou URL da página em que estiver inserido o respectivo conteúdo. 7. Após a indicação dos endereços eletrônicos (links e URLs) do conteúdo apontado como ofensivo, deverá o magistrado a quo aferir a pertinência da matéria assinalada, verificando a necessidade ou não de sua remoção, ou seja, se há ou não a lesão alegada na exordial, com vistas a evitar que conteúdos não relacionados ou inofensivos sejam excluídos, configurando, assim, censura e injustificável afronta à liberdade de expressão e de informação, todos vedados pelo ordenamento jurídico pátrio. 8. A multa diária ou astreintes é um meio coercitivo imposto pelo magistrado no intuito de compelir a parte ao cumprimento da obrigação de fazer ou não fazer, consoante disposição contida no artigo 461, § 4º, do Código de Processo Civil. Sendo a multa adequada e fixada em patamar proporcional e razoável, não há razão para excluí-la ou modificá-la. 9. Tendo a parte, frente ao caráter genérico e a patente inexequibilidade da ordem liminar emanada em seu desfavor, oposto embargos de declaração, com teses que guardam, inclusive, guarida na iterativa jurisprudência do colendo Superior Tribunal de Justiça, não há que se falar em conduta temerária e de má-fé. Imperiosa, pois, a exclusão da multa processual arbitrada. 10. AGRAVO DE INSTRUMENTO CONHECIDO E PARCIALMENTE PROVIDO". TJGO, 4ª CC, Agravo de Instrumento nº 249066-17.2015.8.09.0000, Comarca de Goiânia, Rel. Des. Maurício Porfírio Rosa, j. 29.10.2015. Disponível em: <http://www.tjgo.jus.br/images/docs/ccs/cristianoaraujogogole.pdf>. Acesso em: 20 nov. 2017.

no Facebook. O magistrado, em 1ª instância, concedeu liminar em ação promovida pela irmã e pela companheira da vereadora, determinando a exclusão de todas as publicações ofensivas, além da utilização de todas as ferramentas disponíveis com o fito de impedir novas publicações danosas. Contudo, a decisão foi parcialmente reformada pela 25ª Câmara Cível do Tribunal de Justiça do Rio de Janeiro, para restringir o dever de remoção aos links expressamente indicados pelas autoras.[127]

Esses casos revelam a dificuldade de se realizar a tutela dos direitos da pessoa falecida, tendo em vista que esta, que é quem efetivamente titularizava os dados, não pode pleitear tal proteção. A questão se torna ainda mais tormentosa porque frequentemente a morte do indivíduo acaba por gerar uma maior reprodução e compartilhamento de conteúdos vinculados a ele, potencializando os riscos de violações.

Nos Tribunais estaduais, há decisões reconhecendo o referido direito[128] e outras afastando,[129] e a ausência de parâmetros seguros para o deslin-

---

127 TJRJ, 25ª CC, Agravo de Instrumento nº 0019333-06.2018.8.19.0000, Rel. Des. Luiz Fernando de Andrade Pinto, j. 15.08.2018.

128 RESPONSABILIDADE CIVIL. AÇÃO DE REPARAÇÃO DE DANOS. REPUBLICAÇÃO DE MATÉRIA JORNALÍSTICA DE CONTEÚDO VEXATÓRIO. DIREITO AO ESQUECIMENTO. APLICABILIDADE. CONDIÇÃO DESABONATÓRIA. DANO EXTRAPATRIMONIAL CONFIGURADO. QUANTUM INDENIZATÓRIO MAJORADO. Hipótese na qual a parte autora busca a condenação da ré ao pagamento de danos sofridos em face da republicação de matéria jornalística de 10.12.1977, sob o título "Marido obrigava mulher a usar 'cinto de castidade'", com plena indicação do seu nome e de seu ex-esposo, recordando período de muito sofrimento e humilhação, que sempre buscou esquecer, tanto que nunca mais estabeleceu nova convivência. O direito ao esquecimento costuma ser invocado como o direito de não ser lembrado contra sua vontade, especificamente no tocante a fatos desabonadores. Caso em que restou demonstrado que a demandada agiu com abuso no seu direto constitucional de liberdade de informação e manifestação na medida em que ao republicar fatos passados reabriu antigas feridas e reacendeu comentários desabonatórios, expondo a autora a constrangimento severo e de grande humilhação. A exposição pública e desnecessária realizada pelo meio de comunicação enseja a compensação moral reclamada, uma vez que ultrapassou o espaço da informação, afetando, assim, a moral e o bem-estar social da demandante. QUANTUM INDENIZATÓRIO. Majoração do montante indenizatório fixado em primeiro grau para R$ 40.000,00 (quarenta mil reais), considerando os parâmetros... balizados por esta Corte e atendendo, assim, à dupla finalidade dessa modalidade indenizatória: trazer compensação à vítima e inibição ao infrator. Valor que deverá ser corrigido monetariamente pelo IGP-M, a contar da data da sentença com fulcro na Súmula nº 362 do STJ, e juros de mora a contar da data do fato danoso, nos termos da Súmula 54 do STJ. APELAÇÃO DA AUTORA PROVIDA. APELAÇÃO DA RÉ PREJUDICADA. TJRS, 10ª CC, Apelação Cível nº 70063337810, Rel. Min. Túlio de Oliveira Martins, j. 26.11.2015.

129 AGRAVO DE INSTRUMENTO. Obrigação de Fazer. Decisão que indeferiu a antecipação dos efeitos da tutela para determinar que a ré promova a retirada de conteúdo dis-

de de questões como essas corre o grande risco de acarretar decisões permeadas pela subjetividade do julgador, comprometendo, em última análise, a segurança jurídica e, por vezes, os próprios preceitos que se pretende proteger.

É relevante, sob esse aspecto, compreender os diferentes posicionamentos e argumentos aventados sobre o chamado direito ao esquecimento, a fim de que se possa pensar em possíveis caminhos para um tratamento jurídico pelo qual se possa realizar um sopesamento adequado dos princípios colidentes.

Discute-se, inicialmente, a própria nomenclatura atribuída a essas situações. Na verdade, se há um apontamento comum aos diversos posicionamentos a respeito do tema, é justamente o de que o termo *direito ao esquecimento* pode acarretar equívocos conceituais relevantes. Primeiro, porque o pleito que envolve o referido direito refere-se à proteção de direitos diversos, como os direitos à privacidade, à imagem, à honra, etc., pretendendo-se o esquecimento como um possível *efeito* da exclusão ou da não divulgação de informações. Segundo, porque, com frequência, as ações judiciais propostas acabam por atribuir maior visibilidade ao fato, gerando efeito inverso do pretendido.

Durante a Audiência Pública realizada pelo STF, na manifestação do Instituto de Tecnologia e Sociedade do Rio de Janeiro (ITS), ressaltou-se que "convencionar o nome de algo como direito ao esquecimento obscurece o tratamento do que está em seu cerne: a proteção de direitos como a privacidade, a imagem e o nome por mecanismos como apagamento de dados, remoção de conteúdo e desindexação de chaves de busca". Deve-se ressaltar, ainda, que o direito ao esquecimento não se confunde com o direito de apagar dados, previsto pelo art. 7º, X do Marco Civil da Internet, que determina como direito do usuário a exclusão definitiva dos dados pessoais que tiver fornecido a determinada aplicação de internet ao término da relação entre as partes.[130]

ponibilizado em 'sites' de busca. Irresignação do requerente. Descabimento. Ausente prova inequívoca que convença da verossimilhança das alegações do requerente, posto serem verídicas as notícias impugnadas. Hipótese em que não se vislumbra receio de dano irreparável ou de difícil reparação já que os fatos ocorreram há quase dez anos. Teoria do 'direito ao esquecimento', cuja admissão não é pacífica e, portanto, não se presta a albergar o pedido antecipatório formulado Decisão mantida Recurso não provido. TJSP, 7ª Câmara de Direito Privado, Agravo de Instrumento nº 2133542-95.2014.8.26.0000, Rel. Des. Walter Barone, j. 09.10.2014, DJ 09.10.2014.

130 ITS Rio. *Dez Dilemas sobre o chamado Direito ao Esquecimento*. Manifestação do Instituto de Tecnologia e Sociedade do Rio de Janeiro na audiência pública realizada pelo Supremo Tribunal Federal, em 12.06.2017, sobre o tema "direito ao es-

Com efeito, o chamado *direito ao esquecimento*, na verdade, pode envolver três pleitos diversos, como se pode observar pelas decisões anteriormente mencionadas: a retirada de determinado conteúdo de alguma plataforma, a exclusão de determinado resultado nos provedores de busca (o que vem sendo denominado de direito à desindexação), e a não divulgação de determinada informação.[131]

Podem ser destacadas algumas propostas legislativas que buscaram tratar do tema.

O Projeto de Lei nº 7.881/2014, já arquivado, pretendia positivar um dever de remoção de links dos mecanismos de busca da Internet que fizessem referência a dados irrelevantes ou defasados sobre o envolvido.[132]

O Projeto de Lei nº 2.712/2015, apensado ao Projeto de Lei nº 1.676/2015, por sua vez, sugere o acréscimo do inciso XIV ao art. 7º do Marco Civil da Internet, que trata dos direitos garantidos aos usuários, para prever o direito à "remoção, por solicitação do interessado, de referências a registros sobre sua pessoa em sítios de busca, redes sociais ou outras fontes de informação na internet, desde que não haja interesse público atual na divulgação da informação e que a informação não se refira a fatos genuinamente históricos."[133]

Já o Projeto de Lei nº 1.676/2015, em tramitação, tipifica "o ato de fotografar, filmar ou captar a voz de pessoa, sem autorização ou sem fins lícitos, prevendo qualificadoras para as diversas formas de sua divulgação, e dispõe sobre a garantia de desvinculação do nome, imagem e demais aspectos da personalidade, publicados na rede mundial de computadores, internet, relativos a fatos que não possuem, ou não possuem mais, interesse público". A referida proposição traz expressamente o direito ao esquecimento como expressão da dignidade da pessoa humana,

quecimento". Disponível em: <https://itsrio.org/wp-content/uploads/2017/06/ITS-Rio-Audiencia-Publica-STF-Direito-ao-Esquecimento-Versao-Publica-1.pdf>. Acesso em: 10 ago. 2017.

131 TEFFÉ, Chiara Spadaccini de; BARLETTA, Fabiana Rodrigues. "O direito ao esquecimento: uma expressão possível do direito à privacidade". In: TEPEDINO, Gustavo; TEIXEIRA, Ana Carolina Brochado; ALMEIDA, Vitor (coord.). *O direito civil entre o sujeito e a pessoa:* estudos em homenagem ao professor Stefano Rodotà. Belo Horizonte: Fórum, 2016. p. 263.

132 BRASIL. Câmara dos Deputados. Projeto de Lei nº 7881, de 2014. Disponível em: <http://www.camara.gov.br/proposicoesWeb/fichadetramitacao?idProposicao=621575>. Acesso em: 18 ago. 2017.

133 BRASIL. Câmara dos Deputados. Projeto de Lei nº 2712, de 2015. Disponível em: <http://www.camara.gov.br/proposicoesWeb/fichadetramitacao?idProposicao=1672348>. Acesso em: 18 ago. 2017.

determinando uma obrigação para os provedores de aplicações de criarem departamentos específicos para tratar do direito ao esquecimento, devendo justificar a recusa do reconhecimento desse direito ao serem contatados pelos usuários.[134]

Apesar de buscarem incluir previsões legais expressas sobre um direito ao esquecimento, as propostas não resolvem a questão em seu cerne, na medida em que trazem conceitos vagos como *dados irrelevantes ou defasados* e *interesse público*. Na verdade, o maior desafio é justamente definir o que se inclui ou não como interesse público, devendo ser mantido, e o que poderia ser removido.

No STF, a questão foi amplamente debatida, podendo ser observadas três tendências distintas em relação ao debate: a primeira, que *privilegia o direito à informação*, ressaltando a possibilidade de perda histórica, de comprometimento da memória coletiva, ao se apagar dados;[135] a segunda, que entende que *o direito ao esquecimento deve prevalecer*, como expressão da dignidade da pessoa humana, sobre a liberdade de informação acerca de dados pretéritos; e uma terceira, pela qual *não há uma hierarquização prévia e abstrata* entre a liberdade de expressão e o direito ao esquecimento (como desdobramento da privacidade), devendo haver uma ponderação à luz de cada caso concreto.[136]

Trata-se, na verdade, de visões que refletem perspectivas diferentes de tratamento do problema, mas que, no fim, recorrerão inevitavelmente ao exercício de ponderação que se exige em conflitos de preceitos fundamentais.

Sem dúvida, ao elencar a dignidade humana como fundamento da República no art. 1º, III, a Constituição Federal de 1988 trouxe uma tute-

---

134 BRASIL. Câmara dos Deputados. Projeto de Lei nº 1676, de 2015. Disponível em: <http://www.camara.gov.br/proposicoesWeb/fichadetramitacao?idProposicao=1295741>. Acesso em: 18 ago. 2017.

135 Nesse sentido: "Na verdade, tanto em sua manifestação individual, como especialmente na coletiva, entende-se que as liberdades de informação e de expressão servem de fundamento para o exercício de outras liberdades, o que justifica uma posição de preferência – *preferred position* – em relação aos direitos fundamentais individualmente considerados". BARROSO, Luís Roberto. *Colisão entre liberdade de expressão e direitos da personalidade*, cit., p. 20. Daniel Sarmento também entende a proteção das liberdades de imprensa e expressão como direitos preferenciais. SARMENTO, Daniel. Parecer. Liberdades Comunicativas e "Direito ao Esquecimento" na ordem constitucional brasileira. *Revista Brasileira de Direito Civil – RBDCivil*, vol. 7, Jan/Mar 2016. Disponível em: <https://www.ibdcivil.org.br/image/data/revista/volume7/parecerrefeito.pdf>. Acesso em: 23 jul. 2017.

136 SCHREIBER, Anderson. *As três correntes do direito ao esquecimento*. Disponível em: <https://jota.info/artigos/as-tres-correntes-do-direito-ao-esquecimento-18062017>. Acesso em: 15 jul. 2017.

la diferenciada em prol do indivíduo, de modo que, diante de situações que possam acarretar lesão a direitos da personalidade, é preciso ponderar, com muita cautela, a existência de um interesse público a justificar a manutenção do conteúdo.

O Enunciado nº 531, da VI Jornada de Direito Civil do CJF, reconhece que a "tutela da dignidade da pessoa humana na sociedade da informação inclui o direito ao esquecimento", compondo a esfera de tutela da dignidade da pessoa humana. Anteriormente, o Enunciado 404, da V Jornada, já havia previsto que a tutela da privacidade da pessoa humana compreenderia "os controles espacial, contextual e temporal dos próprios dados".

Argumenta-se que o direito ao esquecimento constituiria uma vertente do direito à privacidade, nos termos da autodeterminação informativa já apontada anteriormente, sendo relevante seu reconhecimento para a tutela da dignidade da pessoa humana. Seria, sob esse aspecto, necessário "respeitar os processos de desenvolvimento da pessoa, garantindo-lhe alguma privacidade, o respeito à sua honra, imagem e identidade, sob o prisma da solidariedade social e não do individualismo liberal".[137]

Por outro lado, tem-se destacado alguns riscos do acolhimento de pleitos de não divulgação ou de remoção de conteúdo com base no direito ao esquecimento. Os principais aspectos apontados referem-se aos prejuízos que podem ser causados à liberdade de expressão, de informação e de imprensa,[138] essenciais a um Estado democrático, o risco de perda histórica e ausência de registro de crimes relevantes, a privacidade como censura, e o fato de que a simples passagem do tempo não transformaria uma informação lícita em ilícita.

Daniel Sarmento alerta que "a imposição do esquecimento tem sido um instrumento de manipulação da memória coletiva, de que se valem os regimes totalitários em favor dos seus projetos de poder", ressaltando os riscos de agentes estatais definirem o que pode e o que não pode ser recordado pela sociedade.[139]

---

137 MENEZES, Joyceane Bezerra de; COLAÇO, Hian Silva. Direito ao esquecimento digital e responsabilidade civil dos provedores de busca na Internet: interface entre Marco Civil, experiência nacional e estrangeira e Projetos de Lei nº 7881/2014 e nº 1676/2015. *Revista de Direito, Governança e Novas Tecnologias*. Minas Gerais, v. 1, nº 2, p. 1 - 27, Jul/Dez. 2015. Disponível em: <http://www.indexlaw.org/index.php/revistadgnt/article/view/45/81>. Acesso em: 18 ago. 2017.

138 Art. 220, CF/88: A manifestação do pensamento, a criação, a expressão e a informação, sob qualquer forma, processo ou veículo não sofrerão qualquer restrição, observado o disposto nesta Constituição. § 1º Nenhuma lei conterá dispositivo que possa constituir embaraço à plena liberdade de informação jornalística em qualquer veículo de comunicação social, observado o disposto no art. 5º, IV, V, X, XIII e XIV. (...)

139 "O "direito ao esquecimento" mantém também uma tensão insanável com a faceta mais específica do direito à memória. Trata-se da dimensão do direito à memó-

Indaga-se, ainda, se seria possível determinar *ex ante* se um fato poderia ou não atrair interesse coletivo no futuro, devendo-se considerar os riscos de perda histórica relevante.

Com efeito, deve-se atentar que uma "versão voluntarista do direito ao esquecimento", acabaria por "reconhecer a qualquer usuário a possibilidade de moldar, de acordo com sua vontade, as ocorrências relativas ao seu nome – o que nos levaria, em última análise, a uma espécie de internet de cada um".[140] Contudo, não se pode ignorar que o aprimoramento dos meios de comunicação, sobretudo com a Internet, potencializa os danos decorrentes da exposição de determinado conteúdo desabonador ou simplesmente descontextualizado, demandando um cuidado maior ao se estabelecer parâmetros de ponderação.

Ao tratar da hipótese de colisão entre a liberdade de informação e de expressão e os direitos da personalidade, Luís Roberto Barroso aponta como critérios de ponderação: a veracidade do fato, a licitude do meio empregado na obtenção da informação, a personalidade pública ou estritamente privada da pessoa, o local do fato, a natureza do fato, a existência de interesse público na divulgação e a preferência por medidas que não envolvam a proibição prévia da divulgação.[141]

Pablo Dominguez Martinez também destaca alguns parâmetros a serem considerados na análise de pleitos envolvendo o direito ao esquecimento: "1) domínio público; 2) a preservação do contexto original da informação pretérita; 3) preservação dos direitos da personalidade na rememoração; 4) utilidade na informação e 5) atualidade da informação".[142]

---

ria – por vezes chamada de direito à memória e à verdade, ou apenas de direito à verdade – que envolve a obrigação do Estado de revelar e difundir à sociedade fatos históricos profundamente negativos, consistentes em graves violações de direitos humanos, geralmente ocorridos em períodos ditatoriais, e que eram mantidos em sigilo. Esta é uma faceta importantíssima do direito à memória no país, tendo em vista o período de autoritarismo que vivenciamos no passado, marcado por odiosas afrontas aos direitos humanos, bem como pela cultura de segredo sobre o tema, que sobreviveu ao final do regime de exceção". SARMENTO, Daniel. *Parecer. Liberdades Comunicativas e "Direito ao Esquecimento" na ordem constitucional brasileira*, cit.

140 SCHREIBER, Anderson. *Nossa ordem jurídica não admite proprietários de passado*, cit.

141 BARROSO, Luís Roberto. *Colisão entre liberdade de expressão e direitos da personalidade*, cit., p. 35-36.

142 MARTINEZ, Pablo Dominguez. *Direito ao Esquecimento*: a proteção da memória individual na sociedade da informação. Rio de Janeiro: Lumen Jures, 2014 p. 207/208, *apud* MENEZES, Joyceane Bezerra de; COLAÇO, Hian Silva. *Direito ao esquecimento digital e responsabilidade civil dos provedores de busca na Internet*, cit., p. 9.

Sem dúvida, a veracidade da informação e o fundamento que justifica a divulgação são importantes instrumentos iniciais para se analisar a permanência ou a exclusão de um conteúdo reputado como danoso. A expectativa de privacidade da pessoa também é um ponto a ser observado, considerando-se o local do fato (se público ou privado) e a natureza do fato ou da informação.

Em relação à personalidade da pessoa, deve-se observar que deve prevalecer a consideração sobre o caráter público ou privado do fato, muito mais do que do indivíduo, na medida em que mesmo as pessoas notórias não deixam de ter direito à proteção de sua privacidade.

Daniel Buscar aponta duas situações em que o controle temporal deve ceder espaço a outros interesses, possibilitando o tratamento atual de dados passados, mesmo diante da recusa ou da ausência de consentimento do indivíduo atingido: "(a) a presença de valor existencial de igual ou superior relevância ao do interessado e (b) tratamento dos dados com conteúdo histórico, cuja divulgação encontra-se inserida em uma das vertentes da liberdade de expressão".[143]

Assim, é preciso considerar que nenhum direito é absoluto, por mais que se busque uma proteção ampla e efetiva, devendo-se analisar em caso concreto as vicissitudes que permeiam a controvérsia, sem partir de uma preponderância prévia.

No que se refere à desindexação, ou seja, à remoção de resultados listados em determinado provedor de busca, questiona-se a seletividade das ações propostas, na medida em que geralmente direcionam-se muitas vezes a um só provedor, e a efetividade de tal medida, tendo em vista que o conteúdo permanece acessível na página na qual foi originalmente vinculada.

Deve-se observar, nesse sentido, que, apesar da exclusão de determinada informação, essa remoção, na maioria das vezes, revela-se inócua em decorrência das diversas conexões estabelecidas na rede. Como observa Célio Andrade de Santana Júnior *et al*, "as conexões de um indivíduo, sejam estas pessoas ou software, mostram-se tão importantes quanto as informações desse indivíduo em si, uma vez que as conexões determinam não mais apenas para quem (redes sociais), mas para o que e para aonde as informações irão". No caso da exclusão de resultados de busca, sobretudo, pode-se verificar que há uma falsa sensação de controle, na medida em que há a permanência do conteúdo em sua fonte original, que permanece acessível.[144]

---

143 BUCAR, Daniel. *Controle temporal de dados*, cit., p. 11.

144 "O direito ao esquecimento, da forma como ele vem sendo promovido hoje em dia, apenas transforma, de maneira bastante sutil, a maneira como a informação é utilizada pelos serviços de internet. Os dados não estarão mais visíveis a usuários

Recentemente, o Tribunal Supremo Espanhol condenou o Google Espanha a pagar uma indenização de 8 mil euros a um cidadão por não ter excluído dos resultados de busca a referência a um indulto concedido a ele em 1999. O magistrado Francisco Marín Castán destacou que a manutenção dessa informação além de um prazo razoável não subsistiria frente aos direitos à honra, à intimidade e à proteção de dados pessoais. Além disso, considerou-se que a necessidade de o indivíduo recorrer à empresa matriz do Google, com sede na Califórnia, apresentaria um grande obstáculo à efetividade dos direitos fundamentais.[145]

Esse tipo de decisão levanta uma questão relevante sobre a temática: haveria algum parâmetro temporal para se alegar direito ao esquecimento, considerando-se a atualidade ou não da informação? Ou seja, a partir de que momento uma informação verídica se tornaria inadequada, sendo passível de remoção? A conclusão seria outra caso o indivíduo já tivesse falecido?

Além disso, qual seria a instância competente para analisar se determinado conteúdo deve ou não ser excluído? Se o controle estatal, mesmo pela via judicial, pode se revelar temerário, sobretudo em decorrência do histórico de controle dos meios de comunicação por regimes autoritários, deixar essa escolha nas mãos das grandes empresas que oferecem suas plataformas na rede também apresenta riscos relevantes.[146]

---

comuns dos motores de busca, mas podem continuar a ser coletados e interpretados livremente para outros tipos de transações comerciais". SANTANA JÚNIOR, Célio Andrade de *et al.* Uma reflexão sobre o direito ao esquecimento e sua relação com as máquinas sociais: o direito de desconectar-se. *Liinc em Revista*, v.11, n.1, p. 106-121, Rio de Janeiro, maio 2015. p. 119.

145 "Derecho al olvido digital. Legitimación pasiva de la filial española de la empresa titular del buscador Google. El tratamiento de los datos personales vinculados con la concesión de un indulto en un buscador generalista de Internet deja de ser lícito una vez transcurrido un plazo razonable desde que se ha concedido el indulto si el afectado ejercita su derecho de oposición. Equilibrio entre el derecho a la información sobre la concesión de indultos y los derechos al honor, intimidad y protección de datos personales del indultado". Sentencia de 5 de abril de 2016. Recurso 3269/2014.

146 Alguns casos de fotos artísticas ou históricas censuradas pelo Facebook ganharam notoriedade, como o caso de uma foto de uma estátua nua e de uma foto histórica da Guerra do Vietnã, que foram removidas da rede social. BBC Brasil. *Facebook se desculpa por censurar por engano foto de estátua nua.* Disponível em: <http://www.bbc.com/portuguese/salasocial-38501017>. Acesso em: 17 ago. 2017. The Guardian. *Mark Zuckerberg accused of abusing power after Facebook deletes 'napalm girl' post.* Disponível em: <https://www.theguardian.com/technology/2016/sep/08/facebook-mark-zuckerberg-napalm-girl-photo-vietnam-war>. Acesso em: 17 ago. 2017.

Isso porque exigir que os provedores de aplicações possuam estrutura para analisar todos os pleitos de remoção de conteúdo pode impactar a livre iniciativa, e, no fim das contas, a instância com conhecimento técnico para realizar essa ponderação de direitos fundamentais é o Poder Judiciário, que, ademais, possui o dever de fundamentação das decisões prolatadas, o que já representa uma espécie de barreira para o arbítrio.

É nesse sentido que o art. 19 do Marco Civil da Internet prevê que o provedor de aplicações só será responsabilizado civilmente por danos decorrentes de conteúdos gerados por terceiros se deixar de tornar o conteúdo indisponível após ordem judicial específica, que o reconheça como infringente.[147]

Não se pode descurar que, se a remoção de determinada informação da rede revela-se, muitas vezes, como mecanismo de tutela de direitos da personalidade como a intimidade, a imagem, a honra, etc., a exclusão injustificada de um conteúdo que a pessoa desejava que permanecesse disponível também pode acarretar danos significativos a ela.[148] Tal constatação pode ser observada tanto no que se refere à sua liberdade de expressão, quanto a outros direitos tutelados, como no caso da remoção infundada de um perfil de uma rede social, que continha fotos, vídeos e mensagens relevantes para o usuário, ou até mesmo que servisse de meio de divulgação e comunicação profissional.

Por outro lado, a possibilidade de remoção de determinada informação inserida pela pessoa na rede no passado pode representar também um instrumento de garantia da própria liberdade de expressão, na medida em que a permanência de um conteúdo inserido preteritamente pela própria pessoa e a chance de seu resgate de forma indevida pode fazer justamente com que a pessoa deixe de se manifestar, com receio dessa retomada.

---

147 Art. 19. Com o intuito de assegurar a liberdade de expressão e impedir a censura, o provedor de aplicações de internet somente poderá ser responsabilizado civilmente por danos decorrentes de conteúdo gerado por terceiros se, após ordem judicial específica, não tomar as providências para, no âmbito e nos limites técnicos do seu serviço e dentro do prazo assinalado, tornar indisponível o conteúdo apontado como infringente, ressalvadas as disposições legais em contrário. (...) Aponta-se como exceções dessa disposição o art. 19, § 2º e o art. 21 do Marco Civil.

148 Um exemplo foi a controversa censura pelo Facebook de fotos e vídeos de uma campanha de conscientização sobre o câncer de mama, em 2016. OGLOBO. *Após controvérsia, Facebook vai flexibilizar censura de fotos e vídeos*. Disponível em: <https://oglobo.globo.com/sociedade/tecnologia/apos-controversia-facebook-vai-flexibilizar-censura-de-fotos-videos-20343268#ixzz5Qel0aWzfstest>. Acesso em: 24 jul. 2018.

Dessa forma, reforça-se o entendimento de que não deve haver qualquer preponderância prévia, devendo-se analisar as nuances de cada caso. O debate, como se vê, não se constitui em uma dicotomia entre liberdade de expressão e direito à privacidade, em uma análise quase que maniqueísta, como se pode pensar.[149]

O controle das informações pelos indivíduos também apresenta vantagens à garantia da liberdade de expressão, sendo certo que, como já dito, não há liberdade sem responsabilidade, e a remoção infundada de determinados conteúdos também pode acarretar danos à pessoa.

A análise do direito ao esquecimento deve, portanto, perpassar pela consideração de todos esses apontamentos, a fim de que seja preservada a pluralidade e o potencial benéfico da rede, sem descurar da proteção da pessoa.

Em relação à tutela *post mortem* dos direitos da personalidade que poderiam dar ensejo à aplicação da tese do direito ao esquecimento, as mesmas observações devem ser feitas, remetendo-se às considerações apontadas nos itens 2.1 e 2.2.

Trata-se, assim, de debate que também reflete no tratamento *post mortem* dos dados pessoais inseridos pelo usuário na Internet e na proteção dos direitos da personalidade que permanecem como interesses juridicamente relevantes a serem protegidos mesmo após a morte do indivíduo.

Um aspecto que também deve ser considerado é, por outro lado, a existência de um *direito à lembrança* – ou um *direito a ser lembrado* –, sobretudo nos casos em que o usuário se manifestou em vida pela permanência dos seus perfis de redes sociais após a sua morte, como forma de manter sua memória viva. Como já destacado, nesses casos, deve ser preservada a vontade do usuário, ainda que os familiares pretendam excluir a conta, devendo prevalecer o seu desejo manifestado em vida.

Também deve ser objeto de reflexão a importância de uma espécie de memória histórica na Internet. Há interesse público na manutenção de perfis/dados de pessoas mortas? Haveria interesse histórico ou arquivístico em relação a esse conteúdo? Inegavelmente, a Internet é uma grande base de dados, que pode fornecer informações valiosas para as futuras gerações acerca dos hábitos, momentos históricos e a dinâmica das relações das gerações anteriores. Além disso, caso um provedor de aplicações encerre suas atividades, deveria haver aviso prévio para via-

149 Como observa Luiz Edson Fachin, "ao lado do princípio da liberdade de expressão, os direitos da personalidade também se apresentam como corolários da Democracia e essenciais ao paradigma do Estado Democrático de Direito". FACHIN, Luiz Edson. *Análise Crítica, Construtiva e de Índole Constitucional da Disciplina dos Direitos da Personalidade no Código Civil Brasileiro*, cit., p. 379.

bilizar o armazenamento de dados pelos usuários? Trata-se de um outro viés, relativo a possíveis prejuízos que a remoção de conteúdos da rede pode gerar e que também devem ser considerados.

Todas essas questões apontadas ao longo do presente estudo envolvem, com frequência, como se pode observar, descompassos entre as previsões contidas nos termos de uso dos provedores, o exercício de autonomia privada do usuário e as normas constantes no ordenamento jurídico interno. Desse modo, no item que se segue serão apresentadas algumas proposições para a descompatibilização de tais conflitos.

3.2.3. Conflitos entre os termos de uso dos provedores, a manifestação de vontade do usuário e o ordenamento jurídico interno

Como se demonstrou, diante do vácuo que se tem na legislação civil brasileira a respeito do tema, algumas iniciativas foram adotadas pelos provedores em seus termos de uso, que passaram a prever orientações aos usuários para casos de falecimento. Em paralelo, vem sendo ampliadas as formas de manifestação de vontade do usuário em relação ao destino e administração dos conteúdos inseridos por ele em vida na rede, seja por meio de disposições testamentárias, ou pela contratação de empresas especializadas.

Contudo, não é incomum que as previsões constantes nos termos de uso dos provedores de aplicações ou as disposições deixadas pela pessoa falecida entrem em conflito com o ordenamento jurídico ou até mesmo entre si.

Dessa forma, podem ser observadas três situações que devem ser compatibilizadas:

(i) conflitos entre a manifestação de vontade da pessoa e o ordenamento jurídico;

(ii) conflitos entre os termos de uso dos provedores e a manifestação de vontade deixada pelo usuário em vida;

(iii) conflitos entre os termos de uso e o ordenamento jurídico.

Nos conflitos entre a manifestação de vontade e o ordenamento jurídico, ou seja, quando a manifestação de vontade do *de cujus* violar outros preceitos previstos pelo ordenamento, ela não deve prevalecer, como no caso de o *de cujus* ter autorizado que os familiares tivessem acesso a todas as suas conversas privadas.

Como já observado anteriormente, o exercício da autonomia existencial não é absoluto, devendo encontrar-se em consonância com os demais valores jurídicos tutelados pelo ordenamento, não podendo prevalecer quando violar preceitos de ordem pública.

Nota-se, aqui, ainda, a existência de um argumento de ordem não jurídica: como o usuário não sofrerá os efeitos do conhecimento de tais conversas por parte dos familiares, há uma diferença em relação ao acesso a esse tipo de conversa enquanto o usuário ainda está vivo ou após a sua morte. Não seria razoável que o usuário pudesse autorizar o acesso dos familiares às suas conversas privadas, já que estaria violando o direito à privacidade daqueles que conversaram com ele.

Nessa hipótese, portanto, deve ser afastada a validade desta disposição, o que não vai invalidar toda a manifestação de vontade, que deve ser respeitada no que for compatível.

Em relação à segunda situação, diante de previsões nos termos de uso que não encontrem óbices no ordenamento jurídico, elas devem prevalecer, devendo-se, contudo, considerar que a relação entre o usuário e o provedor configura relação de consumo, tratando-se de contrato de adesão,[150] cujas cláusulas devem ser interpretadas em favor do aderente vulnerável, conforme dispõe o art. 423 do Código Civil[151] e o art. 47 do Código de Defesa do Consumidor – CDC.[152]

Em relação aos conteúdos com caráter patrimonial (livros, músicas e filmes), os termos de uso devem regular tal relação. Contudo, deve-se questionar se o usuário é devidamente informado de que não adquire a propriedade sobre tais bens, e sim que está contratando uma licença de uso, que será extinta após a sua morte. O dever de informação que rege as relações de consumo deve ser observado, devendo ser aplicada a normativa protetiva do Código de Defesa do Consumidor.

Como já apontado anteriormente, se os termos de serviço estabelecerem que, ao adquirir um livro digital, o usuário está adquirindo, na verdade, uma licença de uso, tal disposição deve prevalecer, desde que

---

150 A respeito dos termos de uso, observa Marco Aurélio de Faria Costa Filho: "Trata-se, portanto, de contrato que, ao ser concluído, adere às condições gerais, predispostas por uma das partes, que passarão a produzir efeitos, ainda que não haja aceitação delas pela outra. O termo "contratante aderente", largamente utilizado pela doutrina e jurisprudência, refere-se, de fato, ao usuário ou adquirente dos produtos ou serviços providos pelo predisponente. Ou seja, a parte juridicamente vulnerável devido a sua submissão a condições gerais, sem poder discuti-las. A lei reconhece a posição de vulnerabilidade jurídica de consumidores e aderentes, considerando a disparidade de poder negocial e domínio de informações, conferindo-lhes a proteção adequada." COSTA FILHO, Marco Aurélio de Faria. *Patrimônio Digital*, cit., p. 51.

151 Art. 423. Quando houver no contrato de adesão cláusulas ambíguas ou contraditórias, dever-se-á adotar a interpretação mais favorável ao aderente.

152 Art. 47. As cláusulas contratuais serão interpretadas de maneira mais favorável ao consumidor.

o provedor cumpra seu dever de informação previsto pelo Código de Defesa do Consumidor.

Desse modo, mesmo diante de cláusulas expressas constantes nos termos de serviço dos provedores, estas podem ser afastadas pelo Poder Judiciário caso revelem incompatibilidade com preceitos previstos pelo ordenamento.

Deve-se observar, ainda, que o Superior Tribunal de Justiça vem entendendo que os provedores de aplicações não são obrigados a realizar um controle prévio dos conteúdos inseridos pelos usuários. Contudo, assim que tiverem conhecimento da violação ocorrida, devem adotar as medidas cabíveis para cessar a lesão, sob pena de responderem pelos danos causados.[153] Também vem se exigindo a indicação inequívoca do conteúdo infringente a ser removido, sendo o provedor responsabilizado apenas se não tomar medidas para sua remoção após notificação judicial, conforme orientação do art. 19 do Marco Civil da Internet.[154]

153 CIVIL E PROCESSUAL CIVIL. RECURSO ESPECIAL. AGRAVO DE INSTRUMENTO. AÇÃO DE OBRIGAÇÃO DE FAZER. FACEBOOK. OMISSÃO, CONTRADIÇÃO OU OBSCURIDADE. AUSÊNCIA. JULGAMENTO EXTRA PETITA. AUSÊNCIA. REMOÇÃO DE CONTEÚDO INFRINGENTE DA INTERNET. PREQUESTIONAMENTO. AUSÊNCIA. SÚMULA 211/STJ. MONITORAMENTO PRÉVIO DE PUBLICAÇÕES NA REDE SOCIAL. IMPOSSIBILIDADE. (...) 5. Esta Corte fixou entendimento de que "(i) não respondem objetivamente pela inserção no site, por terceiros, de informações ilegais; (ii) não podem ser obrigados a exercer um controle prévio do conteúdo das informações postadas no site por seus usuários; (iii) devem, assim que tiverem conhecimento inequívoco da existência de dados ilegais no site, removê-los imediatamente, sob pena de responderem pelos danos respectivos; (iv) devem manter um sistema minimamente eficaz de identificação de seus usuários, cuja efetividade será avaliada caso a caso". Precedentes. 6. Impossibilidade de determinação de monitoramento prévio de perfis em rede social mantida pela recorrente. Precedentes. Por consequência, inviabilidade de cobrança de multa-diária. 7. Recurso especial parcialmente conhecido e, nessa parte, provido. STJ, 3ª Turma, REsp 1641155 / SP, Rel. Min. Nancy Andrighi, j. 13.06.2017, DJe 22.06.2017.

154 AGRAVO INTERNO NO AGRAVO INTERNO NO AGRAVO EM RECURSO ESPECIAL. OBRIGAÇÃO DE FAZER. TUTELA ANTECIPADA. PROVEDOR DE APLICAÇÕES DE INTERNET. REDE SOCIAL "FACEBOOK". CONTEÚDO OFENSIVO VEICULADO POR TERCEIROS. REMOÇÃO. NOTIFICAÇÃO JUDICIAL. NECESSIDADE. ART. 19, § 1º, DA LEI Nº 12.965/2014 (MARCO CIVIL DA INTERNET). INDICAÇÃO DA URL. IMPRESCINDIBILIDADE. PRECEDENTES. 1. A jurisprudência do STJ, em harmonia com o art. 19, § 1º, da Lei nº 12.965/2014 (Marco Civil da Internet), entende ser necessária a notificação judicial ao provedor de conteúdo ou de hospedagem para retirada de material ali publicado por terceiros usuários e apontado como infringente à honra ou à imagem dos eventuais interessados, sendo imprescindível a indicação clara e específica da URL – Universal Resource Locator – correspondente ao material que se pretenda remover. 2. Agravo interno não provido. STJ, 3ª Turma, AgInt no AgInt no AREsp 956396 / MG, Rel. Min. Ricardo Villas Bôas Cueva, j. 17.10.2017, DJe 27.10.2017

Nas hipóteses de conflito entre a manifestação de vontade do *de cujus* e os termos de uso dos provedores, deve-se buscar compatibilizar ambos. Assim, no que os termos de uso forem omissos, deve prevalecer a vontade do usuário, desde que esta seja compatível com o ordenamento jurídico interno. Diante de previsões contidas nos termos de uso que busquem preservar direito existenciais, como o direito à privacidade de terceiros, estas devem prevalecer em relação à disposição de vontade da pessoa falecida.

Não se pode ignorar, ainda, que há conflitos atinentes à jurisdição em face do caráter global da rede, sendo cada vez mais importante o estabelecimento de diretrizes internacionais para a regulação da Internet.[155] O equilíbrio entre o estímulo ao desenvolvimento de novas utilidades através da livre iniciativa e a proteção da privacidade e dos dados pessoais dos usuários vem sendo um ideal buscado.

Com efeito, a transnacionalidade da rede desafia os limites territoriais da aplicação das normas jurídicas, sendo necessário um diálogo entre os diversos ordenamentos jurídicos para que sejam estabelecidas diretrizes comuns, bem como a construção de mecanismos técnicos que auxiliem para a garantia de integridade do sistema utilizado.[156]

No Brasil, a ausência de previsão específica na Lei Geral de Proteção de Dados também se apresenta como um entrave, na medida em que muitos aspectos da regulação dos dados pessoais dos indivíduos ainda ficam sob o arbítrio dos provedores, como se pode observar, inclusive, no que se refere ao tratamento *post mortem* de tais dados.

Por fim, no que tange aos aspectos processuais, recomenda-se que a destinação das contas de pessoas falecidas seja definida no âmbito do Juízo do inventário, no qual se pode verificar se o de cujus deixou testa-

155 Sobre o tema, ver: RODOTÀ, Stefano. Por que é necessária uma Carta de Direitos da Internet?. Trad. Bernardo Diniz Accioli de Vasconcellos e Chiara Spadaccini de Teffé. *Civilistica.com*. Rio de Janeiro, a. 4, nº 2, jul.-dez./2015. Disponível em: <http://civilistica.com/por-que-e-necessaria-uma-carta-de-direitos-da-internet/>. Acesso em: 05 set. 2017.

156 Patricia Peck e Coriolano Almeida Camargo destacam que "A nacionalização dos dados não é caminho para promover a governança global, e sim convenções e tratados internacionais que fortaleçam a confiança e a transparência no ambiente neutro mundial que deveria ser a Internet. O que viabiliza isso hoje é a nuvem (*cloud*) que pode garantir um espaço digital neutro que não está em um ou outro Estado mas sim no espaço coletivo digital, com regras comuns que todos devam seguir e não país a país, o que é inviável". PINHEIRO, Patrícia Peck; CAMARGO, Coriolano Almeida. Livre fluxo de dados é caminho sustentável para a economia digital. *Revista Consultor Jurídico*, 7 de abril de 2017. Disponível em: <http://www.conjur.com.br/2017-abr-07/livre-fluxo-dados-caminho-sustentavel-economia--digital>. Acesso em: 09 abr. 2017.

mento, codicilo ou outra forma de manifestação de vontade, o que não exclui a possibilidade de terceiros, que não sejam herdeiros, apresentarem, em situações excepcionais, ações perante as varas cíveis comuns, para fins de tutela dos direitos da personalidade.[157]

Diante de todos os questionamentos aqui aventados, não se pode ignorar que o problema vem adquirindo relevo e, cada vez mais, o Poder Judiciário será demandado a solucionar conflitos atinentes ao tratamento jurídico do conteúdo disposto na rede após a morte do usuário.

A destinação desse conteúdo deve estar pautada nos princípios que regem a utilização da rede, dentre os quais se encontra a privacidade, que, ao lado da neutralidade da rede e da liberdade de expressão, constitui importante pilar para a regulação das relações constituídas no âmbito da Internet.

O desenvolvimento de mecanismos técnicos para viabilizar o armazenamento de informações e a administração desses conteúdos, incluindo instrumentos de prevenção de perda de informação ou de roubo de identidade, de apoio para encerramento de contas online e de criação de

---

157 "Recorde-se, neste ínterim, que logo nas primeiras declarações de um inventário é possível averiguar a existência de tais documentos, seja através da certidão negativa de testamento (público), seja por meio de herdeiros, amigos e outros familiares que possam apresentar em juízo outros documentos como testamentos particulares ou codicilos. De outra banda, negrite-se que decisões proferidas por juízos de outras competências poderiam ser concluídas sem esforços em busca pela vontade do falecido, o que pode ensejar exclusão ou manutenção contrárias à vontade deste e o que é pior: em casos de exclusão da rede e posterior descoberta de manifestação do falecido desejando a conservação desta, caso concretizada aquela estaríamos diante da irreversibilidade do comando judicial. Neste compasso, pontue-se ainda que tem sido ponto pacífico nas correntes doutrinárias sobre o tema que os bens digitais de natureza patrimonial devem seguir as regras gerais do direito sucessório, projetando-se do morto para os herdeiros através dos trâmites de inventário. Se assim deve acontecer, mister observar que alguns perfis sociais também podem dispor de valor econômico, ensejando, por conseguinte, a necessidade de realização de inventário, que também deve tramitar perante as Varas de Sucessões. Não obstante tais diretrizes, não se pode negar o direito de terceiros, que não sejam herdeiros, de apresentar, em situações excepcionais, ações perante as Varas Cíveis comuns, com fulcro na tutela universal dos direitos da personalidade, obviamente que com a demonstração da preservação da honra, da imagem, da privacidade, da intimidade e da memória do falecido, quando os familiares e/ou herdeiros estiverem violando tais aspectos da personalidade do de cujus". HONORATO, Gabriel; LEAL, Livia Teixeira. *Exploração econômica de perfis de pessoas falecidas: reflexões jurídicas a partir do caso Gugu Liberato*, cit., p. 162-163.

memoriais,[158] também se revela imprescindível para concretizar o gerenciamento desses conteúdos de forma adequada.

158 OLIVEIRA, Jaime de; AMARAL, Luís; REIS, Luís Paulo; FARIA, Brígida Mónica. *Estudo sobre a Necessidade de Plataformas para a Gestão da Herança Digital.* Disponível em: <https://www.researchgate.net/publication/288073262>. Acesso em: 14 abr. 2020.

CONCLUSÃO

De acordo com o sociólogo Zygmunt Bauman, vivemos um "estado de interregno", de incertezas, "entre uma etapa em que tínhamos certezas e outra em que a velha forma de atuar já não funciona".[1] Com efeito, a rapidez com que novas formas de comunicação têm surgido provoca uma atmosfera de instabilidade e de questionamentos, que se estende ao direito.

Os novos meios de interação, as novas práticas decorrentes do uso da Internet, o caráter fluido, e ao mesmo tempo permanente, da rede, sem dúvida, geram reflexos jurídicos relevantes, que se operam tanto em face de situações jurídicas patrimoniais quanto existenciais.

Quando se trata da morte do usuário e seus reflexos na Internet, a questão se torna ainda mais delicada, na medida em que se verifica na rede uma ressignificação de tempo e espaço que vai impactar a própria concepção de permanência e ausência, adquirindo relevo a proteção do *corpo eletrônico* do indivíduo, ou seja, a projeção de sua identidade por meio dos dados pessoais que ele disponibiliza, e que vão persistir mesmo após a sua morte.

Além disso, a mutabilidade e a pluralidade de formas com que o ser humano lida com a morte é confrontado com o caráter global e perene da rede, tendo a Internet se tornado importante espaço para ritualizações *post mortem* como decorrência da continuidade dos dados relacionados à pessoa falecida.

Diante desse cenário, indaga-se: qual será o destino do conteúdo inserido na Internet pelo usuário ao longo da vida quando ele falecer? Tais dados devem ser mantidos ou excluídos? Quem terá legitimidade para pleitear a proteção e a exclusão dessas informações?

Não se pode ignorar que o direito está sempre um passo atrás dos avanços tecnológicos, o que faz com que com frequência não se tenha uma norma expressa que solucione diretamente os problemas que surgem nessa seara, demandando do intérprete uma importante atuação.

---

1 QUEROL, Ricardo de. *Zygmunt Bauman: "As redes sociais são uma armadilha"*. Disponível em: <http://brasil.elpais.com/brasil/2015/12/30/cultura/1451504427_675885.html>. Acesso em: 02 fev. 2016.

Diante da lacuna legislativa, deve-se, então, buscar uma orientação hermenêutica que compatibilize os avanços tecnológicos com a proteção da pessoa, sob o manto da cláusula geral de dignidade humana contida no art. 1º, inciso III da Constituição da República e os princípios constitucionais.

Nota-se, entretanto, que algumas iniciativas têm buscado orientações no direito sucessório, partindo-se de uma lógica patrimonial, como é o caso dos Projetos de lei sobre o tema em tramitação no Congresso Nacional. Deve-se, contudo, buscar a funcionalidade concreta presente na situação analisada, a fim de conferir tratamento adequado a cada situação jurídica que se constitui no âmbito da rede. Não se pode descurar que a Internet constitui, hoje, um importante meio de desenvolvimento da personalidade do indivíduo, envolvendo questões atinentes a aspectos existenciais relevantes, que não são passíveis de transmissão.

Desse modo, a análise do tratamento do conteúdo disposto na rede após a morte do usuário não deve estar restrita ao aspecto patrimonial, devendo-se ir além do paradigma da *herança digital*. A complexidade e a riqueza das possibilidades constantes na rede não se restringem ao aspecto patrimonial, de modo que o primeiro passo para uma regulamentação jurídica compatível com o propósito de realização pessoal da pessoa é a consideração das situações jurídicas existenciais, vinculadas à proteção dos direitos da personalidade, que se constituem nesse contexto e que devem ser protegidas mesmo após a morte do sujeito.

Muitos dos questionamentos apresentados ao longo deste estudo não são exclusividade do momento posterior à morte do usuário, mas adquirem um aspecto diferenciado nesses casos. Nas situações de falecimento do detentor dos dados pessoais, ignorar a necessidade de proteção *post mortem* dos direitos da personalidade, sobretudo do direito à privacidade, pode desembocar em medidas incompatíveis com o paradigma constitucional de tutela da dignidade humana.

Como se destacou, não há transmissão sucessória dos direitos da personalidade, e sim a existência de um interesse juridicamente relevante que é tutelado pelo ordenamento mesmo após a morte do sujeito. Desse modo, a legitimidade para pleitear a proteção de tais direitos da pessoa falecida não deve estar restrita aos herdeiros, devendo ser ampliada a terceiros juridicamente interessados.

Contudo, não obstante as situações jurídicas existenciais não se transfiram após a morte, as situações jurídicas patrimoniais, como a exploração econômica dos direitos da personalidade, serão transferidas, devendo esta mesma lógica ser aplicado no caso das situações jurídicas dúplices, quando devem ser discriminadas os dois interesses (existenciais e patrimoniais). Por isso, a necessidade de se promover tal diferenciação.

Nota-se, ainda, que o destino do conteúdo constante na rede após a morte é uma questão que pode impactar até mesmo a forma como os indivíduos utilizam a Internet ao longo de suas vidas. Caso a privacidade do usuário possa ser afastada após a sua morte, tendo os familiares acesso às suas conversas e conteúdos privados, muitos deixariam de acessar determinadas páginas, de enviar determinadas mensagens, etc.

A opção do usuário a respeito do conteúdo que ele, em vida, inseriu na rede configura-se como importante manifestação do exercício de sua autonomia privada, integrando o espaço de realização existencial, razão pela qual deve ser considerada em primeiro lugar, realizando-se as necessárias compatibilizações em face do ordenamento jurídico como um todo.

Diante de conflitos entre a manifestação de vontade do usuário, os termos de uso dos provedores e o ordenamento jurídico interno que desaguem no Poder Judiciário, deve-se compatibilizar os diferentes interesses envolvidos considerando alguns aspectos que foram apresentados ao longo do presente estudo.

Assim, inicialmente, deve-se considerar a vontade manifestada pelo usuário em vida a respeito do destino dos conteúdos inseridos por ele na rede, no que for compatível com o ordenamento jurídico interno e com os termos de uso dos provedores, como forma de consagração de sua autonomia existencial. Na ausência de disposição de vontade, devem ser aplicadas as previsões contidas nos termos de uso dos provedores, caso estas não violem preceitos de ordem pública previstos pelo ordenamento, sobretudo as previstas pelas normas consumeristas.

Deve-se considerar, ainda, como o conteúdo se projeta em relação a outras pessoas. As aplicações que adquirem projeção pública ou semipública admitem a administração por uma pessoa designada, que não será necessariamente um familiar, sem que haja, entretanto, a transferência de toda a página para o administrador, que terá uma atuação limitada.

Já as contas que se refiram a conteúdos privados, como e-mails ou de aplicativos de conversas privadas, não devem ser devassadas como regra, na medida em que há um interesse na tutela da privacidade da pessoa falecida, que se opera mesmo em face dos familiares. Diante de um valor existencial que entre em conflito com a proteção da privacidade, deve ser verificado se há outro meio para obter a informação que não o acesso à conta, de modo que apenas em situações excepcionalíssimas, em que outro interesse existencial se coloque em situação de preponderância, é que será possível autorizar o acesso a esses conteúdos privados.

Caso a página ou conta seja utilizada apenas para fins de divulgação e exploração de determinada atividade econômica, ou seja vinculada a transações financeiras, é admissível o tratamento baseado na transferência patrimonial, em decorrência do caráter de tal aplicação.

Em relação aos casos em que os familiares pleiteiam o direito ao esquecimento, não se deve ter uma preponderância prévia do direito à liberdade de expressão ou do direito à privacidade. Nesses casos, deve o intérprete, diante do conflito entre dois direitos fundamentais, que possuem igual hierarquia, realizar uma ponderação à luz do caso concreto, buscando identificar, através de uma técnica de sopesamento, qual princípio deverá prevalecer.

Estabelecer um parâmetro hierárquico *a priori* entre os dos preceitos configuraria um grande risco à proteção daquele direito que não fosse o preponderante. Portanto, considerar as peculiaridades e vicissitudes de cada caso concreto, na medida em que as situações da vida podem ser das mais diversificadas, é imprescindível para que seja garantido o direito à privacidade, por um lado, mas sem representar um prejuízo à liberdade de expressão.

Essas são algumas questões que surgem como decorrência da morte do usuário e a permanência dos conteúdos que ele inseriu ao longo de sua vida na Internet. A convivência de dados de pessoas vivas e mortas, que podem ser retomados ao longo do tempo, é uma realidade que o ser humano terá de enfrentar na utilização da rede, remodelando a sua própria forma de enxergar a finitude da vida e o processo de superação da perda de um ente querido.

José Saramago, na obra *Todos os nomes,* ressalta a "absurdidade que é separar os vivos dos mortos", tanto do ponto de vista arquivístico, na medida em que a forma mais prática de encontrar os mortos seria procurá-los onde estão os vivos, quanto sob o aspecto memorístico, porque "se os mortos não estiverem no meio dos vivos acabarão mais tarde ou mais cedo por ser esquecidos".[2] Na história, o funcionário do Registro Civil compara a realidade do cemitério, que "pela sua própria natureza de último destino e último depósito, terá de contentar-se sempre com os nomes dos finados", com a do Registro Civil, onde todos os nomes se encontram, tanto dos mortos (nas certidões de óbito) quanto dos vivos (nas certidões de nascimento).[3]

Assim como o Registro Civil na história de Saramago, a Internet é *todos os nomes*: ao permitir a coexistência de dados de pessoas vivas e mortas, a rede reconfigura a experiência humana sobre a morte, proporcionando práticas diversas, que envolvem a permanência do corpo eletrônico daquele que partiu.

2 SARAMAGO, José. *Todos os nomes.* São Paulo: Companhia das Letras, 1997. p. 208.

3 SARAMAGO, José. *Todos os nomes,* cit., p. 217-218.

Cabe ao direito, nesse contexto, apresentar soluções compatíveis com a humanidade da questão que se apresenta, considerando que a forma de lidar com a morte pode também pautar o modo de se enxergar a própria vida. A proteção dos dados pessoais dos usuários após a sua morte não deve ser tratada como uma questão menos importante porque o indivíduo não se encontra mais presente fisicamente. Ao contrário, é justamente porque o usuário não pode mais realizar o controle de seus dados que a proteção deve ser reforçada.

É importante que o debate sobre o tema tenha sua relevância reconhecida e que se quebre o grande tabu que ainda é falar sobre a morte. Trata-se, enfim, de enfrentamento necessário que não pode mais ser ignorado, considerando, como é dito, que a morte é, na verdade, um problema dos vivos.

REFERÊNCIAS BIBLIOGRÁFICAS

AGNER, Marco. *Bitcoin para Programadores*. Disponível em: <https://itsrio.org/pt/publicacoes/bitcoin-para-programadores/>. Acesso em: 29 dez. 2017.

AIOTI - Alliance for Internet of Things Innovation. *Internet of Things Applications*. WG01 - IERC - Release 1.0. 2015. Disponível em: <http://www.aioti.org/wp-content/uploads/2016/10/AIOTIWG01Report2015.pdf>. Acesso em: 20 mar. 2017.

ALBUQUERQUE, Afonso de. Viver e morrer no Orkut: os paradoxos da rematerialização do ciberespaço, *Intexto*, Porto Alegre: UFRGS, v. 2, nº 17, p. 1-17, jul./dez. 2007.

ALBUQUERQUE, Milena do Socorro Oliveira. Morte, Consumo e Novas Tecnologias: As mídias digitais como novas formas de ritualização. *Cadernos de comunicação*, v.19, n.2, jul-dez 2015.

ALMEIDA, Juliana Evangelista de; ALMEIDA, Daniel Evangelista Vasconcelos. *Direito à "morte digital"?* Disponível em: <http://www.publicadireito.com.br/artigos/?cod=e3f8cedce7f1fa45>. Acesso em: 15 nov. 2017.

AMARAL, Francisco. *Direito civil*: introdução. 8ª ed. Rio de Janeiro: Renovar, 2014.

AMAZON. Termos de uso da Loja Kindle. Disponível em: <https://www.amazon.com.br/gp/help/customer/display.html?nodeId=201014950>. Acesso em: 20 nov. 2017.

AMBROSINO, Brandon. *Como as redes sociais estão mudando nossa maneira de lidar com a morte*. Disponível em: <http://www.bbc.com/portuguese/noticias/2016/03/160316_vert_fut_facebook_mortos_ml>. Acesso em: 20 abr. 2016.

APPLE. *Termos e Condições do iCloud*. Disponível em: <https://www.apple.com/legal/internet-services/icloud/br/terms.html>. Acesso em: 30 jul. 2017.

_____. *Termos e Condições dos Serviços de Mídia da Apple*. Disponível em: <https://www.apple.com/legal/internet-services/itunes/br/terms.html>. Acesso em: 30 jul. 2017.

ARATA JÚNIOR, Seiiti. Regulação tecnológica e jurídica das redes sociais (social networks). *Revista da Faculdade de Direito da Universidade de São Paulo*, v. 100, p. 617-646, jan./dez. 2005.

ARIÈS, Philippe. *História da morte no Ocidente:* da Idade Média aos nossos dias. Tradução Priscila Viana de Siqueira. Rio de Janeiro: Nova Fronteira, 2017.

ARIÈS, Philippe; DUBY, Georges. *História da vida privada*. V. 1: Do Império Romano ao ano mil. São Paulo: Companhia das Letras, 2009.

_____. *História da vida privada*. V. 2: Da Europa Feudal à Renascença. São Paulo: Companhia das Letras, 2009.

ARTIÈRES, Philippe. *Arquivar a Própria Vida*. Centro de pesquisa e documentação de história contemporânea do Brasil da Fundação Getúlio Vargas. Rio de Janeiro: 1998.

BAIÃO, Kelly Sampaio; GONÇALVES, Kalline Carvalho. A garantia da privacidade na sociedade tecnológica: um imperativo à concretização do princípio da dignidade da pessoa humana. *Civilistica.com*. Rio de Janeiro, a. 3, nº 2, jul.dez./2014. Disponível em: <http://civilistica.com/agarantia-da-privacidade-na-sociedade-tecnologica--um-imperativo-a-concretizacao-do-principio-dadignidade-da-pessoa-humana/>. Acesso em: 16 ago. 2017.

BARBOSA, Alexandre; CAPPI, Juliano; TAVARES, Robson. Redes sociais: revolução cultural na Internet. In: *Pesquisa sobre o uso das Tecnologias da Informação e da Comunicação no Brasil 2005-2009*. São Paulo: Comitê Gestor da Internet no Brasil, 2010.

BARBOSA, Fernanda Nunes. *Biografias e liberdade de expressão*: critérios para a publicação de histórias de vida. Porto Alegre: Arquipélago Editorial, 2016.

BARBOZA, Heloisa Helena. A pessoa na era da biopolítica: autonomia, corpo e subjetividade. *Cadernos IHU ideias*, ano 11, nº 194, 2013.

BARROSO, Luís Roberto. *A dignidade humana no direito constitucional contemporâneo*: a construção de um conceito jurídico à luz da jurisprudência mundial. 1. reimpr. Belo Horizonte: Fórum, 2013.

_____. Colisão entre liberdade de expressão e direitos da personalidade. critérios de ponderação. Interpretação constitucionalmente adequada do Código Civil e da Lei de Imprensa. *Revista de Direito Administrativo*, 235, p. 1-36, Rio de Janeiro, Jan./Mar. 2004.

BAUMAN, Zygmunt. *Modernidade líquida*. Tradução Plínio Dentzien. Rio de Janeiro: Zahar, 2001.

BELLAMY, C. *et al*. *Death and the Internet*: Consumer issues for planning and managing digital legacies. Sydney: Australian Communications Consumer Action Network, 2013.

BEVILAQUA, Clóvis. *Teoria geral do Direito Civil*. São Paulo: Red Livros, 2001.

BITTAR, Carlos Alberto. *Direito de autor*. 6ª ed. Atualizado por Eduardo C. B. Bittar. Rio de Janeiro: Forense, 2015.

_____. *Os direitos da personalidade*. 8ª ed. Atualizado por Eduardo C. B. Bittar. São Paulo: Saraiva, 2015.

BODIN DE MORAES, Maria Celina. O conceito de dignidade humana: substrato axiológico e conteúdo normativo. In: SARLET, Ingo Wolfgang (org.). *Constituição, direitos fundamentais e direito privado*. 3ª ed. Porto Alegre: Livraria do Advogado, 2010.

BRANCO, Sérgio. A natureza jurídica dos direitos autorais. *Civilistica.com*. Rio de Janeiro, a. 2, nº 2, abr.-jun./2013. Disponível em: <http://civilistica.com/a-natureza-juridica-dos-direitos-autorais/>. Acesso em: 10 nov. 2017.

_____. *Memória e esquecimento na Internet*. Porto Alegre: Arquipélago Editorial, 2017.

BRANDEIS, Louis; WARREN, Samuel. The right to privacy. *Harvard Law Review*, vol. 4, nº 5, 1890.

BRASIL. Câmara dos Deputados. Projeto de Lei nº 1676, de 2015. Disponível em: <http://www.camara.gov.br/proposicoesWeb/fichadetramitacao?idProposicao=1295741>. Acesso em: 18 ago. 2017.

BRASIL. Câmara dos Deputados. Projeto de Lei nº 2712, de 2015. Disponível em: <http://www.camara.gov.br/proposicoesWeb/fichadetramitacao?idProposicao=1672348>. Acesso em: 18 ago. 2017.

BRASIL. Câmara dos Deputados. Projeto de Lei nº 5820, de 2019. Dá nova redação ao art. 1.881 da Lei nº 10.406, de 2002, que institui o Código Civil. Disponível em:

<https://www.camara.leg.br/proposicoesWeb/fichadetramitacao?idProposicao=2228037>. Acesso em: 06 jan. 2020.

BRASIL. Câmara dos Deputados. Projeto de Lei nº 7881, de 2014. Disponível em: <http://www.camara.gov.br/proposicoesWeb/fichadetramitacao?idProposicao=621575>. Acesso em: 18 ago. 2017.

BRASIL. Câmara dos Deputados. Projeto de Lei nº 1.331, de 2015. Altera a Lei nº 12.965, de 23 de abril de 2014 – Marco Civil da Internet, dispondo sobre o armazenamento de dados de usuários inativos na rede mundial de computadores. Disponível em: <http://www.camara.gov.br/proposicoesWeb/fichadetramitacao?idProposicao=1227967>. Acesso em: 02 set. 2017.

BRASIL. Câmara dos Deputados. Projeto de Lei nº 4.099, de 2012. Altera o art. 1.788 da lei nº 10.406, de 10 de janeiro de 2002. Disponível em: <http://www.camara.gov.br/proposicoes Web/fichadetramitacao?idProposicao=548678>. Acesso em: 02 set. 2017.

BRASIL. Câmara dos Deputados. Projeto de Lei nº 4.847, de 2012. Acrescenta o Capítulo II-A e os arts. 1.797-A a 1.797-C à Lei nº 10.406, de 10 de janeiro de 2002. Disponível em: <http://www.camara.gov.br/proposicoesWeb/fichadetramitacao?idProposicao=563396>. Acesso em: 02 set. 2017.

BRASIL. Câmara dos Deputados. Projeto de Lei nº 7.742, de 2017. Acrescenta o art. 10-A à Lei nº 12.965, de 23 de abril de 2014 (Marco Civil da Internet), a fim de dispor sobre a destinação das contas de aplicações de internet após a morte de seu titular. Disponível em: http://www.camara.gov.br/proposicoesWeb/fichadetramitacao?idProposicao=2139508>. Acesso em: 02 set. 2018.

BRASIL. Câmara dos Deputados. Projeto de Lei nº 8.562, de 2017. Acrescenta o Capítulo II-A e os arts. 1.797-A a 1.797-C à Lei nº 10.406, de 10 de janeiro de 2002. Disponível em: <http://www.camara.gov.br/proposicoesWeb/fichadetramitacao?idProposicao=2151223>. Acesso em: 02 set. 2018.

BRASIL. Senado Federal. Projeto de Lei nº 6468, de 2019. Altera o art. 1.788 da Lei n º10.406, de 10 de janeiro de 2002, que institui o Código Civil, para dispor sobre a sucessão dos bens e contas digitais do autor da herança. Disponível em: <https://www25.senado.leg.br/web/atividade/materias/-/materia/140239>. Acesso em: 18 jan. 2020.

BRASIL. Senado Federal. Projeto de Lei nº 3799, de 2019. Altera o Livro V da Parte Especial da Lei nº 10.406, de 10 de janeiro de 2002, e o Título III do Livro I da Parte Especial da Lei nº 13.105, de 16 de março de 2015, para dispor sobre a sucessão em geral, a sucessão legítima, a sucessão testamentária, o inventário e a partilha. Disponível em: <https://www25.senado.leg.br/web/atividade/materias/-/materia/137498>. Acesso em: 06 jan. 2020.

BRASIL. Decreto nº 8.771, de 11 de maio de 2016. Regulamenta a Lei nº 12.965, de 23 de abril de 2014, para tratar das hipóteses admitidas de discriminação de pacotes de dados na internet e de degradação de tráfego, indicar procedimentos para guarda e proteção de dados por provedores de conexão e de aplicações, apontar medidas de transparência na requisição de dados cadastrais pela administração pública e estabelecer parâmetros para fiscalização e apuração de infrações. Disponível em: <http://www.planalto.gov.br/ccivil_03/_ato2015-2018/2016/decreto/D8771.htm>. Acesso em: 10 nov. 2017.

BRASIL. Marco Civil da Internet. Lei nº 12.965, de 23 de abril de 2014. Estabelece princípios, garantias, direitos e deveres para o uso da Internet no Brasil. Disponível em: <http://www.planalto. gov.br/ccivil_03/leis/L 8069.htm>. Acesso em: 10 nov. 2017.

BUCAR, Daniel. Controle temporal de dados: o direito ao esquecimento. *Civilistica.com*. Rio de Janeiro, a. 2, nº 3, jul.-set./2013. Disponível em: <http://civilistica.com/controle--temporal-dedados-o-direito-ao-esquecimento/>. Acesso em: 28 jul. 2017.

BULGARIA. *Bulgarian Personal Data Protection Act*. Disponível em: <http://legislationline.org/download/action/download/id/1505/file/80898174714fa634002ceb8a803c.pdf>. Acesso em: 26 dez. 2017.

CAMPOS, Diogo Leite de. *Lições de direitos da personalidade*. Boletim da Faculdade de Direito da Universidade de Coimbra. Coimbra, nº 67, 1991.

COLOMBO, Cristiano; GOULART, Guilherme Damasio. Direito póstumo à portabilidade de dados pessoais no ciberespaço à luz do direito brasileiro. In: POLIDO, Fabrício Bertini Pasquot; ANJOS, Lucas Costa dos; BRANDÃO, Luiza Couto Chaves (org.). *Políticas, Internet e Sociedade*. Belo Horizonte, IRIS, 2019.

CONNER, John. Digital life after death: The issue of planning for a person's digital assets after death. *Estate Planning and Community Property Law Journal*, Vol.3:301, 2010-2011.

CARVALHO, André Castro. Regime jurídico da e-cash bitcoin no direito financeiro brasileiro. *Revista de Direito Público da Economia – RDPE*, Belo Horizonte, ano 16, nº 61, p. 9-35, jan./mar. 2018.

CARVALHO, Luiz Paulo Viera de. *Direito das Sucessões*. 2ª ed. São Paulo: Atlas, 2015.

CASTELLS, Manuel. *Sociedade em rede*. 17ª ed. São Paulo: Paz e Terra, 2016.

CORRÊA, Cynthia Harumy Watanabe. Comunidades virtuais gerando identidades na sociedade em rede. *Ciberlegenda*, nº 13, Rio de Janeiro: UFF, 2004. Disponível em: <http://www.ciberlegenda.uff.br/index.php/revista/article/view/226>. Acesso em: 09 ago. 2017.

COSTA FILHO, Marco Aurélio de Faria. *Patrimônio Digital*: Reconhecimento e Herança. Recife: Nossa Livraria, 2016.

CUNHA, Mágda Rodrigues da. A Memória na era da reconexão e do esquecimento. *Em Questão*, v. 17, nº 2, p. 101-115, Porto Alegre, jul./dez. 2011.

CUPIS, Adriano de. *Os direitos da personalidade*. Tradução Afonso Celso Furtado Rezende. 2ª ed. São Paulo: Quorum, 2008.

DANEZIS, George; GÜRSES, Seda. *A critical review of 10 years of Privacy Technology*. Disponível em: <https://www.researchgate.net/publication/228538295_A_critical_review_ of_10_years_of_Privacy_Technolog>. Acesso em: 24 jul. 2017.

DEBORD, Guy. *A sociedade do espetáculo*. 2ª ed. Rio de Janeiro: Contraponto, 2017.

DONEDA, Danilo. *Da privacidade à proteção de dados pessoais*. Rio de Janeiro: Renovar, 2006.

_____. Os direitos da personalidade no Código Civil. In: TEPEDINO, Gustavo (coord.). *A parte geral do novo Código Civil*. Estudos na perspectiva civil-constitucional. 3ª ed. Rio de Janeiro: Renovar, 2007.

_____. Princípios de proteção de dados pessoais. In: DE LUCCA, Newton; SIMÃO FILHO, Adalberto; LIMA, Cíntia Rosa Pereira de (coord.). *Direito & Internet III* – Tomo I. São Paulo: Quartier Latin, 2015, p. 376/377.

DROPBOX. *Política de privacidade*. Disponível em: <https://www.dropbox.com/pt_BR/privacy>. Acesso em: 17 maio 2020.

ESPANHA. Comunidade Autônoma de Catalunha. Ley 10/2017, de 27 de junio, de las voluntades digitales y de modificación de los libros segundo y cuarto del Código civil de Cataluña. Disponível em: <https://www.boe.es/diario_boe/txt.php?id=BOE-A-2017-8525>. Acesso em: 12 dez. 2017.

ESTADOS UNIDOS. National Conference of Commissioners on Uniform State Laws. *Revised Uniform Fiduciary Access to Digital Assets Act.* Disponível em: <http://www.uniformlaws.org/shared/docs/Fiduciary%20Access%20to%20Digital%20Assets/2015_RUFADAA_Final%20Act_2016mar8.pdf>. Acesso em: 26 nov. 2017.

ESTÔNIA. *Personal Data Protection Act.* Disponível em: <https://www.riigiteataja.ee/en/eli/ee/529012015008/consolide/current>. Acesso em: 26 dez. 2017.

FACCHINI NETO, Eugênio. Reflexões histórico-evolutivas sobre a constitucionalização do direito privado. In: SARLET, Ingo Wolfgang (org.). *Constituição, direitos fundamentais e direito privado.* 3ª ed. Porto Alegre: Livraria do Advogado, 2010.

FACEBOOK. *Termos de serviço.* Disponível em: <https://www.facebook.com/terms.php>. Acesso em: 10 nov. 2017.

FACHIN, Luiz Edson. A liberdade e a intimidade: uma breve análise das biografias não autorizadas. In: SIMÃO, José Fernando; BELTRÃO, Silvio Romero (coord.). *Direito civil*: estudos em homenagem a José de Oliveira Ascensão. Vol. 1. São Paulo: Atlas, 2015.

_____. *Análise Crítica, Construtiva e de Índole Constitucional da Disciplina dos Direitos da Personalidade no Código Civil Brasileiro*: Fundamentos, Limites e Transmissibilidade. Disponível em: <http://www.abdireitocivil.com.br/wp-content/uploads/2013/07/An%C3%A1lise-Cr%C3%ADtica-Construtiva-e-de-%C3%8Dndole-Constitucional-da-Disciplina-dos-Direitos-da-Personalidade-no-C%C3%B3digo-Civil-Brasileiro-Fundamentos-Limites-e-Transmissibilidade.pdf>. Acesso em: 19 nov. 2017.

_____. *Direito Civil*: sentidos, transformações e fim. Rio de Janeiro: Renovar, 2015.

_____.; RUZYK, Carlos Eduardo Pianovski. Direitos fundamentais, dignidade da pessoa humana e o novo Código Civil: uma análise crítica. In: SARLET, Ingo Wolfgang (org.). *Constituição, direitos fundamentais e direito privado.* 3ª ed. Porto Alegre: Livraria do Advogado, 2010.

FERRANTE, Rachael E. The relationship between digital assets and their transference at death: "It's complicated". *Loyola Journal of Public Interest Law*, vol. 15, 2013.

FERREIRA, Aurélio Buarque de Holanda. *Miniaurélio:* o minidicionário da língua portuguesa. 6ª ed. Curitiba, Posigraf, 2004.

FIGUEIREDO, Fábio Vieira. *Direito de autor*: proteção e disposição extrapatrimonial. 2ª ed. São Paulo: Saraiva, 2016.

FLORIDI, Luciano. *The Fourth Revolution*: how the infosphere is reshaping human reality. Oxford: Oxford University Press, 2014.

FOUCAULT, Michel. *História da sexualidade I*: a vontade de saber. 13ª ed. Rio de Janeiro: Graal, 1999.

FOXBIT. *Termos de uso.* Disponível em: <https://foxbit.com.br/termos-uso>. Acesso em: 04 mar. 2018.

GOMES, Orlando. *Introdução ao direito civil.* 21ª ed. Atualizado por Edvaldo Brito e Reginalda Paranhos de Brito. Rio de Janeiro: Forense, 2016.

GOOGLE. Sobre o Gerenciador de contas inativas. Disponível em: <https://support.google.com/accounts/answer/3036546?hl=pt-BR&ref_topic=3382254>. Acesso em: 20 abr. 2017.

GUILHERMINO, Everilda Brandão. Acesso e compartilhamento: A nova base econômica e jurídica dos contratos e da propriedade. *Migalhas*. Disponível em: <https://www.migalhas.com.br/coluna/migalhas-contratuais/311569/acesso-e-compartilhamento-a-nova-base-economica-e-juridica-dos-contratos-e-da-propriedade>. Acesso em: 20 abr. 2020.

HARBINJA, Edina. Does the EU data protection regime protect post-mortem privacy and what could be the potentialalternatives?. *SCRIPTed*, Volume 10, Issue 1, April 2013.

HIRONAKA, Giselda Maria Fernandes Novaes. *Morrer e suceder*. 2ª ed. São Paulo: Revista dos Tribunais, 2014.

HONORATO, Gabriel; LEAL, Livia Teixeira. Exploração econômica de perfis de pessoas falecidas: reflexões jurídicas a partir do caso Gugu Liberato. *Revista Brasileira de Direito Civil - RBDCivil*, Belo Horizonte, v. 23, p. 155-173, jan./mar. 2020.

INIESTA, Javier Belda; SERNA, Francisco José Aranda. El paradigma de la identidad:hacia una regulación del mundo digital. *Revista Forense*, vol. 422, 2016.

INSTAGRAM. Denúncia de conta de uma pessoa falecida. Disponível em: <https://help.instagram.com/151636988358045/?helpref=hc_fnav>. Acesso em: 30 jul. 2017.

ITS Rio. *Dez Dilemas sobre o chamado Direito ao Esquecimento*. Manifestação do Instituto de Tecnologia e Sociedade do Rio de Janeiro na audiência pública realizada pelo Supremo Tribunal Federal, em 12.06.2017, sobre o tema "direito ao esquecimento". Disponível em: <https://itsrio.org/wp-content/uploads/2017/06/ITS-Rio-Audiencia-Publica-STF-Direito-ao-Esquecimento-Versao-Publica-1.pdf>. Acesso em: 10 ago. 2017.

KLEE, Antonia Espíndola Longoni; MARTINS, Guilherme Magalhães. A privacidade, a proteção dos dados e dos registros pessoais e a liberdade de expressão: algumas reflexões sobre o Marco Civil da Internet no Brasil (Lei nº 12.965/2014). In: DE LUCCA, Newton; SIMÃO FILHO, Adalberto; LIMA, Cíntia Rosa Pereira de (coord.). *Direito & Internet III* - Tomo I. São Paulo: Quartier Latin, 2015.

KOURY, Mauro Guilherme Pinheiro. Ser discreto: Um estudo sobre o processo de luto no Brasil urbano no final do século XX. *Revista Brasileira de Sociologia da Emoção - RBSE*, v. 9, nº 25, João Pessoa, GREM, abril de 2010.

LACERDA, Bruno Torquato Zampier. *Bens digitais*. Indaiatuba: Foco Jurídico, 2017.

LEAL, Livia Teixeira. Criogenia e tutela *post mortem* da autodeterminação corporal. *Migalhas de vulnerabilidade*. Disponível em: <https://www.migalhas.com.br/coluna/migalhas-de-vulnerabilidade/323415/criogenia-e-tutela-post-mortem-da-autodeterminacao-corporal>. Acesso em: 10 abr. 2020.

LEMOS, André. *Cibercultura*: tecnologia e vida social na cultura contemporânea. 7ª ed. Porto Alegre: Sulina, 2015.

LÉVY, Pierre. *Cibercultura*. São Paulo: Editora 34, 2010.

LINKEDIN. Falecimento de usuário do LinkedIn - Remoção de perfil. Disponível em: <https://www.linkedin.com/help/linkedin/answer/7285/falecimento-de-usuario-do-linkedin-remocao-de-perfil?lang=pt>. Acesso em: 20 ago. 2018.

LISBOA, Roberto Senise. A inviolabilidade de correspondência na Internet. In: LUCCA, Newton de; SIMÃO FILHO, Adalberto (coord.). *Direito & Internet* - aspectos jurídicos relevantes. 2ª ed. São Paulo: Quartier, 2005.

LOBO, Paulo. *Direito civil*: parte geral. 4ª ed. São Paulo: Saraiva, 2013.

MACEDO JÚNIOR, Ronaldo Porto (coord.). *Curso de Filosofia Política*: do nascimento da filosofia a Kant. São Paulo: Atlas, 2008.

MARTINS-COSTA, Judith. Usucapião de coisa incorpórea: breves notas sobre um velho tema sempre novo. In: TEPEDINO, Gustavo; FACHIN, Luiz Edson (coord.). *O direito e o tempo*: embates jurídicos e utopias contemporâneas – Estudos em homenagem ao Professor Ricardo Pereira Lira. Rio de Janeiro: Renovar, 2008.

MAYER-SCHÖNBERGER, Viktor. *Delete:* the virtue of forgetting in the digital age. Princeton: Princeton University Press, 2009.

MCLUHAN, Marshall. *Os meios de comunicação como extensões do homem*. São Paulo: Cultrix, 2007.

MEIRELES, Rose Melo Vencelau. *Autonomia privada e dignidade humana*. Rio de Janeiro: Renovar, 2009.

MENDES, Laura Schertel Ferreira; FRITZ, Karina Nunes. Case Report: Corte Alemã Reconhece a Transmissibilidade da Herança Digital. *RDU*. Porto Alegre, Volume 15, n. 85, 2019.

MENEZES, Joyceane Bezerra de; COLAÇO, Hian Silva. Direito ao esquecimento digital e responsabilidade civil dos provedores de busca na Internet: interface entre Marco Civil, experiência nacional e estrangeira e Projetos de Lei nº 7881/2014 e nº 1676/2015. *Revista de Direito, Governança e Novas Tecnologias*. Minas Gerais, v. 1, nº 2, p. 1 – 27, Jul/Dez. 2015. Disponível em: <http://www.indexlaw.org/index.php/revistadgnt/article/view/45/81>. Acesso em: 18 ago. 2017.

MERCADO BITCOIN. Termos de uso. Disponível em: <https://www.mercadobitcoin.com.br/termo/>. Acesso em: 04 mar. 2018.

MORAES, Maria Celina Bodin de. *Na medida da pessoa humana*: estudos de direito civil-constitucional. Rio de Janeiro: Renovar, 2010.

NEVARES, Ana Luiza Maia. *A função promocional do testamento*: tendências do Direito Sucessório. Rio de Janeiro: Renovar, 2009.

NICOLACI-DA-COSTA, Ana Maria. Revoluções Tecnológicas e Transformações Subjetivas. *Psicologia: Teoria e Pesquisa*, Vol. 18 nº 2, pp. 193-202, Mai-Ago 2002.

O'REILLY, Tim. *Web 2.0: Compact Definition?*. October 1, 2005. Disponível em: <http://radar.oreilly.com/2005/10/web-20-compact-definition.html> Acesso em 12 dez. 2017.

OLIVEIRA, Jaime de; AMARAL, Luís; REIS, Luís Paulo; FARIA, Brígida Mónica. *Estudo sobre a Necessidade de Plataformas para a Gestão da Herança Digital*. Disponível em: <https://www.researchgate.net/publication/288073262>. Acesso em: 14 abr. 2020.

PARANAGUÁ, Pedro; BRANCO, Sérgio. *Direitos autorais*. Rio de Janeiro: Editora FGV, 2009.

PATTI, Francesco Paolo; BARTOLINI, Francesca. *Digital Inheritance and Post Mortem Data Protection*: The Italian Reform. European Review of Private Law (ERPL), Forthcoming; Bocconi Legal Studies Research Paper No. 3397974, June 2019. Disponível em: <https://ssrn.com/abstract=3397974>. Acesso em: 17 maio 2020.

PEREIRA, Caio Mário da Silva. *Instituições de Direito Civil*. Vol. I: Introdução ao direito civil. Teoria geral de direito civil. 30ª ed. Atualizado por Maria Celina Bodin de Moraes. Rio de Janeiro: Forense, 2017.

_____. *Instituições de Direito Civil*. Vol. VI: Direito das Sucessões. 24ª ed. Atualizado por Carlos Roberto Barbosa Moreira. Rio de Janeiro: Forense, 2017.

PERLINGIERI, Pietro. *O direito civil na legalidade constitucional*. Tradução Maria Cristina de Cicco. Rio de Janeiro: Renovar, 2008.

_____. *Perfis do direito civil*: introdução ao Direito Civil Constitucional. 3ª ed. Tradução de Maria Cristina De Cicco. Rio de Janeiro: Renovar, 2002.

PERUZZO, Alice Schwanke et al. A expressão e a elaboração do luto por adolescentes e adultos jovens através da internet, *Estudos e Pesquisas Em Psicologia*, UERJ, RJ, v. 7, nº 3, p. 449-461, dez. 2007. Disponível em: <http://www.revispsi.uerj.br/v7n3/artigos/pdf/v7n3a08.pdf>. Acesso em: 09 ago. 2017.

PLATÃO. *A República*. 9ª ed. Lisboa: Fundação Calouste Gulbenkian, 2001.

PONTES DE MIRANDA, Francisco Cavalcante. *Tratado de direito privado*. Direito de personalidade. Direito de Família: direito matrimonial. Atualizado por Rosa Maria de Andrade Nery. São Paulo: Revista dos Tribunais, 2012.

RECUERO, Raquel. Curtir, compartilhar, comentar: trabalho de face, conversação e redes sociais no Facebook. *Verso e Reverso*, vol. XXVIII, nº 68, mai./ago. 2014.

RESTA, Giorgio. La "morte" digitale. *Il diritto dell'informazione e dell'informatica*, Anno XXIX, Fasc. 6. Milano: Giuffrè Editore, 2014.

RIBEIRO, Renata Rezende. *A morte midiatizada:* como as redes sociais atualizam a experiência do fim da vida. Eduff, 2016.

RODOTÀ, Stefano. *A vida na sociedade da vigilância:* a privacidade hoje. Org. Maria Celina Bodin de Moraes. Tradução Danilo Doneda e Luciana Cabral Doneda. Rio de Janeiro: Renovar, 2008.

_____. *Globalização e o Direito*. Palestra proferida em 2003, no Rio de Janeiro. Tradução Myriam de Filippis. Disponível em: <http://www.rio.rj.gov.br/dlstatic/10112/151613/DLFE-4314.pdf/GlobalizacaoeoDireito.pdf.>. Acesso em: 08 ago. 2017.

_____. *Il diritto di avere diritti*. RomaBari: Laterza, 2012.

_____. Por que é necessária uma Carta de Direitos da Internet?. Trad. Bernardo Diniz Accioli de Vasconcellos e Chiara Spadaccini de Teffé. *Civilistica.com*. Rio de Janeiro, a. 4, nº 2, jul.-dez./2015. Disponível em: <http://civilistica.com/por-que-e-necessaria-uma-carta-de-direitos-da-internet/>. Acesso em: 05 set. 2017.

_____. Transformações do corpo. *Revista Trimestral de Direito Civil – RTDC*, vol. 19, jul/set. 2004.

ROSENVALD, Nelson. *O direito civil em movimento*. Salvador: Juspodivm, 2017.

SÁ, Maria de Fátima Freire de; NAVES, Bruno Torquato de Oliveira. *Manual de biodireito*. 3ª ed. Belo Horizonte: Del Rey, 2015.

_____. Honra e imagem do morto? *Revista de Informação Legislativa*, Brasília a. 44, nº 175 jul./set. 2007.

SANTANA JÚNIOR, Célio Andrade de *et al.* Uma reflexão sobre o direito ao esquecimento e sua relação com as máquinas sociais: o direito de desconectar-se. *Liinc em Revista*, v.11, n.1, p. 106-121, Rio de Janeiro, maio 2015.

SARAMAGO, José. *Todos os nomes*. São Paulo: Companhia das Letras, 1997.

SARLET, Gabrielle Bezerra Sales. Notas sobre a identidade digital e o problema da herança digital: uma análise jurídica acerca dos limites da proteção póstuma dos direitos da personalidade na internet no ordenamento jurídico brasileiro. *Revista de Direito Civil Contemporâneo*, vol. 17/2018, p. 33 – 59, out. – dez., 2018.

SARMENTO, Daniel. Parecer. Liberdades Comunicativas e "Direito ao Esquecimento" na ordem constitucional brasileira. *Revista Brasileira de Direito Civil – RBDCivil*, vol. 7,

Jan/Mar 2016. Disponível em: <https://www.ibdcivil.org.br/image/data/revista/volume7/parecerrefeito.pdf>. Acesso em: 23 jul. 2017.

SCHOPENHAUER, Arthur. *Sobre a morte:* pensamentos e conclusões sobre as últimas coisas. São Paulo: WMF Martins Fontes, 2013.

SCHREIBER, Anderson. *As três correntes do direito ao esquecimento.* Disponível em: <https://jota.info/artigos/as-tres-correntes-do-direito-ao-esquecimento-18062017>. Acesso em: 15 jul. 2017.

_____. *Direitos da personalidade.* 3ª ed. São Paulo: Atlas, 2014.

_____. *Nossa ordem jurídica não admite proprietários de passado.* Disponível em: <http://www.conjur.com.br/2017-jun-12/anderson-schreiber-nossas-leis-nao-admitem-proprietarios-passado>. Acesso em: 15 jul. 2017.

SEGALEN, Martine. *Ritos e rituais contemporâneos.* Tradução Maria de Lourdes Menezes. Rio de Janeiro: FGV, 2002.

SOARES, Flaviana Rampazzo; BASTOS, Ísis Boll de Araujo. Avanços tecnológicos e proteção post mortem dos direitos de personalidade por meio do testamento. Revista Fórum de Direito Civil: RFDC, ano 1, nº 1, set./dez. 2012. Belo Horizonte: Fórum, 2012.

SOUSA, Luana Neres de; SANTOS, Bruna de Oliveira. Morte e religiosidade no Egito Antigo: uma análise do Livro dos Mortos. *Revista Mundo Antigo,* Ano V, vol. 5, nº 11, dez. 2016.

SOUZA, Allan Rocha de. Direitos morais do autor. *Civilistica.com.* Rio de Janeiro, a. 2, nº 1, jan.-mar./2013. Disponível em: <http://civilistica.com/direitos-morais-autor/>. Acesso em: 10 nov. 2017.

SOUZA, Carlos Affonso; LEMOS, Ronaldo. *Marco civil da internet*: construção e aplicação. Juiz de Fora: Editar Editora Associada Ltda, 2016.

STUTTS, Emily. Will Your Digital Music and E-book Libraries "Die Hard" With You?: Transferring Digital Music and E-books Upon Death. SMU Science and Technology Law Review, Vol. XVI, 2013.

SZANIAWSKI, Elimar. *Direitos de personalidade e sua tutela.* 2ª ed. São Paulo: Revista dos Tribunais, 2005.

TEFFÉ, Chiara Spadaccini de; BARLETTA, Fabiana Rodrigues. "O direito ao esquecimento: uma expressão possível do direito à privacidade". In: TEPEDINO, Gustavo; TEIXEIRA, Ana Carolina Brochado; ALMEIDA, Vitor (coord.). *O direito civil entre o sujeito e a pessoa:* estudos em homenagem ao professor Stefano Rodotà. Belo Horizonte: Fórum, 2016.

_____.; MORAES, Maria Celina Bodin de. Redes sociais virtuais: privacidade e responsabilidade civil: Análise a partir do Marco Civil da Internet, *Pensar,* Fortaleza, v. 22, nº 1, p. 108-146, jan./abr. 2017.

TEIXEIRA, Ana Carolina Brochado; KONDER, Carlos Nelson. Autonomia e solidariedade na disposição de órgãos para depois da morte. *Revista da Faculdade de Direito da UERJ- RFD,* nº 18, 2010.

_____. Situações jurídicas dúplices: controvérsias na nebulosa fronteira entre patrimonialidade e extrapatrimonialidade. In: TEPEDINO, Gustavo; FACHIN, Luiz Edson. *Diálogos sobre direito civil.* Vol. IIII. Rio de Janeiro: Renovar, 2012.

TELEGRAM. *Perguntas frequentes.* Disponível em: <https://telegram.org/faq/br>. Acesso em: 26 dez. 2017.

TEPEDINO, Gustavo. A tutela da personalidade no ordenamento civil-constitucional brasileiro. In: TEPEDINO, Gustavo. *Temas de Direito Civil.* 3ª ed. Rio de Janeiro: Renovar, 2004.

_____. Crise de fontes normativas e técnica legislativa na parte geral do Código Civil de 2002. In: TEPEDINO, Gustavo (coord.). *A parte geral do novo Código Civil.* Estudos na perspectiva civil-constitucional. 3ª ed. Rio de Janeiro: Renovar, 2007.

_____. Liberdades, tecnologia e teoria da interpretação. *Revista Forense*, vol. 419, ano 110, jan/jun 2014, Rio de Janeiro: Forense, 2014.

_____. Tutela da personalidade após a morte. *Revista trimestral de direito civil*, v.46 abr./jun. 2011, Rio de Janeiro: Padma, 2000.

_____. FACHIN, Luiz Edson. *Diálogos sobre direito civil.* Vol. IIII. Rio de Janeiro: Renovar, 2012.

_____. NEVARES, Ana Luiza Maia; MEIRELES, Rose Melo Vencelau. *Fundamentos do Direito Civil.* Vol. 7: direito das sucessões. Rio de Janeiro: Forense, 2020.

_____. OLIVA, Milena Donato. *Fundamentos do direito civil.* Vol. 1: teoria geral do direito civil. Rio de Janeiro: Forense, 2020.

TOMASI, Julia Massucheti. *Eternamente off-line:* as práticas do luto na rede social do Orkut no Brasil. Curitiba: Prismas, 2016.

TWITTER. *Como entrar em contato com o Twitter para falar de um usuário falecido ou sobre conteúdo multimídia relacionado a um familiar falecido.* Disponível em: <https://support.twitter.com/articles/416226?lang=pt>. Acesso em: 30 jul. 2017.

UNIÃO EUROPEIA. Regulamento (UE) 2016/679 do Parlamento Europeu e do Conselho, de 27 de abril de 2016. Disponível em: <http://eur-lex.europa.eu/legal-content/PT/TXT/?uri=celex%3A32016R0679>. Acesso em: 26 dez. 2017.

VAN BLERK, Nicolaas Johannes. *The concept of law and justice in Ancient Egypt, with specific reference to the tale of the eloquent peasant.* Disponível em: <http://uir.unisa.ac.za/bitstream/handle/10500/2447/dissertation.pdf>. Acesso em: 29 dez. 2017.

VAN GENNEP, Arnold. *Os ritos de passagem.* 3ª ed. Petrópolis: Vozes, 2011.

VANNUCCI, Flávia Hunzicker; MELLO, Roberta Salvático Vaz de. *Os dados pessoais em rede social e a morte do sujeito*: considerações sobre a extensão da personalidade civil. Disponível em: <http://www.esamg.org.br/artigo/DADOS_PESSOAIS_EM_REDE_SOCIAL_E_A_MORTE_DO_SUJEITO_43.pdf>. Acesso em: 19 nov. 2017.

VARNADO, Sandi S. Your Digital Footprint Left Behind at Death: An Illustration of Technology Leaving the Law Behind. *Louisiana Law Review*, Vol. 74, 2013-2014.

WHATSAPP. *Informação Legal do WhatsApp.* Disponível em: <https://www.whatsapp.com/legal/?l=pt_br>. Acesso em: 26 dez. 2017.

YAHOO. *Yahoo Termos do Serviço.* Disponível em: <https://policies.yahoo.com/br/pt/yahoo/terms/utos/index.htm>. Acesso em: 26 dez. 2017.

ANEXOS

ANEXO A – PROJETO DE LEI Nº 6468, DE 2019

PROJETO DE LEI Nº 6468, DE 2019
(Gabinete do Senador Jorginho Mello)

Altera o art. 1.788 da Lei n. º10.406, de 10 de janeiro de 2002, que institui o Código Civil, para dispor sobre a sucessão dos bens e contas digitais do autor da herança.

O CONGRESSO NACIONAL decreta:

CAPÍTULO I
Das Disposições Gerais

Art. 1º. Esta Lei altera o art. 1.788 da Lei nº 10.406, de 10 de janeiro de 2002, que institui o Código Civil, a fim de dispor sobre a sucessão dos bens e contas digitais do autor da herança.

Art. 2º. O art. 1.788 da Lei nº 10.406, de 10 de janeiro de 2002, passa a vigorar acrescido do seguinte parágrafo único:
"Art. 1.788. ....
Parágrafo único. Serão transmitidos aos herdeiros todos os conteúdos de contas ou arquivos digitais de titularidade do autor da herança." (NR)

Art. 3º. Esta lei entra em vigor na data de sua publicação.

JUSTIFICAÇÃO

Este projeto de lei foi apresentado por mim na Câmara dos Deputados em julho de 2012, tendo sido aprovado por aquela casa no dia 25 de setembro de 2013.

A matéria veio ao Senado Federal para a sua análise, porém acabou sendo arquivada por conta do final da legislatura. Desta forma, reapresento este importante projeto de lei a fim de que o Senado Federal possa analisá-lo. Reproduzo abaixo a justificativa que utilizei no projeto original:

> "O Direito Civil precisa ajustar-se às novas realidades geradas pela tecnologia digital, que agora já é presente em grande parte dos lares.
> Têm sido levadas aos Tribunais situações em que as famílias de pessoas falecidas desejam obter acesso a arquivos ou contas armazenadas em serviços de internet e as soluções tem sido muito díspares, gerando tratamento diferenciado e muitas vezes injustos em situações assemelhadas.
> É preciso que a lei civil trate do tema, como medida de prevenção e pacificação de conflitos sociais. O melhor é fazer com que o direito sucessório atinja essas situações, regularizando e uniformizando o tratamento, deixando cla-

> ro que os herdeiros receberão na herança o acesso e total controle dessas contas e arquivos digitais.
> Cremos que a medida aperfeiçoa e atualiza a legislação civil, razão pela qual conclamamos os Nobres Pares a aprovarem esta proposição."

Diante disso, peço apoio dos nobres pares para aprovação desta importante matéria legislativa que muda significativamente nosso direito civil.

ANEXO B – PROJETO DE LEI N° 5820, DE 2019

PROJETO DE LEI Nº 5820, DE 2019
(Do Sr. Elias Vaz)

Dá nova redação ao art. 1.881 da Lei nº 10.406, de 2002, que institui o Código Civil.
O Congresso Nacional decreta:

Art. 1º O art. 1.881 da Lei nº 10.406, de 10 de janeiro de 2002 – Código Civil, passa a vigorar com a seguinte redação:

> "Art. 1.881. Toda pessoa capaz de testar poderá, mediante instrumento particular, fazer disposições especiais sobre o seu enterro, bem como destinar até 10% (dez por cento) de seu patrimônio, observado no momento da abertura da sucessão, a certas e determinadas ou indeterminadas pessoas, assim como legar móveis, imóveis, roupas, joias entre outros bens corpóreos e incorpóreos.
> §1º A disposição de vontade pode ser escrita com subscrição ao final, ou ainda assinada por meio eletrônico, valendo-se de certificação digital, dispensando-se a presença de testemunhas e sempre registrando a data de efetivação do ato.
> §2º A disposição de vontade também pode ser gravada em sistema digital de som e imagem, devendo haver nitidez e clareza nas imagens e nos sons, existir a declaração da data de realização do ato, bem como registrar a presença de duas testemunhas, exigidas caso exista cunho patrimonial na declaração.
> §3º A mídia deverá ser gravada em formato compatível com os programas computadorizados de leitura existentes na data da efetivação do ato, contendo a declaração do interessado de que no vídeo consta seu codicilo, apresentando também sua qualificação completa e das testemunhas que acompanham o ato, caso haja necessidade da presença dessas.
> §4º Para a herança digital, entendendo-se essa como vídeos, fotos, livros, senhas de redes sociais, e outros elementos armazenados exclusivamente na rede mundial de computadores, em nuvem, o codicilo em vídeo dispensa a presença das testemunhas para sua validade.
> §5º Na gravação realizada para fim descrito neste dispositivo, todos os requisitos apresentados tem que ser cumpridos, sob pena de nulidade do ato, devendo o interessado se expressar de modo claro e objetivo, valendo-se da fala e vernáculo Português, podendo a pessoa com deficiência utilizar também a Língua Brasileira de Sinais (LIBRAS) ou de qualquer maneira de comunicação oficial, compatível com a limitação que apresenta." (NR)

Art. 2º Esta Lei entra em vigor na data de sua publicação.

JUSTIFICAÇÃO

Com o advento da internet, dispositivos móveis de acesso a rede mundial de computadores, app's com os mais variados conteúdos e objetivos, assim como toda a facilidade que os programas de mensagens instantâneas proporcionam à população, os brasileiros, em sua grande maioria se utilizam da tecnologia para estabelecer e manter relações sociais.

Assim, criou-se uma realidade virtual que é presente no cotidiano da sociedade, possibilitando as pessoas utilizarem desses meios como forma de expor seus conteúdos e ideias, expressões da personalidade.

Tais expressões dos cidadãos no mundo virtual podem ser obtidas, guardadas e disponibilizadas através da internet, das nuvens, que são locais virtuais para armazenamento.

A tecnologia hodiernamente é utilizada para depositar cheques de forma virtual, sem comparecer na agência bancária, fazer transferências de dinheiro através do aplicativo, assinar contratos de forma digital (certificado digital), colher depoimentos de testemunhas via vídeo conferência, enfim para facilitar e dinamizar o comportamento social, a vida de cada indivíduo.

O Código Civil Brasileiro em vigor, idealizado na década de 70, passou por diversas modificações até a data da sua aprovação em 2002, todavia esse não acompanhou as inovações tecnológicas citadas acima, assim como várias outras, tornando-se sinônimo de conservadorismo e procedimento retrógrado, necessitando assim de atualizações para que possa atender aos anseios da sociedade contemporânea.

Inserido neste contexto, de conservadorismo do Código Civil em vigor, encontra-se o Codicilo, que significa pequeno testamento, sendo esse um ato de disposição de última vontade pelo qual o titular deixa pequenos legados, apresenta regras para o funeral assim como pode expor outros desejos para serem observados após a morte.

O que é pequeno legado para uma pessoa, pode não ser para outra, tudo depende do referencial, do parâmetro de comparação. O Código Civil de 2002 não quantificou o que é pequeno legado, dificultando o uso do instrumento, contudo a jurisprudência, visando o pragmatismo, limitou o uso do codicilo em 10% (dez por cento) do patrimônio líquido do autor da herança.

Se a pretensão é dispor de patrimônio para alguém após a morte, em montante superior ao descrito no parágrafo anterior, o interessado tem que se valer de um procedimento complexo e repleto de requisitos, o testamento.

Uma parte do patrimônio da maioria das pessoas encontra-se nos espaços virtuais, onde é possível guardar músicas, fotos, livros, sendo denominados na sucessão de herança digital, constituindo tais elementos verdadeiras expressões da personalidade.

O Direito da personalidade, como é sabido, é vitalício. Todavia, com a morte do seu titular, atualmente, a maioria desse acervo virtual se perde em decorrência da ausência de um meio eficaz e simples para dispor sobre o mesmo.

No Brasil, a ideia de herança digital é timidamente discutida, entretanto o primeiro passo para instrumentalizar, tornar pragmático a disposição de última vontade quanto a essa parte do patrimônio, corresponde a modificação do Codicilo, atualizando-o, definindo regras claras para sua utilização, assim como criar sua modalidade digital.

A modificação do Codicilo representa uma evolução na sucessão, tornando seu uso mais fácil e acessível para a produção, resolvendo assim inúmeros problemas observados na sucessão legítima.

A alteração sugerida não modificará o testamento em qualquer de suas espécies, público, cerrado, particular, marítimo, militar ou aeronáutico; em verdade servirá de incentivo para a popularização das disposições de última vontade, sejam essas através de Codicilo ou testamento.

O Codicilo Digital, entre outros benefícios à sociedade brasileira, irá facilitar e desburocratizar o direito das sucessões. A forma digital atende as necessidades de uma sociedade dinâmica, que não para, como também garante maior acesso às pessoas nos termos da lei Brasileira de Inclusão da Pessoa com Deficiência.

Em sua forma gravada, em vídeo, assegura maior acessibilidade às pessoas deficientes, que podem comunicar sua vontade em LIBRAS ou se expressar de forma livre, nos termos de sua limitação, alcançando assim o sentido da lei em comento, como também do princípio maior da Constituição Federal de 1988, qual seja, a dignidade da pessoa humana.

Dessa forma, esta proposta para alteração do Código Civil em vigor pretende aprimorar o Codicilo, possibilitando que ele seja feito não só na forma tradicional, escrito, mas também em meio eletrônico, digital, nos moldes da sugestão que segue abaixo para a nova redação dos artigos pertinentes ao tema.

Por esses motivos é que peço o apoio de meus Pares para aprovar o presente Projeto de Lei.

ANEXO C – PROJETO DE LEI N° 8562, DE 2017

PROJETO DE LEI Nº 8562, DE 2017
(Do Sr. Elizeu Dionizio)

Acrescenta o Capítulo II-A e os arts. 1.797-A a 1.797-C à Lei nº 10.406, de 10 de janeiro de 2002.

O Congresso Nacional decreta:

Art. 1º - Esta Lei estabelece normas a respeito da herança digital.

Art. 2º Fica acrescido o Capítulo II-A e os arts. 1.797-A a 1.797-C à Lei nº 10.406, de 10 de janeiro de 2002, com a seguinte redação:

Capítulo II-A
Da Herança Digital
"Art. 1.797-A. A herança digital defere-se como o conteúdo intangível do falecido, tudo o que é possível guardar ou acumular em espaço virtual, nas condições seguintes:
I – senhas;
II – redes sociais;
III – contas da Internet;
IV – qualquer bem e serviço virtual e digital de titularidade do falecido.
Art. 1.797-B. Se o falecido, tendo capacidade para testar, não o tiver feito, a herança será transmitida aos herdeiros legítimos.
Art. 1.797-C. Cabe ao herdeiro:
I - definir o destino das contas do falecido;
a) - transformá-las em memorial, deixando o acesso restrito a amigos confirmados e mantendo apenas o conteúdo principal ou;
b) - apagar todos os dados do usuário ou;
c) - remover a conta do antigo usuário."

Art. 3°- Esta lei entrará em vigor na data da sua publicação.

JUSTIFICAÇÃO

Tudo o que é possível guardar em um espaço virtual – como músicas e fotos, passa a fazer parte do patrimônio das pessoas e, consequentemente, da chamada "herança digital".

O Caderno TEC da Folha de S.Paulo trouxe uma reportagem sobre herança digital a partir de dados de uma pesquisa recente do Centro para Tecnologias Criativas e Sociais, do Goldsmiths College (Universidade de Londres). O estudo mostra que 30% dos britânicos consideram suas posses on-line sua "herança digital" e 5% deles já estão incluindo em testamentos quem herdará seu legado virtual, ou seja, vídeos, livros, músicas, fotos e emails.

No Brasil, esse conceito de herança digital ainda é pouco difundido. Mas é preciso uma legislação apropriada para que as pessoas ao morrerem possam ter seus direitos resguardados a começar pela simples decisão de a quem deixar a senha de suas contas virtuais e também o seu legado digital.

Quando não há nada determinado em testamento, o Código Civil prioriza familiares da pessoa que morreu para definir herdeiros. Dessa forma, o presente Projeto de Lei pretende assegurar o direito dos familiares em gerir o legado digital daqueles que já se foram.

Ante o exposto, esperamos contar com o apoio de nossos ilustres Pares para a aprovação deste projeto de lei.

ANEXO D – PROJETO DE LEI N° 7742, DE 2017

PROJETO DE LEI Nº 7742, DE 2017
(Do Sr. Deputado Alfredo Nascimento – PR/AM)

Acrescenta o art. 10-A à Lei nº 12.965, de 23 de abril de 2014 (Marco Civil da Internet), a fim de dispor sobre a destinação das contas de aplicações de internet após a morte de seu titular.

O CONGRESSO NACIONAL decreta:
Art. 1º A Lei nº 12.965, de 23 de abril de 2014, passa a vigorar acrescida do seguinte art. 10-A:

> "Art. 10-A. Os provedores de aplicações de internet devem excluir as respectivas contas de usuários brasileiros mortos imediatamente após a comprovação do óbito.
> § 1º A exclusão dependerá de requerimento aos provedores de aplicações de internet, em formulário próprio, do cônjuge, companheiro ou parente, maior de idade, obedecida a linha sucessória, reta ou colateral, até o segundo grau inclusive.
> § 2º Mesmo após a exclusão das contas, devem os provedores de aplicações de internet manter armazenados os dados e registros dessas contas pelo prazo de 1 (um) ano, a partir da data do óbito, ressalvado requerimento cautelar da autoridade policial ou do Ministério Público de prorrogação, por igual período, da guarda de tais dados e registros.
> § 3º As contas em aplicações de internet poderão ser mantidas mesmo após a comprovação do óbito do seu titular, sempre que essa opção for possibilitada pelo respectivo provedor e caso o cônjuge, companheiro ou parente do morto indicados no caput deste artigo formule requerimento nesse sentido, no prazo de um ano a partir do óbito, devendo ser bloqueado o seu gerenciamento por qualquer pessoa, exceto se o usuário morto tiver deixado autorização expressa indicando quem deva gerenciá-la".

Art. 2º Esta Lei entra em vigor na da data de sua publicação.

JUSTIFICAÇÃO

Com o avanço da internet no dia-a-dia das pessoas, o uso das chamadas redes sociais tem se tornado cada vez mais frequente, havendo notícia de que, em 2015, a aplicação de internet Facebook tenha alcançado a marca de um bilhão de usuários, o que significa dizer que aproximadamente um em cada sete habitantes do mundo tem acesso a essa aplicação de internet.

Deve ser assinalado que, além do Facebook, também se tornaram muito populares outras tantas aplicações de internet onde os usuários têm a liberdade de criar perfis próprios e delas se utilizam para o tráfego e armazenamento do mais variado tipo de dados e, também, para o fluxo de comunicação, como o Twitter, Instagram e Google+.

Ocorre que, por conta da grande popularização desse fenômeno, que pode chegar à quantidade de 30% de pessoas no mundo detentoras de perfis em redes sociais, parte considerável das pessoas no Planeta acabam deixando perfis acessíveis por longo tempo nas redes sociais, mesmo depois de mortas, levando com que seus parentes e entes queridos mais próximos deparem, mesmo que involuntariamente, com esses perfis, situação essa que, muitas vezes, tem o poder de causar-lhes enormes dor e sofrimento.

Para evitar essa indesejável situação é que estamos propondo que as contas nos provedores de aplicações de internet sejam encerradas imediatamente após a comprovação do óbito do seu titular, mas com a cautela de serem tais provedores obrigados a manter os respectivos dados da conta armazenados pelo prazo de um ano, prorrogável por igual período, sobretudo para fins de prova em apurações criminais.

Além disso, também estamos prevendo a hipótese em que esses mesmos familiares próximos do falecido resolvam manter uma espécie de memorial a partir dessa mesma conta, que, contudo, somente poderá ser gerenciada com novas publicações no perfil do falecido e outras ações que se fizerem necessárias, se o falecido tiver deixado previamente estabelecido quem poderá gerenciar a sua conta após a sua morte.

Deve ser notado que essas medidas já se encontram previstas em termos de uso de algumas aplicações de internet, sem, contudo, que tenha sido conferido um tratamento uniforme à matéria, razão pela qual entendemos conveniente a apresentação deste projeto de lei, a fim de assegurar aos entes queridos do usuário falecido a solução prevista nessas mesmas medidas.

Sendo essa matéria de interesse para grande parte dos usuários das chamadas redes sociais no nosso país, esperamos contar com o imprescindível apoio dos nossos pares para a sua aprovação.

ANEXO E – PROJETO DE LEI Nº 1331, DE 2015

PROJETO DE LEI Nº 1331, DE 2015
(Do Sr. Alexandre Baldy)

Altera a Lei nº 12.965, de 23 de abril de 2014 – Marco Civil da Internet, dispondo sobre o armazenamento de dados de usuários inativos na rede mundial de computadores.

O Congresso Nacional decreta:

Art. 1º Esta Lei altera a Lei nº 12.965, de 23 de abril de 2014 - Marco Civil da Internet, dispondo sobre o armazenamento de dados de usuários inativos na rede mundial de computadores.

Art. 2º O inciso X do art. 7º da Lei nº 12.965, de 23 de abril de 2014, passa a vigorar com a seguinte redação:

> "Art. 7º...
>
> ....
>
> X – exclusão definitiva dos dados pessoais que tiver fornecido a determinada aplicação de internet, a seu requerimento, ou, em se tratando de morto ou de ausente, a requerimento do cônjuge, dos ascendentes ou dos descendentes, até o terceiro grau, ao término da relação entre as partes, ressalvadas as hipóteses de guarda obrigatória de registros previstas nesta Lei.(NR)"

Art. 3º Esta lei entra em vigor na data de sua publicação.

JUSTIFICAÇÃO

A questão do apagamento dos dados pessoais das pessoas foi tratada no artigo 7, inciso X, da Lei nº 12.965, de 2014 – Marco Civil da Internet.

Esse dispositivo criou o direito de os usuários de internet solicitarem aos provedores de serviços na grande rede a exclusão de seus dados pessoais ao término da relação entre as partes.

Entretanto, esse dispositivo deixou sem solução a situação na qual o usuário morre, uma vez que o próprio titular não pode solicitar a exclusão de seus dados.

Sendo assim, pensando na preservação da memória das pessoas, elaboramos este Projeto de Lei que tem o objetivo de estabelecer o direito de o cônjuge, seus ascendentes ou descendentes, solicitarem a exclusão dos dados pessoais do morto ou ausente.

Diante do exposto, peço o apoio dos nobres parlamentares desta Casa para a aprovação desde Projeto de Lei.

ANEXO F - PROJETO DE LEI Nº 4099, DE 2012

PROJETO DE LEI Nº 4099, DE 2012
(Do Sr. Jorginho Mello)

Altera o art. 1.788 da Lei n.º 10.406, de 10 de janeiro de 2002, que "institui o Código Civil".

O Congresso Nacional decreta:

Art. 1º Esta lei altera o art. 1.788 da Lei n.º 10.406, de 10 de janeiro de 2002, que "institui o Código Civil", a fim de dispor sobre a sucessão dos bens e contas digitais do autor da herança.

Art. 2º O art. 1.788 da Lei n.º 10.406, de 10 de janeiro de 2002, passa a vigorar acrescido do seguinte parágrafo único:

> "Art. 1.788 . ...
>
> Parágrafo único. Serão transmitidos aos herdeiros todos os conteúdos de contas ou arquivos digitais de titularidade do autor da herança." (NR)

Art. 3º Esta lei entra em vigor na data de sua publicação.

JUSTIFICAÇÃO

O Direito Civil precisa ajustar-se às novas realidades geradas pela tecnologia digital, que agora já é presente em grande parte dos lares.

Têm sido levadas aos Tribunais situações em que as famílias de pessoas falecidas desejam obter acesso a arquivos ou contas armazenadas em serviços de internet e as soluções tem sido muito díspares, gerando tratamento diferenciado e muitas vezes injustos em situações assemelhadas.

É preciso que a lei civil trate do tema, como medida de prevenção e pacificação de conflitos sociais.

O melhor é fazer com que o direito sucessório atinja essas situações, regularizando e uniformizando o tratamento, deixando claro que os herdeiros receberão na herança o acesso e total controle dessas contas e arquivos digitais.

Cremos que a medida aperfeiçoa e atualiza a legislação civil, razão pela qual conclamamos os Nobres Pares a aprovarem esta proposição.

ANEXO G – PROJETO DE LEI Nº 4847, DE 2012

PROJETO DE LEI Nº 4847, DE 2012
(Do Sr. Marçal Filho)

Acrescenta o Capítulo II-A e os arts. 1.797-A a 1.797-C à Lei nº 10.406, de 10 de janeiro de 2002.

O Congresso Nacional decreta:

Art. 1º Esta Lei estabelece normas a respeito da herança digital.

Art. 2º Fica acrescido o Capítulo II-A e os arts. 1.797-A a 1.797-C à Lei nº 10.406, de 10 de janeiro de 2002, com a seguinte redação:

Capítulo II-A
Da Herança Digital

"Art. 1.797-A. A herança digital defere-se como o conteúdo intangível do falecido, tudo o que é possível guardar ou acumular em espaço virtual, nas condições seguintes:
I - senhas;
II - redes sociais;
III - contas da Internet;
IV - qualquer bem e serviço virtual e digital de titularidade do falecido.

Art. 1.797-B. Se o falecido, tendo capacidade para testar, não o tiver feito, a herança será transmitida aos herdeiros legítimos.
Art. 1.797-C. Cabe ao herdeiro:
I - definir o destino das contas do falecido;
a) - transformá-las em memorial, deixando o acesso restrito a amigos confirmados e mantendo apenas o conteúdo principal ou;
b) - apagar todos os dados do usuário ou;
c) - remover a conta do antigo usuário."

Art. 3°- Esta lei entrará em vigor na data da sua publicação.

JUSTIFICAÇÃO

Tudo o que é possível guardar em um espaço virtual – como músicas e fotos, passa a fazer parte do patrimônio das pessoas e, consequentemente, da chamada "herança digital".

O Caderno TEC da Folha de S. Paulo trouxe uma reportagem sobre herança digital a partir de dados de uma pesquisa recente do Centro para Tecnologias Criativas e Sociais, do Goldsmiths College (Universidade de Londres). O estudo mostra que 30% dos britânicos consideram suas posses on-line sua "herança digital" e 5% deles já estão incluindo em testamentos quem herdará seu legado virtual, ou seja, vídeos, livros, músicas, fotos e e-mails.

No Brasil, esse conceito de herança digital ainda é pouco difundido. Mas é preciso uma legislação apropriada para que as pessoas ao morrerem possam ter seus direitos resguardados a começar pela simples decisão de a quem deixar a senha de suas contas virtuais e também o seu legado digital.

Quando não há nada determinado em testamento, o Código Civil prioriza familiares da pessoa que morreu para definir herdeiros. Dessa forma, o presente Projeto de Lei pretende assegurar o direito dos familiares em gerir o legado digital daqueles que já se foram.

Ante o exposto, esperamos contar com o apoio de nossos ilustres Pares para a aprovação deste projeto de lei.